GPM Deutsche Gesellschaft
für Projektmanagement e. V.

Buchreihe FORSCHUNG

Prof. Dr. Lutz Becker
Prof. Dr. Dorothee Feldmüller
Veronika Helbig
Dr. Katharina Kettner
Johannes Müller
Dr. Jan Mütter

STRATEGISCHER WANDEL DURCH IT –
KULTUR UND KOMMUNIKATION ALS ERFOLGS-
FAKTOREN IM IT-PROJEKTMANAGEMENT

GPM Buchreihe FORSCHUNG
Buch Nr. F06

IMPRESSUM

VERLAG UND HERAUSGEBER DER BUCHREIHE
GPM Deutsche Gesellschaft für Projektmanagement e.V.
Frankenstraße 152
90461 Nürnberg
Tel.: +49 911 433369-0
Fax: +49 911 433369-99
E-Mail: info@gpm-ipma.de
Internet: www.gpm-ipma.de
Blog: www.gpm-blog.de

DRUCK
Wünsch Offset-Druck GmbH, Neumarkt

Strategischer Wandel durch IT –
Kultur und Kommunikation als Erfolgsfaktoren im IT-Projektmanagement

1. Auflage, Nürnberg 2012

ISBN-10: 3-924841-65-9
ISBN-13: 978-3-924841-65-2

© GPM Deutsche Gesellschaft für Projektmanagement e.V., Nürnberg
Nachdruck und Vervielfältigung, auch auszugsweise, oder anderweitige Veröffentlichungen jedweder Art nur mit schriftlicher Genehmigung der GPM.

Die inhaltliche Verantwortung der Beiträge liegt bei den Autoren.
Die GPM übernimmt dafür keine Haftung.

VORWORT DES HERAUSGEBERS

Changemanagement und IT-Projekte sind seit Jahren vielfältig beachtete Themen. Diverse Forschungsprojekte und unzählige Publikationen zu diesen beiden Themen haben bereits zu enormen Weiterentwicklungen geführt. Im Vergleich dazu beinahe unberührt blieb die Kombination beider Themen. Diese Lücke schließt nun dieses Buch. Es ist auf Basis mehrjähriger Forschungs- und Entwicklungsarbeit entstanden und ein Beispiel für exzellente Teamarbeit von Experten aus verschiedenen Fachrichtungen. Wissenschaftlich fundiert ist so ein Werk für Praktiker entstanden. Aufbauend auf dem Stand der Literatur und der erforschten Anwendung in der Praxis bietet es dem Leser pragmatische Handlungsanleitungen für die Optimierung des eigenen Vorgehens.

Ich bedanke mich bei den Autoren dieses außerordentlichen Werkes und wünsche ihnen eine große Beachtung des Buches in Wissenschaft und Praxis. Den Lesern wünsche ich eine spannende Lektüre mit vielen Impulsen für das Changemanagement und die IT-Projekte.

Dr. Thor Möller
Mitglied des Vorstands
GPM Deutsche Gesellschaft für Projektmanagement e.V.

Inhaltsverzeichnis

1	Einleitung	10

2	Warum wir uns vor dem Wandel nicht verstecken können	13
2.1	Prolog	13
2.2	Wandel und Strategie – Strategie und Wandel	14
2.3	Überleben sichern	15
2.4	Changemanagement als strukturierte Einflussnahme auf die Zukunft	17
2.5	Changemanagement zwischen Vodoo und Prozessrationalität	19
2.6	Epilog	22

3	Wirkung von Changemanagement auf den Erfolg von IT-Projekten	23
3.1	Einführung	23
3.1.1	Ziele	24
3.1.2	Methodologie	25
3.2	Globalisierung	25
3.2.1	Rasante Entwicklung der Informatik und Telekommunikation	28
3.2.2	Wertbeitrag der IT – IT doesn't matter?	30
3.3	Einflussfaktoren des Changemanagements	33
3.3.1	Was ist Veränderungsmanagement?	34
3.3.2	Neue Organisationsstrategie – Reengineering	36
3.3.2.1	Entwicklung Organisationsnetzwerk	38
3.3.2.2	Entwicklung Prozessmanagement	40
3.3.3	Unternehmensstrategie	44
3.3.3.1	Survival of the fittest – different approaches	45
3.3.3.2	Survival of the fittest – how to reach the peak?	49
3.3.3.3	Unternehmensstrategie aus strukturationstheoretischer Perspektive – Die Strukturationstheorie nach Antony Giddens	50
3.3.4	Unternehmenskultur	52

3.4	**Unternehmensführung im Wandel**		**54**
3.4.1	Der traditionelle Ansatz		55
3.4.2	Schwerpunktverlagerung – Neue Anforderungen an das Management		56
3.4.3	Führungsdefizit – Kommt alles Gute von oben?		60
3.5	**Erfolgsfaktor Kommunikation**		**62**
3.5.1	Veränderungsmanagement und Kommunikation		63
3.5.2	Veränderungsproblematik – informell vs. formell		65
3.6	**Change im (IT-)Projektmanagement – Stand heute**		**66**
3.6.1	Einflussfaktoren und deren Implikationen auf den Erfolg von Change-Maßnahmen in Projekten		66
3.6.2	Widerstände		69
3.7	**Empirische Betrachtung**		**71**
3.7.1	Untersuchungsdesign und Datenerhebung		71
3.7.2	Vorgehensweise bei der qualitativen Untersuchung		73
3.7.3	Blick nach vorn: Überlebensstrategie und Zukunftssicherung		103
3.8	**Betrachtung der Ergebnisse aus strukturationstheoretischer Perspektive**		**104**
3.9	**Interpretation**		**106**
4	**Handlungsempfehlungen für die Praxis**		**111**
4.1	**Analyse, Planung und Controlling von Veränderungsvorhaben bei IT-Projekten**		**113**
4.1.1	Analyse der Ausgangssituation		115
4.1.2	Auslöser für Veränderungen		118
4.1.3	Skepsis gegenüber Veränderungen		119
4.1.4	Analyseergebnisse		122
4.1.5	Planung des Veränderungsvorhabens		122
4.1.6	Controlling des Veränderungsvorhabens		125
4.2	**Rollenverteilung**		**132**
4.3	**Partizipatives Vorgehen**		**136**
4.4	**Leadership**		**139**
4.4.1	Integration und Strategische Führung		140
4.4.2	Führungsstile und -verhalten		150
4.4.3	Führungskompetenzen		154

4.5	Kommunikation	156
4.5.1	Kommunikationsinhalte	156
4.5.2	Kommunikationskonzept	157
4.5.3	Kommunikationsinstrumente	162
4.6	Zusammenfassung	176

5 Ausblick 178

6 Anhang 181

6.1	Abkürzungsverzeichnis	181
6.2	Abbildungsverzeichnis	183
6.3	Liste der Dimensionen aus der Erhebung	185
6.4	Liste der Methodenkästen	185
6.5	Liste des Tabellen	185
6.6	Literatur	186

Stichwortverzeichnis 196

INHALTSVERZEICHNIS

1 Einleitung

„Pantha rhei" – Alles fließt – dass nichts so beständig ist wie der Wandel, stellte schon der griechische Philosoph Heraklit von Ephesos fest. Wie sich unsere Umwelt ständig verändert, und wie sich alle in dieser Umwelt befindlichen Lebewesen laufend an die sich verändernden Rahmenbedingungen anpassen, ist inzwischen so oft wiederholt worden, dass es getrost zu den Allgemeinplätzen gezählt werden darf.

Es bleibt aber die Frage von besonderem Interesse, wie Unternehmen es erreichen können, im ständigen Wandel zu bestehen, durch den ständigen Wandel die eigene Wettbewerbsposition zu verbessern oder gar die Rahmenbedingungen und die Richtung für den Wandel mitbestimmen zu können.

Ist es möglich, die sich ständig – und zwar mit wachsender Frequenz – verändernden Umweltbedingungen zu nutzen, um für das Unternehmen einen strategischen Vorteil zu erlangen?

Die Fachgruppe IT Projektmanagement (früher: Projektmanagement in der IT) der **GPM Deutsche Gesellschaft für Projektmanagement** beschäftigt sich bereits seit einigen Jahren mit dem Zusammenhang zwischen IT-Projekten, welche die Unternehmen betreffen, auf der einen Seite und den sich daraus ergebenden Organisationsveränderungen auf der anderen Seite. Organisationsveränderungen, z. B. Fusionen oder auch Restrukturierungen bewirken in der Regel auch tiefgreifende Veränderungen in der Unternehmens-IT.

Strategischer Wandel – denken wir etwa an die globale Zusammenarbeit in Unternehmen – kann nur mit entsprechender Unterstützung durch IT-Systeme erfolgen. Wichtigstes Beispiel hierfür sind die so genannten „Enterprise Ressource Planning" (ERP) -Systeme, in denen alle Daten und Informationen zusammenlaufen, die für die strategische und operative Steuerung des Unternehmens erforderlich sind.

Veränderungen an der Unternehmens-IT, z. B. an ERP-Systemen im Rahmen von IT-Projekten, machen in der Regel neue Arbeitsabläufe erforderlich und führen somit zu Organisationsveränderungen.

Gleiches gilt selbstverständlich auch für Systeme, welche die Prozesse zum Kunden abbilden, die so genannten Customer Relationship Management- oder auch CRM-Systeme, genauso wie die Systeme, welche den Kontakt zu den Lieferanten beschreiben, die so genannten Supplier Relationship Management- oder auch SRM-Systeme.

Viele dieser Systeme stehen einer Vielzahl von Beschäftigten im Unternehmen zur Verfügung und werden in personalisierten Unternehmensportalen bereitgestellt.

IT-Projekte und Organisationsveränderungen sind somit eng miteinander verbunden und sollten auch verzahnt betrachtet werden. Welche Veränderungsschübe dabei das „Internet der Dinge", die Cloud, die App-Ökonomie und andere sozio-technische Errungenschaften schon in naher Zukunft für die Organisationen mit sich bringen werden,

EINLEITUNG

ist noch gar nicht in Gänze absehbar. Doch sicher ist, dass Organisationen in vielerlei Hinsicht Teil des nun anstehenden Wandels sein werden.

Viele Studien, die ähnliche Fragestellungen beleuchteten, geben zu erkennen, dass die Unternehmenskultur und die Kommunikation im Projekt und im Unternehmen wesentliche Faktoren für den Erfolg von IT-Projekten und Organisationsveränderungen sind.

Die GPM Fachgruppe hat eine Studie initiiert, mit der die Wirksamkeit von Methoden des Changemanagements auf den Erfolg von IT-Projekten untersucht werden sollte. Nach einigen ersten Klärungen der Ziele und Inhalte der Studie konnte Dr. Lutz Becker, Professor der Unternehmensführung und des internationalen Management sowie Leiter des Masterstudiengangs Leadership an der Karlshochschule, Karlsruhe, mit seinem Team als wissenschaftlicher Kooperationspartner gewonnen werden.

Bei der Verwendung des Begriffs Changemanagement im Zusammenhang mit IT muss an dieser Stelle noch einmal darauf hingewiesen werden, dass es uns in dieser Arbeit um organisatorische Veränderungsprozesse in IT-Projekten geht, nicht um Veränderungen an dem System allein – Changemanagement darf hier nicht mit dem aus dem technischen Kontext bekannten Management von technischen Konfigurationen und deren Änderungen verwechselt werden.

Wie ist das wissenschaftliche Vorgehen bei dieser Studie erfolgt? Verwendet haben wir die Methodik der Triangulation, d. h. für die Betrachtung werden hier sowohl theoretische Untersuchungen als auch eine quantitative und eine qualitative Empirie bemüht, um zu einem validen Ergebnis zu kommen.

Nach dieser Einleitung werden im zweiten Kapitel dieses Buches die Relevanz und vor allem die Aktualität des Themas erläutert. Wenn wir uns aber nun vor dem Wandel nicht verstecken können, dann stellt sich die Frage, was wir tun können, um in dem sich verändernden Umfeld bestehen zu können. Noch besser wäre es natürlich, wenn wir Unternehmen aus ihrer passiven Position befreien könnten, sich an die veränderten Rahmenbedingungen anpassen zu müssen, und stattdessen den Wandel zum Vorteil des Unternehmens nutzen könnten.

Im dritten Kapitel wird vorgestellt, wie aus diesen Überlegungen der Rahmen einer Studie abgeleitet wurde, die untersucht, welche Faktoren bei der Verzahnung von IT-Projekten und Organisationsveränderungen eine Rolle spielen, und welche unterstützenden Methoden sich als besonders begünstigend erwiesen haben. An dieser Stelle wird auch beleuchtet, welche Erkenntnisse bereits aus der Literatur zur Verfügung stehen, welche Erklärungsmodelle schon diskutiert wurden, und wie diese sich in den Ergebnissen der Studie widerspiegeln. Der Studie liegt ein Fragebogen mit rd. 40 Fragen zugrunde und richtete sich an Projektmanager[1] und Organisationsentwickler,

---

[1] In diesem Buch wird zum Zweck der leichteren Lesbarkeit vorwiegend die männliche Form verwendet; selbstverständlich soll dies auch das weibliche Geschlecht einschließen.

die bereits konkrete Erfahrungen mit von IT-Projekten begleiteten Organisationsveränderungen gemacht haben. Die quantitativen Ergebnisse der Studie wurden durch rd. 80 Stunden Interviews mit ausgewählten Teilnehmern vertieft, und erlauben somit fundierte Aussagen über die Verzahnung von Organisationsveränderungen und IT-Projekten.

Das sich daran anschließende vierte Kapitel versucht, aus den Erkenntnissen der Studie, konkrete Umsetzungsempfehlungen abzuleiten. Beispielsweise zeigen die Studienergebnisse, dass Unternehmenskultur und -kommunikation entscheidende Erfolgsfaktoren sowohl für die IT-Projekte als auch für die Organisationsveränderungen sind. Wie lassen sich diese beiden Punkte im Unternehmen also so positiv beeinflussen, dass die Erfolgschancen steigen? Anhand einiger realer Fallbeispiele werden hier sowohl positive als auch negative Erfahrungen mit konkreten Ansätzen und Methoden dargestellt.

Dieses Buch richtet sich an:

- IT-Projektleiter, denen Handlungsempfehlungen an die Hand gegeben werden sollen, mit denen sich die Erfolgsaussichten ihrer IT-Projekte durch die Berücksichtigung der damit verbundenen Veränderungsprozesse verbessern lassen.
- Organisationsentwickler, die darüber Einblicke erhalten, wie IT-Projekte und Veränderungsvorhaben zusammenhängen, und welche Aspekte der Wechselbeziehung von Organisationsveränderung und IT-Projekt besonders berücksichtigt werden sollten.
- Manager, die Unternehmen leiten und denen das Wissen über den Zusammenhang zwischen IT-Projekten und Organisationsveränderungen dabei helfen kann, Organisationsveränderungen durch die Verzahnung mit den zugehörigen IT-Projekten so aufzusetzen, dass sie die strategischen Ziele des Unternehmens besonders gut unterstützen können.
- Führungskräfte aus Wirtschaft und Verwaltung, denen das Wissen über den Zusammenhang zwischen IT-Projekten und Organisationsveränderungen dabei helfen kann, Strategien und Organisationsveränderungen durch die Verzahnung mit den zugehörigen IT-Projekten erfolgreich umzusetzen.
- Lehrende und Studierende an Hochschulen, die sich mit Projektmanagement, Organisation und Führung beschäftigen – auch als Anstoß für weitere Forschung.

Das Buch ist in der Zusammenarbeit in einem heterogen verteilten Team entstanden – Anlass, uns gegenseitig zu danken für die Ausdauer, dies miteinander zu bewältigen. Ferner danken wir Nicole Weimer, Mitarbeiterin der Karlshochschule, Karlsruhe, die die quantitative Analyse betreut hat.

Und wir danken allen unseren Kolleginnen und Kollegen und besonders unseren Kunden für alle Erfahrungen, die wir gemeinsam zu diesem Thema gesammelt haben – und für viele Gespräche in diesen Kreisen, die die Einsichten dazu vertieft haben.

2 Warum wir uns vor dem Wandel nicht verstecken können

„Verlangen Sie von mir keine klare und definitive Antwort, denn ich vertraue Ihnen hier Gedanken an, die noch im Werden sind."

(Umberto Eco, Der Friedhof in Prag)

2.1 Prolog

Vor mir sehe ich ein Kinderfoto, auf dem ich als kleines Kind mit leuchtenden Augen einen nagelneuen, kabelgesteuerten, lärmenden und blinkenden Polizeiwagen um Nierentisch und Cocktailsessel herum jongliere. Seit frühster Kindheit übt alles, was blinkt, hupt und sich bewegt eine magische Faszination auf mich aus. Wenngleich ich auch schnell wieder das Interesse verliere und mir jenes Bastler- oder Ingenieursgen fehlt, Dinge auseinanderzunehmen oder gar selbst bauen zu müssen. Was ich doch unbedingt wissen muss, wie die Dinge logisch und „im Prinzip" funktionieren; und vor allem interessiert es mich, wie diese Dinge auf andere Menschen wirken – wie diese Menschen damit umgehen. Wann und warum das Blinkende und das Hupende einen Wert bekommt, oder warum es Unsicherheit, Besorgnisse oder gar Ängste einflößt. Mir geht es also weniger um die Dinge selbst, sondern um das Soziale und um das Wirtschaftliche, das durch sie beeinflusst oder ermöglicht wird.

So bleibt es nicht aus, dass mich Innovationen aller Art – nicht nur vom technischen Standpunkt – brennend interessieren; mich interessieren vor allem die sozialen, die psychologischen und vor allem die ökonomischen Effekte. Ich versuche folglich zu verstehen, wie das Neue unser gesellschaftliches und ökonomisches Gefüge beeinflusst, wie wir die Welt und unser Leben mittels Innovationen neu in Szene setzen und, wenn es gut läuft, mehr Menschen eine bessere Chance auf eine gutes Leben ermöglichen. Das mögen neue Konzepte der Energieversorgung, Neues in der Fahrzeugtechnik oder vielleicht neue Optionen in der Gesundheitsvorsorge oder eine App sein, die bequemes intermodales Reisen ermöglicht.

Schlecht fühle ich mich immer dann, wenn ich einerseits weiß (oder glaube), dass Innovationen unseren Umgang mit der Welt, unser Leben und Arbeiten erleichtern oder interessanter machen, wenn ich andererseits aber sehe, dass Menschen diese Chance liegen lassen. Vielleicht, weil es in Organisationen nicht opportun ist, weil diese Menschen oder die Art sich zu organisieren zu phlegmatisch oder zu eingefahren sind, um Neues zu probieren. Vielleicht, weil das Neue und Unbekannte trotz unübersehbarem Nutzen Angst und Unbehagen bereitet. Vielleicht weil sich einige wenige zu gut im Bestehenden eingerichtet haben und sie die Sorge um Komfort und Privilegien treibt. Vielleicht, weil sich aus der Spannung von Altem und Neuem neue Anstöße für die Spiele der Macht ergeben.

Daraus folgt konsequent die Frage, wie wir unsere gesellschaftlichen Organisationen, unsere Unternehmen und unsere Verwaltung so gestalten, dass sie wandlungsfähig sind und das jeweils Beste aus den technischen und organisatorischen Möglichkeiten machen, die sich ihnen anbieten.

Das hat auf der einen Seite mit der Wahrnehmung von Chancen zu tun (ich werde wohl nie begreifen, wie viel Aufwand, Kraft und Ressourcen Unternehmen darin hinein stecken, ihre Risiken zu managen, aber das Management von Chancen allenfalls en passant geschieht), auf der anderen Seite hat es etwas mit der organisatorisch verankerten Fähigkeit zu tun, nicht nur flexibel auf Veränderung zu reagieren, sondern die darin steckenden Chancen und Potenziale gestalterisch zu verWERTen.

Dass dies in der Organisation nicht ohne Reibungen gehen kann, dass unter der „glatten Oberfläche des sozialen Lebens" Prozesse und Episoden stattfinden, die sich wohl am besten mit Victor Turner's Begriff vom „Sozialen Drama" beschreiben lassen, bleibt nicht aus (Turner, 2009). In meiner Berufslaufbahn konnte ich immer wieder erleben, dass Projekte nicht an Technologie oder organisatorischer Machbarkeit, sondern an sozialen Bedingungen – dem Nichtkommunizieren, dem Nichtführen, dem Nichtriskieren, dem Nichtkönnen, dem Nichthörenwollen, dem Nichtgönnen – scheitern; und dass Erfolg umgekehrt mit Verbindlichkeit, Verantwortung, Verlässlichkeit, Vertrauen und Fairness einhergeht.

Insofern war ich gleich „elektrisiert", als uns die Arbeitsgruppe „Changemanagement in der IT" der GPM Fachgruppe ihr Studienvorhaben vorstellte, dass sich mit den Herausforderungen auseinandersetzen sollte, die IT-Change-Projekte zum Erfolg oder zum Scheitern führen.

2.2 Wandel und Strategie – Strategie und Wandel

Der Begriff **Change** (=Wandel) und der damit einhergehende Begriff des **Changemanagements** (mit einem ganzen Strauß von Konnotationen, etwa im Sinne von Prozess, von betrieblicher Funktion, von Institution, als auch im Sinne einer professionellen oder gar wissenschaftlichen Disziplin) sind im deutschen Sprachraum erfreulich generisch, so dass sie für alle möglichen Zwecke kolportiert werden können. Das setzt sie aber auch einer Beliebigkeit aus.

Auf der einen Seite betrifft Change das Außenverhältnis, das politische, wirtschaftliche, soziale, technische, ökologische oder rechtliche Feuchtbiotop, in dem das Unternehmen schwimmt. Der Goldfischteich, der sich als Haifischbecken entpuppen kann.

Auf der anderen Seite ist das Innenverhältnis zu sehen, provozierte oder emergente Veränderungen im technischen, organisatorischen und sozialen Gefüge der Unternehmung.

In diesem Beitrag will das Begriffspaar Change und Changemanagement in historischer Anlehnung an Kirsch et al. (1979) zunächst im Innenverhältnis der Organisation als **Geplanter Wandel von Organisationen** verstanden und gleichzeitig von emergenten Mechanismen der organisatorischen Entwicklung, den institutionalisierten Ergebnissen von Improvisation (ebda.), abgegrenzt werden.

Um den Umgang mit Wandel im Außenverhältnis (der unverkennbaren Tatsache, dass sich die Welt nun einmal weiterdreht) zu beschreiben, wird von Strategie bzw. Strategischer Führung, als ziel- und zweckgerichtete zukunftsorientierte Einflussnahme auf das Umfeld, als das Gestalten von Möglichkeitsräumen, die Rede sein.

Hier von IT-Strategie zu sprechen, ist in diesem Sinne zumindest unscharf – genauer müssten wir von einer derivaten (im Gegensatz zu einer originären) Strategie sprechen. Die IT nimmt im Prozess der Strategieentwicklung zweifach instrumentelle Aufgaben wahr. Zum einen die Aufgabe der Ermöglichung von Strategien, indem sie dafür den technischen und organisatorischen Rahmen anbietet, zum anderen die Aufgabe der Implementierung, indem sie nämlich Rahmenbedingungen, Infrastrukturen und Vehikel als Mittel zum Zwecke der Implementierung von Strategien für neue Geschäftsmodelle ist und diese ermöglichenden organisatorischen Strukturen und Abläufe in der Lage ist zu implementieren.

2.3 Überleben sichern

Sieht man einmal von Organisationen ab, die nur eines Projekts (man denke an Projektträgergesellschaften) oder eines schnellen Exits wegen (etwas, das Venture Capital Unternehmen gerne unternehmen) gegründet werden, so kann man doch davon ausgehen, dass die meisten Organisationen eine gewisse ökonomische Nachhaltigkeit – sprich: „den Erwerb als so sicherhaft und so dauerhaft als möglich zu erhalten, d. h. die Wirtschaft n a c h h a l t i g zu führen" (Baumstark, 1835, S. 85 Herv. i. O.) – als explizites oder implizites Ziel verfolgen. Eine Nachhaltigkeit im Sinne von Systemerhalt, die wir hier im eher ökonomischen Sinne verstehen wollen als dauerhafte Nutzenstiftung, Werterhalt und -entwicklung beziehungsweise schlicht das Umschiffen von Liquidationsrisiken, kurz: das Überleben des Systems Unternehmung unter wechselnden Klima-Bedingungen.

Um mit Jürgen Habermas Worten zu sprechen, ist die Bestandserhaltung stets das oberste Systemproblem (Habermas, 1982, S. 374). Denn die Rahmenbedingungen in denen sich eine Unternehmung bewegt, man denke zum Beispiel an globalen Wettbewerb, Kostendruck, Legitimationsdruck und den Druck, immer wieder aufs Neue vom Umfeld als WERTvoll erachtete Leistungen erbringen zu müssen, können tendenziell als bestandsgefährdend angesehen werden, so dass ein in diesem Sinne erfolgreiches System – sprich hier: eine wirtschaftlich erfolgreiche Unternehmung – zumindest in der Rückschau stets geeignete Systemleistungen entwickelt hat, um Bestandsgefährdungen zu bewältigen. Strategie bedeutet folglich in diesem Sinne die Systemleistung, die Strukturen und das Handeln, so zu entwickeln, dass die Bestandserhaltung unter für die Zukunft zu erwartenden Bedingungen nachhaltig gewährleistet ist.

Ökonomische Nachhaltigkeit (zur Erinnerung, der Begriff „Nachhaltigkeit" stammt in seinem Ursprung aus der Forstwirtschaft: Pfriem, 2011) bedeutet, unter den gegebenen Bedingungen nicht lebensfähige Triebe abzuschneiden und andere Triebe zu fördern: Veränderungen herbeizuführen, um Überlebensfähigkeit zu sichern und Wildwuchs zu vermeiden. Dies kann, um beim Bild zu bleiben, je nach Situation auf einem Spektrum zwischen Radikalschnitt und Phasen des laissez-faire gehen.

Was nun das dauerhafte Überleben sichert, mag von Organisation zu Organisation unterschiedlich sein. In jedem Fall ist es ein Kampf nach innen wie außen. Denn auch innerhalb der Organisationen werden Diskurse und mitunter Grabenkämpfe über den „geeigneten" Weg geführt werden. Das ist bei einem sich in Gründung befindenden Start-up nicht anders als bei einem sinkenden Stern, wie Karstadt oder Schlecker (man denke an die Zuspitzung der Unternehmenskrise des Jahres 2011/2012) und dort nicht anders als bei der FDP (man erinnere sich an die in die Öffentlichkeit getragenen Diskurse des Jahres 2011) oder einem zur Disposition stehenden städtischen Sinfonieorchester.

Es entwickelt sich ein archaischer Konflikt, in dem Standpunkte und Ideen auf die Dichotomie von Gut und Böse reduziert werden. Ein ritueller Tanz, bei dem das Neue von den Nutznießern des bestehenden, vom organisatorischen **Establishment**, das sich komfortabel auf dem Bestehenden eingerichtet hat, als nicht konsensfähig, wertlos und unbrauchbar verteufelt wird. Die Verkünder des Neuen werden als unerfahren, unvernünftig, uneinsichtig und moralisch unreif gebrandmarkt. Sie, die Träger des Neuen, stehen scheinbar vor einer einzigen Wahl: Sie haben sich zu assimilieren, oder sie werden vom System abgestoßen. Aber genauso wie einst das Römische Establishment die Christen als moralisch unterlegene Barbaren betrachten und verfolgen konnte, funktioniert das mitunter nur bis zu einem gewissen Punkt. Entscheidet sich der Kampf der Deutungshoheit zugunsten eines neuen konsensualen Narrativs (Becker/Müller, 2010) und sind die neuen Ideen Mainstream, werden die alten Ideen dämonisiert und deren Verkünder auf dem Friedhof der Geschichte eingelagert.

Im traditionellen betriebswirtschaftlichen Verständnis wird die Unternehmung (und damit das Management) dagegen als ein Gebilde verstanden, das auf Änderungen der Rahmenbedingungen zu reagieren hat. Im Sinne Erich Gutenbergs, „konstituiert die Unternehmung als Komplex von Quantitäten: Kapitalbewegung. In dieser Bewegung reagiert die Unternehmung auf Änderungen, die von Absatz- und Beschaffungsmärkten ausgehen können. Diese Änderungen sind hinzunehmende Daten." (Rock/Rosenthal,1986, S. 143)

Es wäre jedoch ökonomisch wenig sinnvoll, Nachhaltigkeit nur im Gutenberg'schen Sinne (Gutenberg, 1929) auf das gelingende Reagieren auf Datenänderungen im ökonomischen Umfeld zu reduzieren, d. h. Change nur als Anpassung (im Sinne des sprichwörtlichen Fähnchens im Wind) zu verstehen.

Resultiert nicht genau aus dem individuellen Überlebenskampf und den damit einhergehenden spezifischen Interaktionen mit der Umwelt die Einzigartigkeit, das „geradeso-sein" oder das „gerade-nicht-so-sein" (Becker, 2009) wie die anderen? Und ist nicht, umgekehrt gedacht, auch gerade in diesem „gerade-nicht-so-sein" und das damit einhergehende „gerade-nicht-so-handeln" (wie die anderen) die spezifische Basis für den Überlebenserfolg einer Organisation zu suchen?

Stattdessen, und das kann nicht genug betont werden, wirken Organisationen auch im Bezug auf ihre Umwelt – konkret auch auf die Zukunft dieser Umwelt – einflussnehmend und gestaltend. Werden diese Gestaltungsmaßnahmen im Bezug auf Zwecke und Ziele wahrgenommen, spricht man von Strategien – Strategien, die, so Reinhard Pfriem (2004), kulturelle Angebote an die Gesellschaft sind.

2.4 Changemanagement als strukturierte Einflussnahme auf die Zukunft

Wir wollen Strategie also als die absichtsvolle Gestaltung der künftigen Unternehmensumwelt mit Hilfe zu entwickelnder Fähigkeiten verstehen. „Großen" Strategen ging es wohl nicht in erster Linie darum, Schlachten zu gewinnen, sondern die Welt nachhaltig wirkend, nach den eigenen Zukunftsentwürfen, zu gestalten. In dieser Beziehung unterscheidet sich Gaius Julius Caesar nicht von Steve Jobs, und Friedrich der Große nicht von Marc Zuckerberg.

Wieder direkten Bezug nehmend auf die Strategie scheinen drei Dimensionen wichtig:

Vorwegnahme prinzipiell unbekannter Zukunft

Erstens stellt Strategie eine Auseinandersetzung mit einer prinzipiell unbekannten Zukunft dar, oder besser mit alternativen Entwürfen von Zukunft, die mit einem Höchstmaß von Ungewissheiten und Unsicherheiten belastet ist: „Strategien formulieren heißt ‚to prepare for the unknown'." (Ortmann/Sydow, 2001, S. 428)

Strategie bedeutet also die individuell oder in der Organisation verankerte Fähigkeit zur Antizipation, im Sinne der Fähigkeit zur Vorwegnahme möglicher Zukunftskonfigurationen. In Terry Prachetts Scheibenwelt-Reihe klingt das so:

„Wir stehen am Morgen um 7.15 Uhr auf und gehen aus dem Haus, weil wir um neun bei der Arbeit sein müssen. Wissenschaftlich gesehen ist das eine sehr bizarre Form von Kausalität: Die Zukunft beeinflusst die Vergangenheit. Das kommt in der Physik normalerweise nicht vor [...]. Was Sie um 7.15 Uhr aufstehen lässt, ist eigentlich nicht ihr künftiges Eintreffen bei der Arbeit. Wenn Sie nämlich unter einen Bus geraten und nicht zur Arbeit kommen, sind Sie trotzdem um 7.15 Uhr aufgestanden. Anstelle von rückwärts laufender Kausalität gibt es in Ihrem Gehirn ein geistiges Modell, welches Ihren möglichst genauen Versuch darstellt, den bevorstehenden Tag vorherzusagen. In diesem Modell [...] denken Sie, dass Sie um neun bei der Arbeit sein sollten. Dieses Modell und seine Vorstellung von der Zukunft existieren jetzt, oder genauer gesagt, in der unmittelbaren Vergangenheit. Es ist diese Erwartung, die Sie aufstehen lässt, statt im

Bett zu bleiben und noch eine wohlverdiente Runde zu schlafen. Und die Kausalität ist, ganz normal: von der Vergangenheit in die Zukunft über Handlungen, die in der Gegenwart stattfinden." (Pratchett/Stewart/Cohen, 2008, S. 27)

Oder um diesen Aspekt mit Mihai Nadin auf den Punkt zu bringen: „An anticipatory system is a system whose current state is defined not only by its past states, but also by possible future states." (Nadin, 2008, S. 49)

Rekursive Gestaltung von Umwelten

Zweitens verstehen wir Strategie als bewusste Einflussnahme auf die ökonomische, soziale, kulturelle und ökologische Umwelt. Um beim oben gezeichneten Bild des Biotops zu bleiben, sollen durch gezielte Eingriffe die Rahmenbedingungen der eigenen Spezies – gegebenenfalls zu Lasten anderer, dann sprechen wir von Wettbewerbsstrategie – verbessert werden. Dabei ist jedoch damit zu kalkulieren, dass die Reaktion des Biotops auf die Einflussnahme den Erwartungen entspricht, oder auch nicht. Um uns wieder vom Bild zu lösen, verstehen wir Strategien im Pfriem'schen Sinne als (kulturelle) Angebote an die Gesellschaft, die von ihr angenommen, aber auch abgelehnt oder uminterpretiert werden können.

Implementierung in sozio-kulturellen Kontexten

Drittens ist der kritische Aspekt Implementierung zu betrachten. Wie wir gesehen haben, bedeutet Strategisches Management, auch wenn es sich anders inszeniert, immer „Management von Blindflug"; dennoch kann man offensichtlich Regeln und Instrumente schaffen, die eine Orientierung und ein Ankommen ermöglichen, ohne dass man den Zielflughafen vor Augen hat (den es zu diesem Zeitpunkt realiter noch gar nicht gibt). Unwissen und Unsicherheit heißt also nicht sich dem Unbekannten hingeben zu müssen, und damit zum Spielball der Kräfte zu werden. Sondern aus dem Unknown ein Gestaltetes zu machen: Die Landebahn (ich meine das sinnbildlich!) dort zu bauen, wo man ankommen will: „Strategien realisieren, heißt eine Leere füllen." (Ortmann/Sydow, 2001, S. 440)

Um diese Leere zu füllen, müssen Bahnen verlassen werden. „Unternehmensstrategien richten sich in die Zukunft. Strategisches Management von Unternehmen kann sich deshalb nicht damit begnügen, Erfolge der Vergangenheit in die Zukunft hinein zu verlängern, sondern muss sich neuen Herausforderungen stellen." (Pfriem, 2011, S. 19) Das erfordert die Bereitschaft und die Fähigkeit der Organisationsmitglieder, die Strategie (die notwendigerweise mit Veränderungen im organisatorischen und sozialen Gefüge einhergeht) auch unter Unsicherheit, Ungewissheit und eigener Orientierungslosigkeit zu tragen, und damit die Offenheit, Verhaltens- und Erfolgsmuster immer wieder in Frage zu stellen.

2.5 Changemanagement zwischen Vodoo und Prozessrationalität

Nun ist es so, dass die Welt sich einmal langsam und dann wieder schnell und ruckartig bewegt. Aus der Biologie ist der Begriff „Punctuated Equilibrium" entlehnt. Evolutionärer Wandel findet nicht linear statt, sondern mäandriert zwischen relativ stabilen Phasen, in denen die Strukturen des Umfeldes nur inkrementellen Wandel zulassen, und mit Phasen in denen die Umwelt sprunghaftem Wandel verlangt, in denen sich die Strukturen fundamental und grundlegend ändern (Gersick, 1991).

Ohne Zweifel befinden wir uns in einer Phase des dramatisch beschleunigten Wandels. Ähnlich wie die Erfindung des mechanischen Webstuhls eine ganze Welle von Innovationen nach sich zog, ist die Informations- und Kommunikationstechnologie der Treiber der derzeitigen Entwicklung fundamentalen Wandels, die sich wohl am besten in Form von Moore's Law beschreiben lässt. Unter Moore's Law verstehen wir eine Reihe von Faustregeln, die je nach Variante besagen, dass sich die Rechenleistung von Computerchips alle 18 Monate verdopple, beziehungsweise dass sich der Preis für eine bestimmte Rechnerleistung alle 18 Monate halbiere. Dadurch, dass es sich bei der Chiptechnologie um Basistechnologie handelt, hat das Folgeeffekte auf andere Technologien, wie etwa Energiegewinnung (Becker, 2011), Netzwerktechnologie, Sensorik, Mobilitäts- und Robotertechnologien, Biotechnologie und Medizintechnik etc. Vor allem treibt die Technologie sowohl die Globalisierung (über ubiquitär verfügbare Computer- und Netzwerktechnologie) als auch die organisatorische Dynamik, Komplexität und die Komplexitätsbewältigungsmechanismen der Organisation voran: Mit immer leistungsfähigeren Rechnern kann immer leistungsfähigere Software entwickelt werden, die immer mehr Komplexität in immer kürzerer Zeit bewältigen kann. Diese Technologie führt auch dazu, dass lokale Ereignisse in rasender Schnelle globale Folgen zeitigen können, auf die Unternehmungen und Organisationen in immer kürzerer Zeit neue und neuartige Antworten zu finden haben: Die Volatilität des organisatorischen Lebens explodiert förmlich.

Hier sollen genau diese ruckartigen Bewegungen interessieren, nicht das normale, das alltägliche und das dahinschleichende Nachjustieren, sondern das an den Grundfesten und den Grundprinzipien nagende. Da mag das „Übernehmen" und „Übernommenwordensein" Auslöser sein, oder es sind globale oder nationale Erschütterungen, wie der 11. September, Tschernobyl oder Fukushima, ein außenpolitisches Kräftemessen, das zu einem Ölembargo führt, oder es können profane Impulse für die notwendige Marschrichtung sein, von der App-Ökonomie über Energiewenden bis zu nicht immer leicht nachzuvollziehenden EU-Verordnungen, die den Änderungsdruck im Kessel unvermittelt ansteigen lassen und die bewährte Strategie und die eingefahrene Routine ad absurdum führen. Harte Aufschläge, die das strategische und strukturelle Gefüge schlagartig in Frage stellen, ohne es jedoch gleich zerfallen zu lassen.

Wir sprechen hier also über einschneidende Ereignisse, die dazu führen, dass das Gegenwärtige längst obsolet, aber das Neue bei weitem noch nicht greifbar ist. Ereignisse, die den Fortbestand der Organisation, so wie sie gerade ist, in Frage stellen, ohne verbindliche Antworten zur Zukunft liefern zu können.

Nun gelangen wir in eine Situation, in der die alten Gesetze und Regeln der Organisation nicht mehr gelten und die neuen noch nicht – zumindest nicht in hinreichender Präzision – gedacht sind. Eine Situation zwischen allen Stühlen, das Turner'sche „betwixt and between" (Turner, 1964).

Es geht darum, ein Vakuum zwischen zwei Zuständen – einem bekannten und vertrauten sowie einem unbekannten, opaken aber dennoch in irgendeiner Weise erstrebenswerten, „[...] one of ambiguity and paradox, a confusion of all the customary categories." (Turner, 1964, S. 7) – zu füllen. Ein Zustand, in dem sich Handlung und Struktur neu gesetzt haben werden: „Strategien realisieren, heißt eine Leere füllen. Denn alle Regeln, also auch Strategien, haben es an sich, dass sie in dem Sinne allgemein sind und sein müssen, dass sie je besondere Situationen transzendieren, und das können sie nur, wenn und insofern sie (nicht ganz, aber doch in vieler Hinsicht) leer bleiben; indem sie alles Mögliche offenlassen; indem sie sich auf ‚broad contours' beschränken." (Ortmann/Sydow, 2001, S. 440)

Offenheit und zu füllende Leere kann aber nicht Anarchie bedeuten, da die Organisation in Ermangelung von Kohärenz ohne Zweifel zerfallen würde. Folglich ist an einen Rahmen für Strukturen und Handlungen im Übergang oder an eine Metastruktur zu denken, die Leere und Offenheit auf der einen Seite und Kohärenz schaffende Regeln auf der Seite ermöglicht beziehungsweise anbietet. Es geht also um ein Konstrukt, das die Kluft zwischen der Strategie (als Zukunftsentwurf) und den betrieblichen Operationen (als die in die Gegenwart geführten, längst hinfälligen Erfahrungen der Vergangenheit) führt.

Es geht um Veränderung, durch die die Organisation geführt werden muss – eine Episode, eine Etappe, die (so zumindest der inszenierte Konsens) ein konkretes Ziel, einen definierten Anfang und ein definiertes Ende hat. Dahinter befinden sich Veränderungsmaßnahmen, denen, damit sie möglich werden, Ressourcen zugewiesen werden und an deren Ende sich das organisatorische Gefüge, die Kommunikationen und vielleicht sogar der Sinn und Zweck der Organisation neu gefügt haben sollen, um deren „prekären Fortbestand" (Habermas, 1982) wieder einmal zu sichern.

Dabei gilt es, die Vergangenheit gegen ein „Interesse an der Erhaltung des Status quo ante" abzulösen, was nicht ohne soziale Dramen ablaufen kann, in denen „das emotionale Klima einer Gruppe von gewittrigen Entladungen und böigen Luftströmungen bestimmt" ist (Turner, 2009, 11 f.).

Nach einer einschlägigen Studie von Claßen und Kyaw, deren Dramatik wir allerdings bei unseren eigenen Untersuchungen nicht nachvollziehen können, wird lediglich jedes achte Veränderungsprojekt als voller Erfolg charakterisiert, im Durchschnitt werden die Ziele lediglich zu zwei Dritteln erfüllt, und jedes vierte Projekt gilt sogar als Fehlschlag. Hinzu kommen Seiteneffekte im Bezug auf Produktivität und Mitarbeiterfluktuation: „Außerdem sinkt die Produktivität von Unternehmen bei schlecht gestalteten Veränderungsprozessen in der Expertenschätzung durchschnittlich um 25 Prozentpunkte, und die unerwünschte Fluktuation steigt um 11 Prozentpunkte." (Claßen/Kyaw, 2009)

Wenn man nach den Ursachen sucht, wird man diese auch hier weniger im technisch und strukturell Machbaren, sondern im Eigensinn der Organisation und ihrer Mitglieder finden, in Managern, so das Fazit von Claßen und Kyaw, die „[...] sich häufig gegen neue Herausforderungen **wehren** oder **Überlebensstrategien** entwickeln" und nicht mehr „einer gemeinsamen Linie" folgen können oder wollen: „47 Prozent der befragten Manager konnten die **Argumente** für die letzten Veränderungsprojekte in ihrem Unternehmen nicht nachvollziehen, 45 Prozent gaben an, **Angst** vor schwierigen Entscheidungen zu haben, und 44 Prozent fürchteten, an **Einfluss** zu verlieren." Und weiter: „Diese drei Aspekte wurden von den Befragten als die wichtigsten Gründe für Veränderungsresistenz genannt. Sie werden von einer Reihe weniger stark ausgeprägter Gründe begleitet, etwa **Angst**, an **Status** zu verlieren, **mangelnde eigene Flexibilität** oder **fehlende Kompetenzen**." (Claßen/Kyaw, 2009, S. 12, Herv. LB)

Hier sind sie, Victor Turners soziale Dramen aus Statuswechsel, Siegern und Verlierern, Bildung von Gemeinschaften, Legitimation von Machtansprüchen, Herstellung sozialer Verbindlichkeit, Durchsetzung von Rechtsansprüchen, die nach Bruch, Krise und Bewältigung entweder zu Reintegration oder endgültiger Spaltung führen (Fischer-Lichte, E. (2009), S. ix f.).

Hier bietet Changemanagement Anlässe, Prozeduren, Rituale und Methoden, die Kommunikationen in Bahnen zu lenken: Festgelegte Prozeduren, Rituale der Erneuerung, bei denen im Sinne Victor Turners zwei Mechanismen am Werke sind, nämlich „erstens die in den Ritualen erzeugten Momente der communitas, die er als gesteigertes Gemeinschaftsgefühl beschreibt, das die Grenzen aufhebt, welche die Individuen voneinander trennen; und zweitens eine spezifische Verwendung von Symbolen, die sie als verdichtete und mehrdeutige Bedeutungsträger erscheinen lässt und es allen Beteiligten ermöglicht, verschiedene Interpretationsrahmen zu setzen." (Fischer-Lichte, 2009, S. vii)

Die communitas wird in formaler Zugehörigkeit (Projektteam) und spezifischen Anlässen (Kick-off, Projektmeeting etc.) konstituiert – die Symbole des Projektmanagements bieten sich dann an, wenn Menschen mit alten und neuen Ideen aneinander vorbeireden, weil die gemeinsame Verständigungsgrundlage (noch) nicht entwickelt ist. Zur Durchsetzung müssen das Neue und das Alte anschlussfähig werden; dieser Anschluss findet über gemeinsame Symbole (so verwendet das Christentum heidnische Symbole und im eBusiness wird der Einkaufskorb aktiviert) wie Strukturpläne, Protokolle und Gantt-Charts, die das Verankern einer prinzipiell offenen Kommunikation im Bewährten und das Orientieren im Fremden ermöglichen, statt. Die Inszenierungen des Projekts bieten einen Rahmen, in dem sich nun die Giddens'sche „Dualität von Handlung und Struktur" entwickeln kann; ein Rahmen für Handlungen in dem die Akteure die Bedingungen (Struktur) mitgestalten und reproduzieren, ein Raum in dem die

Rekusivität des Sozialen Lebens in Organisationen jenseits von der betriebswirtschaftlichen Rationalität geprägten tagtäglichen Prozesse stattfinden kann (Giddens (1979) – s. o. Kapitel 3.3.3.2).

In diesem Raum muss und darf die einseitige betriebswirtschaftliche Prozessrationalität („Abweichungen sind Fehler") außen vor bleiben, und sich stattdessen vielfältiges Anpassen, Kommunizieren, Suchen und Entdecken „step by step" und „measure by measure" und im Kleist'schen wie Ortmann'schen Sinne die Verfertigung der Strukturen beim Handeln entwickeln (Ortmann/Sydow, J. (2001), S. 428).

In diesem Raum kann die Unternehmung ihre Zukunft entwickeln.

2.6 Epilog

„Am besten warten Sie vielleicht einfach ab, um wenigstens erleben zu können, wenn es explodiert. Oder anders gesagt: bei hoher Komplexität stellen sich ja im Allgemeinen wie von selbst Selektionsmuster ein."

(Niklas Luhmann (1989), aus einem Brief an Jean-Pol Martin)

Vor meinen Augen sehe ich einen 90-jährigen mitten in einer vergreisenden Gesellschaft. Vielleicht hat das Blinkende und Hupende seinen Reiz längst verloren. Mit Sprach- und Gestensteuerung bedient der Mann seinen Fernseher. Nachdem ihm der Fernseher eine erste Diagnose und einen Rezeptvorschlag gegeben hat, meldet sich aus Jaunde ein junger, gerade in China ausgebildeter Arzt, der ihm noch einige Fragen beantwortet und das Rezept freigibt. Früher wäre er vielleicht selbst zum Arzt gefahren, aber Autos kann sich kaum noch jemand leisten, weil zu lange auf nicht erneuerbare Energien gesetzt wurde. Hausarztpraxen gibt es auch nicht mehr, stattdessen nur Polikliniken auf der grünen Wiese. Aber die sind oft geschlossen, weil es seit Jahren keinen Nachwuchs bei Ärztinnen und Arzthelfern gibt. Der Mann muss gesund bleiben, denn er muss wenigstens ein paar Stunden am Tag arbeiten können, die Gesellschaft kann nicht einmal mehr auf das kleinste Quäntchen Arbeitskraft verzichten. Den Pflegedienst hat ein kleiner weißer japanischer Roboter mit großen Kulleraugen übernommen.

3 Wirkung von Changemanagement auf den Erfolg von IT-Projekten

3.1 Einführung

Zweifellos ist das 21. Jahrhundert Kulminationspunkt ganz unterschiedlicher Entwicklungen, die zum einen unmittelbaren Einfluss auf Strukturen und Prozesse des Unternehmens haben, zum anderen auf das Verhalten von Mitarbeitern und weiteren relevanten Akteuren. Allem voran erhöht die Globalisierung als ein sich in eine neue Dimension entfaltender Megatrend den Anpassungsdruck. Darüber hinaus zeigen die Markt-Deregulierungswellen des ausgehenden 20. Jahrhunderts, die rasante Entwicklung technologischer Innovationen, vor allem im Bereich von IT und Logistik, eine zunehmend qualifizierte Arbeitnehmerschaft sowie Verschiebungen der sozialen und demografischen Entwicklung zunehmend ihre Folgen für Unternehmen. Sie müssen sich schneller und konsequenter verändern als jemals zuvor. Eine effektive Führung, die Ausrichtung von Geschäftsprozessen an die gegenwärtigen Marktbedingungen und die Fähigkeit zum organisatorischen Wandel sind zentrale Kompetenzen. Sie ermöglichen kontinuierlich hohe Leistungen, keine Vergeudung von Ressourcen und sind eine tragfähige Grundlage für zukünftigen Erfolg (Mütter/Feldmüller, 2008, S. 115; Graetz, 2000, S. 550).

Dieser Tatbestand gewinnt zunehmend an Bedeutung, da sich der Wandel von einer Ausnahmeerscheinung im Lebenszyklus von Organisationen zu einem Dauerzustand entwickelt (Vahs/Leiser, 2003, S. 1). Die veränderten Rahmenbedingungen zwingen Unternehmen an vielen Stellen, von ihren altbewährten Methoden, Handlungsmustern, Arbeitsabläufen und Strategien abzuweichen und in neuen Gefilden nach Ansätzen zur effizienteren Gestaltung von organisatorischen Veränderungsprozessen zu suchen (Helbig/Becker, 2009, S. 101). Gleichzeitig wird das Wissen über Faktoren, die den geplanten Wandel von Unternehmen fördern, bzw. sein Scheitern bedingen, zunehmend wichtiger.

Veränderungsprojekte sind unter den heutigen Markt- und Umfeldanforderungen allgegenwärtig und betreffen verschiedene Ebenen organisatorischen Handelns, namentlich die strategische und die operationale Ebene sowie insbesondere die Informationssysteme (Avila et al., 2009, S. 2). So belegt beispielsweise eine Studie der GPM, in Zusammenarbeit mit der PA Consulting Group Deutschland, dass IT-Projekte die am weitesten verbreiteten und die am häufigsten durchgeführten Projekte sind (Mütter/Feldmüller, 2008, S. 117).

Konzepte der letzten Jahre zeigen auf, dass es für die Neu- und Umgestaltung von Unternehmen keinen Königsweg oder eine One-Best-Way-Lösung im tayloristischen Sinne gibt (Vahs/Leiser, 2003, S. 1). Gleichzeitig weisen Veränderungsprojekte eine niedrige Erfolgsquote einerseits und erhöhte Frequenz andererseits auf, was darauf hinweist, dass traditionelle, prozessuale Changemanagement-Konzepte zunehmend an ihre Grenzen stoßen (Stebbings/Braganza, 2009, S. 27; Todnem, 2005, S. 369). Seit den 90er Jahren hat sich in diesem Kontext die Erkenntnis durchgesetzt, dass mit Technologie allein nicht alles zu regeln sei und IT-Systeme kein Selbstzweck, sondern vielmehr Mittel zum Zweck sind. Somit stellt der Faktor „Mensch" eine zentrale Größe für den Erfolg bei der Neueinführung oder Umgestaltung von IT-Systemen dar (Schmitt, 2010, S. 10).

Die aus dem äußeren wie inneren Wandel resultierenden dynamischen Einflüsse führen zur Problematik, dass Unternehmensziele mit höherem Druck und in kürzeren Zeitspannen erreicht werden müssen. Gleichzeitig bestehen Spannungsfelder (Becker, 2010), in denen oftmals Zielkonflikte zwischen der Anpassung an die Marktgegebenheiten und der Einhaltung sowie Berücksichtigung von Humanfaktoren entstehen. Gerade die eher weichen Faktoren, wie falsche Entscheidungen, ungeeignete Anreizsysteme oder das Ignorieren von sozialen Strukturen und deren Interrelation innerhalb eines Unternehmens, führen oftmals zu einer „Diskrepanz zwischen der Notwendigkeit und der Fähigkeit zu einem schnelleren und flexiblen Handeln" (Vahs/Leiser, 2003, S. 5).

Da unterschiedliche Unternehmensstrategien und Geschäftsprozesse vermehrt durch IT unterstützt bzw. erst durch den Einsatz von IT ermöglicht werden, müssen Unternehmen in der Lage sein, zeitnah die richtigen Entscheidungen über IT-Belange zu treffen sowie diese technisch als auch organisatorisch und sozial umzusetzen. Schlagwörter in neu aufkommenden Organisationsmodellen sind deshalb der Reiz des Neuen, Qualität, Flexibilität, Adaption, Geschwindigkeit und das Experimentieren (trial & error) (Graetz, 2000, S. 550).

Die Entwicklung von Unternehmen und der organisatorische Wandel sind komplexe Vorgänge, die mit vielschichtigen Effekten und Problemfeldern einhergehen. Diese umfassen neben aufbau- und ablauforganisatorischen Restrukturierungsmaßnahmen auch Veränderungen der Unternehmensstrategie, eine Anpassung der Technologie und eine Änderung der Unternehmenskultur. Es wäre demnach weder sinnvoll noch der komplexen Unternehmensrealität angemessen, Handlungsfelder wie Strategie, Organisation, Technologie und Unternehmenskultur isoliert zu betrachten. Sie müssen vielmehr in einen dynamischen und vernetzten Gesamtzusammenhang gebracht werden (Vahs/Leiser, 2003, S. 1 ff.).

3.1.1 Ziele

Vor diesem Hintergrund soll in dieser Studie die Wirkung von Changemanagement auf den Erfolg von IT-Projekten untersucht werden. Von besonderem Interesse ist die Frage, auf welche Weise Change-Projekte und Projektmanagement in der IT miteinander verbunden sind und auf welche Weise sie den Unternehmenserfolg beeinflussen.

Um sich dieser Frage angemessen zu nähern, und Aussagen darüber treffen zu können, inwiefern systematisches Changemanagement IT-Projekte erfolgreicher macht und welche Methoden sich dabei als besonders wirksam erwiesen haben, wird die Bedeutung von Changemanagement in der IT und die Verzahnung von IT-, Projekt-

und Veränderungsmanagement betrachtet. Wie Change- und Projektmanagement in der IT und unternehmerischer Erfolg zusammenfallen, soll hier ein besonderes Augenmerk gewidmet werden.

Gerade die eingangs erwähnte Globalisierung stellt Unternehmen, Konzerne und KMUs (kleine und mittlere Unternehmen) vor Herausforderungen, die eine sorgfältige Beachtung und kontinuierliche Anpassung erfordern. Dennoch, so unsere Arbeitshypothese, geraten Organisationen angesichts nicht hinreichend bewältigter Wandlungsprozesse ins Straucheln. Getreu dem Motto Michail Gorbatschows: „Wer zu spät kommt, den bestraft das Leben", kämpfen Unternehmen unnötigerweise um ihre Existenz, weil sie den Wandel zu spät und nicht konsequent genug angehen. Mit dem Rücken zur Wand stehen Unternehmen dann vor der Herausforderung, mit immer geringeren Ressourcen, wie Zeit und finanziellen Mitteln, möglichst kostengünstige und qualitativ hochwertige Leistungen am Markt zu platzieren. So entstehen mitunter Zielkonflikte, die sich, wenn sie unerkannt bleiben, zu einer immer schneller drehenden Abwärtsspirale formen.

3.1.2 Methodologie

Aufbauend auf der theoretischen Ausarbeitung liefert der empirische Teil der Studie Einblick in bestehende Prozesse und versucht dabei neue Perspektiven und Handlungsfelder zu eröffnen. Die Studie basiert auf problemzentrierten Interviews sowie der quantitativen Auswertung einer Umfrage. Der im theoretischen Teil aufgestellte Bezugsrahmen zum Changemanagement in IT-Projekten soll dabei helfen, verschiedene Aspekte des Changemanagements in IT-Prozessen zu beleuchten. Zudem soll die Frage nach den vorherrschenden Problemfeldern („wo der Schuh drückt"), die Frage nach den geeigneten Gestaltungsoptionen („was man tun kann") sowie das Spannungsfeld zwischen Strategie und Wandel erörtert werden. Hierzu wird der Praxisalltag aus theoretischer sowie praktischer Position beleuchtet. Es werden Kernproblemfelder identifiziert und neue Perspektiven zur Förderung von Wandlungsprozessen in Unternehmen aufgezeigt.

Abgerundet wird die Studie durch Empfehlungen für eine Weiterentwicklung und Optimierung des Changemanagements. Die hier vorgestellten Handlungsempfehlungen basieren auf aussagekräftigen und spezifischen Interviews mit Spezialisten aus den Bereichen IT-Prozessmanagement, Business Development, Projektmanagement und Strategie- sowie Unternehmensentwicklung.

3.2 Globalisierung

Obwohl der Begriff Globalisierung kein neues Phänomen darstellt, prägen die zunehmende Geschwindigkeit und die räumliche Ausdehnung der Globalisierung das heutige Zeitalter maßgeblich (Lindenmayer, 2008, S. 91). Im Allgemeinen wird die Zunahme von globalen Interdependenzen, also die steigende Verzahnung nationaler Wirtschafts- und Gesellschaftsräume, als Globalisierung bezeichnet (Lindenmayer, 2008, S. 91).

Der Soziologe Ulrich Beck beschreibt Globalisierung (bzw. Globalität) als die Existenz weltumspannender, offener Systeme, die durch Reflexivität und Konvektivität gekennzeichnet sind. Einzelne Subsysteme (wie Regionen, Märkte oder Nationen) können in diesem Kontext nicht länger als geschlossene oder isolierte Bereiche angesehen werden. Sie sind vielmehr in zeitlicher, räumlicher sowie in sachlicher Hinsicht, durch wechselseitige Beziehungen miteinander verbunden (Beck, 1997, S. 27 ff.).

Die Ursachen der Globalisierung umfassen in diesem Kontext politische, technologische sowie gesellschaftlich kulturelle Aspekte (Lehmann, 2006, S. 9). Globalisierung aus volkswirtschaftlicher Sicht umfasst zunächst die Bereiche Institutionen, Märkte und Unternehmungen. Darüber hinaus – das darf nicht übersehen werden – müssen allerdings weitere Lebensbereiche wie Recht, Ethik, Natur oder Medien in Betracht gezogen werden (Kutschker/Schmid, S. 165 ff.).[2] Somit kann an dieser Stelle auf die Definition von Christopher Stehr verwiesen werden, der ein weiteres, wichtiges Element in die Definition von Globalisierung mit aufnimmt, nämlich den der Unumkehrbarkeit. Er beschreibt Globalisierung als einen unumkehrbaren Prozess der Vernetzung verschiedener Teilbereiche:

„Wirtschaft, Technik, Politik, Soziales und Umwelt über die Grenzen von Nationalstaaten hinweg mit gegenseitigen Abhängigkeiten und Auswirkungen" (Stehr, 2009, S. 53).

(Internationale) Unternehmen kristallisieren sich zunehmend als Hauptakteure der global vernetzten gesellschaftlichen sowie wirtschaftlichen Strukturen heraus.[3] Sie können sich flexibel in internationalen Wirtschaftsräumen bewegen und sind nicht mehr innerhalb der Grenzen nationalstaatlicher Systeme gebunden. Dementsprechend können auch Wertschöpfungsaktivitäten im Rahmen von ökonomischen Kriterien global diversifiziert werden (Lehmann, 2006, S. 24). Die dadurch zunehmenden Marktinterdependenzen, insbesondere die Beziehungen von Unternehmen zu Kunden und Konkurrenten, verweisen auf einen steigenden Druck des Marktes und auf eine Intensivierung des Wettbewerbs, die durch die Mediatisierung der Märkte (wesentlich durch das Internet) zusätzlich verstärkt werden (Krüger, 1999, S. 19). Die fortschreitende Liberalisierung der Märkte und die Öffnung ehemaliger Planwirtschaften sowie die zunehmende Einbindung von Schwellenländern in Asien und Südamerika, die zudem Ziel von ausländischen Direktinvestitionen werden, verschärfen den Wettbewerb weiter (Kutschker/Schmid, 2008, S. 192).

Finanzielle Krisen, neue Technologien, globale Projekte sowie Kooperationen und Fusionen (Kraus et al., 2006, S. 16) verdeutlichen, dass sich Wandel im Lebenszyklus von Unternehmen von einer Ausnahmeerscheinung zu einem Dauerzustand entwickelt

---

[2] Für eine ausführlichere Beschreibung der einzelnen Objekte oder Bereiche der Globalisierung siehe Kutschker/Schmid, 2008, S. 165 ff. 2 Vgl. ebd., S. 73.

[3] Reinhard Pfriem gibt in diesem Zusammenhang, mit Referenz auf Ulrich Beck, an, dass Unternehmen zu „Quasi-Staaten" geworden sind (Pfriem, 2006, S. 320). Auch Ulf Schrader bezieht sich in diesem Kontext auf den „Bedeutungsverlust von Nationalstaaten" (2003, S. 71 f.).

hat. Zielgerichtete Veränderungen in Unternehmen sind somit heute und zukünftig von maßgeblicher Bedeutung (Vahs/Leiser, 2003, S. 1). Ein Umdenken ist notwendig geworden, wobei sich Changemanagement von einer Ausnahme zu einer täglichen Aufgabe entwickelt hat und einen zentralen Faktor für den wirtschaftlichen Erfolg des Unternehmens darstellt (Reiß, 1997, S. 6). Dies bestätigt auch eine von Capgemini im Jahr 2008 durchgeführte Changemanagement-Studie, in der Changemanagement gegenwärtig von 50 % der Unternehmen als wichtig und von 36 % als sehr wichtig eingestuft wird. Für die Zukunft wird es von 48 % als wichtige und von 44 % als sehr wichtige Managementaufgabe betrachtet (2008, S. 13). Wandel soll dementsprechend keine Bedrohung darstellen, sondern als permanenter Prozess, Gestaltungsfaktor und Erfolgsfaktor angesehen, erkannt und akzeptiert werden. Dies gilt im gleichen Umfang für Manager als auch für Mitarbeiter. Wandlungsfähigkeit ist in der heutigen Zeit zu einer Kernkompetenz geworden (Reiß, 1997, S. 6). Dies kann durch die makabre Metapher vom „Boiled frog" verdeutlicht werden:

„Wenn ein Frosch in heißes Wasser geworfen wird, wird er sofort wieder herausspringen. Legen Sie den Frosch in kaltes Wasser und erwärmen das Wasser langsam, so wird der Frosch die stetige und langsame Erwärmung nicht wahrnehmen. In der Regel verpasst er dann den Zeitpunkt, an dem er aus dem Wasser springen könnte. Ab einem bestimmten Punkt ist das Wasser dann so sehr erhitzt, dass seine Beine ihm nicht mehr gehorchen und er, obwohl er springen will, nicht mehr springen kann." (Kraus et al., 2006, S. 12)

Diese Metapher verdeutlicht eindrucksvoll die Gefahr des Nicht-Erkennens bzw. Vernachlässigens von Veränderungen. Gemäß Kraus et al. können Veränderungen allgemein über drei Wege erfolgen, nämlich „Krise bzw. Revolution, Erneuerung bzw. Wandel oder Anpassung bzw. Erneuerung". Krisen lösen Veränderung auf Grund externer Faktoren aus. Organisationen müssen sich in diesem Rahmen durch schnelles Handeln sowie tiefe Eingriffe anpassen, um nicht vom Markt verdrängt zu werden. Wenn das Unternehmensmanagement die Notwendigkeit eines strategischen und gesteuerten Umbaus des Unternehmens erkennt, beschreibt dies eine Erneuerung bzw. den geplanten Wandel. Bei einer Anpassung handelt es sich um einen evolutionären Ansatz, bei dem die Betroffenen kontinuierlich an der eigenen Weiterentwicklung arbeiten (Kraus et al., 2006, S. 16). In der oben genannten Changemanagement-Studie wurden Restrukturierung/Reorganisation des Unternehmens (49 %), Wachstumsinitiativen (38 %), eine veränderte Unternehmensstrategie (33 %), Kostensenkungsprogramme (32 %), externe Veränderungen (17 %) und kontinuierliche Verbesserungsinitiativen als Hauptursachen für Veränderungen im Unternehmen aufgeführt. Insbesondere wurden IT- (17 %) und Technikinnovationen (10%), wobei Mehrfachnennungen möglich waren, als Veränderungsgrund angegeben (Capgemini, 2008, S. 14).

Zahlreiche Praxisbeispiele belegen, dass bei Veränderungsprozessen in Unternehmen die oben genannten Felder nicht unabhängig voneinander und isoliert betrachtet werden dürfen. Neben aufbau- sowie ablauforientierten Restrukturierungsmaßnahmen können Veränderungsprozesse auch eine Überprüfung bzw. Reformulierung der Unternehmensstrategie, eine Anpassung von eingesetzten Technologien oder IT- Systemen sowie eine Veränderung der Unternehmenskultur erfordern. Dabei gilt es die entsprechenden Handlungsfelder bestmöglich aufeinander abzustimmen, um verschiedene Wechselwirkungen zwischen den Feldern, die entscheidend für den Erfolg des Veränderungsprozesses sind, zu berücksichtigen (Vahs/Leiser, 2003, S. 3).[4] Changemanagement kann in diesem Kontext definiert werden als:

„Strategie des geplanten und systematischen Wandels, der durch die Beeinflussung der Organisationsstruktur, Unternehmenskultur und individuellem Verhalten zu Stande kommt, und zwar unter größtmöglicher Beteiligung der betroffenen Arbeitnehmer. Die gewählte ganzheitliche Perspektive berücksichtigt die Wechselwirkung zwischen Individuen, Gruppen, Organisationen, Technologie, Umwelt, Zeit, sowie die Kommunikationsmuster, Wertestrukturen, Machtkonstellationen etc., die in der jeweiligen Organisation real existieren." (Kraus et al., 2006, S. 15).

Das Konzept des Changemanagements beabsichtigt, Veränderungen aktiv zu managen und zu gestalten. Change wird nicht wie bei traditionellen Ansätzen als Bedrohung wahrgenommen, gegen die sich das Unternehmen zur Wehr setzen muss, sondern vielmehr als integrativer Bestandteil der Unternehmensstrategie.

Change als Chance – Veränderungen sollen nicht nur erkannt und für das Unternehmen fruchtbar gemacht, sondern auch durch unternehmerische Innovationen mitgestaltet werden (Kutschker/Schmid, 2008, S. 170).

Bevor wir auf das Organisationsdesign des Changemanagement-Prozesses eingehen, sollen zunächst die historischen Rahmenbedingungen, die unternehmerisches Wirtschaften und betriebliches Management in der heutigen Zeit grundlegend verändert haben und verändern werden, näher betrachtet werden. Dabei liegt der Fokus vordergründig auf dem Bereich der Informations- und Kommunikationstechnologien (IKT).

3.2.1 Rasante Entwicklung der Informatik und Telekommunikation

In den letzten zwei Jahrzehnten hat sich IT zum Schlüsselfaktor für den Unternehmenserfolg entwickelt. Zu diesem Ergebnis führte auch eine weltweite Umfrage von PriceWaterhouseCoopers[5], die ergab, dass 93 % der Interviewpartner IT als größten Einflussfaktor der Unternehmensstrategie betrachteten (ITGI, 2004).

Seit der Entstehungszeit der IT-Branche in den 60ern und 70ern hat die Leistungsfähigkeit von IT-Systemen und die Geschwindigkeit der Leistungssteigerung drastisch zugenommen. Dementsprechend müssen IT-Unternehmen schneller und in immer kürzer werdenden Zyklen leistungsstärkere Systeme auf den Markt bringen. Die Anwender stehen unter Druck, mit den neuen IT-Systemen zurechtzukommen und sich durch neue Möglichkeiten Wettbewerbsvorteile zu erarbeiten, indem sie schneller, kosten-

---

[4] Hierauf soll im weiteren Verlauf der Arbeit näher eingegangen werden.
[5] Der Auftragsaufgeber der Studie war das IT Governance Institut. Insgesamt wurden 335 Interviews auf Vorstandsebene geführt (ITGI, 2004).

günstiger und immer komplexer werdende Produkte und Dienstleistungen anbieten (Mütter/Feldmüller, 2008, S. 115). Somit ist es auch kaum verwunderlich, dass 17 % der Befragten Innovationen in der IT und 10 % bei sonstigen Technologien, in der oben genannten Changemanagement-Studie, als Anlässe für Veränderungen betrachten (Capgemini, 2008, S. 14 f.).

Die revolutionären Fortschritte in IT, Telekommunikation und Mikroelektronik und der dadurch bedingte Preisverfall führen zu kürzeren Lebenszyklen und immer radikaler werdenden Veränderungen (Doppler/Lauterburg, 2005, S. 22). Dies kann aus dem jährlich erscheinenden Hype Cycle der Gartner Group abgelesen werden. Er ist in fünf Phasen geteilt und beschreibt den Adoptionsstand und Reifegrad verschiedener Technologien unter zwei Gesichtspunkten: Der öffentlichen Aufmerksamkeit, der den Technologien entgegengebracht wird (Ordinatenachse), und der zeitlichen Entwicklung der Technologien (Abszissenachse). Wie Abbildung 1 aufzeigt, verweist der Gartner Hype Cycle for Emerging Technologies (2010) zudem darauf, wie lange die Technologie noch benötigt, um den Status der Marktreife zu erlangen. Die Hauptkategorien des 2010 Hype Cycles sind: „User Experience and Interaction", „Augmented Reality, Context and Real World Web", „Data Driven Decisions", „Cloud Computing" und „Value from the Periphery" (Fenn, 2010, S. 4 ff.).

Die Fortschritte in Informatik- und Telekommunikationstechnologien ermöglichen heutzutage Kommunikation ohne Zeitverzögerung, hierarchische Zwischenebenen und lokale Begrenzungen. Somit werden neue Formen der Zusammenarbeit in Teams und Projekten sowie zwischen verschiedenen Bereichen und Funktionen geschaffen. Des Weiteren wird weltweit eine interkulturelle und internationale Kommunikation ermöglicht. Unternehmen können mehr und mehr als Netzwerke angesehen werden, wobei

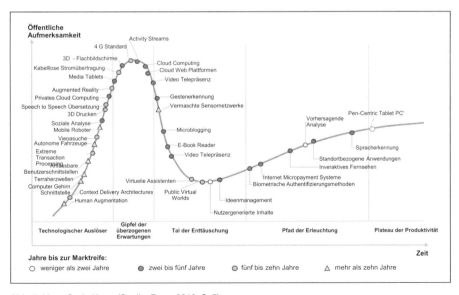

Abb. 1: Hype Cycle Kurve (Quelle: Fenn, 2010, S. 7)

Kooperationsformen verschiedenster Art von zentraler Bedeutung sind und Prozessketten von Unternehmen in Zusammenarbeit mit Lieferanten und Kunden, in Form von u. a. Out- und Insourcing-Modellen oder -Beteiligungen, gestaltet werden können (Doppler/Lauterburg, 2005, S. 23). Zukünftig ändert sich die aktuelle IT-Landschaft in Unternehmen zu „intelligenten" IT-Infrastrukturen, wobei Konsumenten mehr eingebunden werden und die Selektion und Analyse von Unmengen von Daten eine zentrale Aufgabe darstellt (Accenture, 2010, S. 5 ff.).

Nefiodow beschreibt, dass in einer Industriegesellschaft das wirtschaftliche Wachstum hauptsächlich durch die Erschließung neuer Ressourcen bzw. Rohstoffe und der Effizienzsteigerung in Verarbeitungsprozessen angetrieben wird. Informationsgesellschaften sind durch den verbesserten Zugriff auf Informationen und deren Verarbeitung charakterisiert (Nefiodow, 2000, S. 2 ff.). In der heutigen Zeit werden durch eine zunehmende Verbreitung von Internet, Intranet, lokalen Netzwerken, IT-gestützten Dienstleistungen oder digitalisierten Gütern bisherige organisatorische Regeln verändert oder gar obsolet.

Die vielfach noch verwendeten industriellen Organisationskonzepte, die durch die Verwendung von Rohstoffen und den Einsatz der Produktionsmittel Arbeit, Energie und Kapital charakterisiert sind, werden vermehrt durch Konzepte ersetzt, bei denen Wissen transportiert und im gleichen Zuge Wissen geschaffen wird. Somit entsteht eine völlig neue Art der Wertschöpfung. Internet, bzw. E-Commerce führen in diesem Rahmen zu einem Druck, Geschäftsprozesse umzugestalten und Wertschöpfungsketten neu zu definieren. Es ist auch keine Frage der Kosten oder der Zeit, Informationen von „überall" nach „überall" zu transportieren. Die drängende Frage heute ist vielmehr, wie Informationen selektiert werden können, um nicht im Datenmüll unterzugehen (Doppler/Lauterburg, 2005, S. 22).

3.2.2 Wertbeitrag der IT – IT doesn't matter?[6]

Bereits simple Gedankenexperimente bezüglich der Konsequenzen eines Stillstandes aller IT-Systeme in einem Unternehmen verdeutlichen, dass die Aufrechterhaltung von grundlegenden Geschäftsabläufen in vielen Unternehmen ohne IT unmöglich geworden ist. Besonders im Hinblick auf die von Kunden und Geschäftspartnern geforderte Produkt- und Servicequalität wären derzeitige Standards ohne IT kaum denkbar. Folglich erhält die Geschäftsführung zweifelsohne einen Gegenwert für die Kosten der IT (Bienert/Wildhaber, 2007, S. 24).

Die Diskussion um den Wertbeitrag der IT wird in Deutschland, wie auch seit Jahren im angloamerikanischen Raum, analog unter dem Titel „Business Value of IT", vorangetrieben. Einen entscheidenden Impuls erhielt die Debatte im Jahre 2003 (Johannsen/Goeken, 2011, S. 8 f.). IT doesn't matter – mit dieser These und dem gleichnami-

---

[6] Dieser Absatz entstand im Rahmen der Masterthesis „Nachhaltige IT-Governance – Entwicklung eines Reifegradmodells" (Müller, 2012, S. 8 ff.).

gen Artikel, der im Wirtschaftsmagazin „Harvard Business Review" veröffentlicht wurde, löste Nicolas Carr eine Kontroverse über den Wertbeitrag der Informationstechnik (IT) zum Unternehmenserfolg (in Öffentlichkeit und Wirtschaft) aus. Nach Carr, der die Entwicklungsdynamik der IT-Industrie mit Veränderungen in Eisenbahn und Energieindustrie verglich (u. a. Mechanisierung, Fertigung, Logistik und Kommunikation), entwickeln sich Technologien, je verfügbarer und preiswerter sie werden, zum Allgemeingut. Durch diese Kommodisierung schwinden wettbewerbsdifferenzierende Vorteile einer Technologie, was sie zu einem „unsichtbaren" Faktor, der seine strategische Bedeutung verliert, „verkommen" lässt. Insgesamt schlussfolgert Carr, dass der Einfluss der IT aufgrund von Kommodisierung und fragwürdigen bzw. relativ kurz bestehenden Wettbewerbsvorteilen, zukünftig sukzessive abnehmen wird und strategische Investitionsentscheidungen in der IT gut durchdacht und hinterfragt werden müssen (Carr, 2003, S. 5 ff.).

Der Artikel zog erhebliche Kritik aus Wissenschafts- und IT-Kreisen, wie von u. a. Rob Austin und Andrew McAfee, Professoren aus Harvard, oder dem Autor DeMarco, nach sich.[7] Die kritische Einstellung Carrs gegenüber IT entspricht dennoch der Meinung der Entscheidungsträger, die den inflationären Ausgaben für IT in den 1990er Jahren kritisch gegenüber standen und den Kollaps der „New Economy" als Bestätigung ihrer Skepsis deuteten (Bienert/Wildhaber, 2007, S. 12).

Demgegenüber stehen verschiedene wissenschaftliche Studien, die auf grundsätzlich konträre Entwicklungen verweisen.[8] Effizienzvorteile im Kontext von Zeit und Kosten sowie Wettbewerb durch Automatisierung, Kostenreduktion oder Produktivitätsvorsprünge ergeben sich vordergründig, wenn neue Informationstechnologien rasch und frühzeitig für Geschäftsaktivitäten eingesetzt werden. Allerdings gehen diese Vorteile langfristig durch die oben erwähnte Kommodisierung verloren (Johannsen/Goeken, 2011, S. 11). Wie DeMarcos Kritik an Carrs Artikel aufzeigt, reduziert Carr IT auf Computer (Hardware oder De Marco [Original]: „Boxes"), die schon seit dem letzten Jahrzehnt kommodisiert wurden (Melymuka, 2003). In diesem Kontext übersieht Carr den maßgeblichen Stellenwert der IT für die Informationsverarbeitung in der heutigen Zeit.

Die Verarbeitung von Informationen basiert zwar auf einer Basisinfrastruktur bestehend aus u. a. Rechenleistung, Speicherkapazität und Transportleistung. Die Bereitstellung, Verarbeitung und Vernetzung von Informationen liegt allerdings nicht in der alleinigen Verantwortung der IT (Bienert/Wildhaber, 2007, S. 14 f.).

Entscheidend ist dementsprechend vielmehr ein Management des Technikeinsatzes, das eine effektive sowie effiziente Nutzung der IT impliziert und vorantreibt. Ferner können weitergehende Wettbewerbsvorteile durch eine Anpassung der IT an die Un-

---

[7] Kathleen Melymuka gibt einen umfassenden Überblick der Statements verschiedener Kritiker (Melymuka, 2003).

[8] Brynjolfsson und Hitt belegen in ihren Studien beispielsweise die positiven Auswirkungen des IT-Einsatzes auf Produktivität, Umsatz und Marktwert (Brynjolfsson/Hitt, 1998, S. 15 ff.; Brynjolfsson/Hitt, 2000).

ternehmensstrategie wie auch durch deren innovative Anwendung realisiert werden. Hier rückt die Rolle der „IT als Enabler" in den Mittelpunkt, die die Entwicklung neuer Geschäftsmodelle, -felder und -funktionen beschreibt. Die Digitaltechnik revolutionierte beispielsweise verschiedene Industriebereiche, wie u. a. die Kamera-, Film- und Mobilfunkindustrie und führte dementsprechend zur Entstehung neuer Geschäftsfelder und zum Verfall alter Geschäftsmodelle (Johannsen/Goeken, 2011, S. 7 f.).[9]

Wenn differenziertere Geschäftstätigkeiten oder neue Geschäftsfunktionen durch den Einsatz von IT unterstützt werden sollen, ist vorwiegend, um entstehende Kosten und Komplexität einzugrenzen, eine Koordination oder Abstimmung der eingesetzten IT mit der Unternehmensstrategie notwendig. Johannsen/Goeken verweisen in diesem Kontext darauf, dass die IT-unterstützte „Time to Market" sowie die kosteneffiziente Ausführung von Geschäftsprozessen den primären Hebel für den IT-Wertbeitrag darstellen (Johannsen/Goeken, 2011, S. 13).

Bei Unternehmen werden in suboptimal ablaufenden Geschäftsprozessen die zur Verfügung stehenden Ressourcen nicht optimal für die Erzeugung des gewünschten Produktes bzw. der gewünschten Dienstleistung eingesetzt und es kommt zu „Reibungsverlusten". Heutzutage werden Geschäftsprozesse und -abläufe in allen Unternehmen durch IT effizienter, schneller und „besser" gestaltet, um Reibungsverluste zu minimieren. IT wird sozusagen eingesetzt, um Unternehmen an veränderte Marktsituationen anzupassen (Mütter/Feldmüller, 2008, S. 116 f.). Wie schon durch den „Gartner Hype Cycle" aufgezeigt, verändert sich die IT-Landschaft in der heutigen Zeit grundlegend, mit dem Trend zu „intelligenten IT-Infrastrukturen". Man könnte meinen, dass den Herausforderungen einer immer komplexer werdenden Welt durch die rasante Entwicklung der Informations- sowie Kommunikationstechnik und neuer Analysetechniken beigekommen werden kann. Die technologischen Entwicklungen können dabei auf zahlreiche Art und Weise behilflich sein. Allerdings können durch sie die Probleme der erhöhten Komplexität nicht beseitigt werden (Hodgson, 2000, S. 101 f.).

Vielmehr ist das Führungsgeschäft anspruchsvoller geworden und der erhöhte Komplexitätsgrad erfordert von Mitarbeitern und Führungskräften neue Fähigkeiten, Fertigkeiten und Kenntnisse. Zusammenfassend lautet die zentrale Herausforderung, der sich Unternehmen stellen müssen: „Schnellere und wirtschaftliche Bewältigung einer zunehmenden Vielfalt sich rasch verändernder Aufgaben" (Doppler/Lauterburg, 2002, S. 53).

Doppler und Lauterburg beschreiben, dass unter veränderten Rahmenbedingungen folgende Voraussetzungen erfüllt werden müssen, um als Unternehmen erfolgreich zu sein: Markt- und Kundennähe, schnelle Reaktionsfähigkeit sowie eine hohe Flexibilität, Anhebung der Qualität und Produktivität, bei gleichzeitiger Kostenoptimierung

---

[9] An dieser Stelle kann auch auf aktuelle Entwicklungen in der Energiewirtschaft, die auf die Etablierung intelligenter Stromnetze, Elektromobilität und die Verbrauchersteuerung, auf Basis moderner IKT abzielen, verwiesen werden (BDI, 2008).

(2002, S. 53 ff.). Dies ist oft nur durch ein konsequentes Business Reengineering möglich. Zudem werden Führungskräfte vor eine besondere Aufgabe gestellt, da sie den normalen Geschäftsbetrieb aufrecht erhalten und gleichzeitig die Reorganisation managen müssen. Dies erfordert besondere Mechanismen und Strukturen der Planung, Kommunikation und Führung, auf die in Kapitel 3 noch näher eingegangen wird (Doppler/Lauterburg, 2010, S. 45 f.).

3.3 Einflussfaktoren des Changemanagements

Wie im Kapitel „Globalisierung und Wandel" verdeutlicht wurde, haben die veränderten Rahmenbedingungen auch maßgebliche Auswirkungen auf das Changemanagement von Unternehmen. Verschiedene Studien und Praxisbeispiele verdeutlichen zudem, dass Change-Projekte neben ablauf- oder aufbauorganisatorischen Restrukturierungsmaßnahmen auch eine Anpassung bzw. Neudefinition der Unternehmensstrategie, Veränderungen im Bereich der IT und einen Wandel der Unternehmenskultur umfassen.

Demnach wäre es nicht sinnvoll, noch der komplexen Unternehmensrealität entsprechend, die verschiedenen, in Abbildung 2 dargestellten, Handlungsfelder isoliert zu betrachten. Vielmehr müssen die Handlungsfelder Strategie, Organisation, Technologie und Kultur im Kontext eines erfolgreichen Changemanagements aufeinander abgestimmt und in einen dynamischen, vernetzen Gesamtzusammenhang gesetzt werden (Vahs/Leiser, 2003, S. 3).

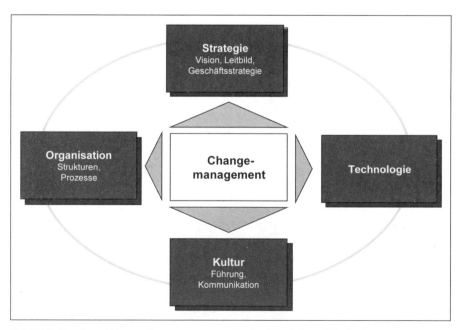

Abb. 2: Vier Handlungsfelder von Changemanagement (Quelle: Vahs, Leiser, 2003, S. 3)

Im weiteren Verlauf der Arbeit soll zunächst auf eine Definition von Changemanagement sowie Trends im unternehmerischen Kontext eingegangen werden, bevor detaillierter auf Changemanagement-Aspekte aus den vier, in Abbildung 2 aufgezeigten, Feldern eingegangen wird.

3.3.1 Was ist Veränderungsmanagement?

Es gibt keine „Einheitsdefinition" für Veränderungsprozesse. Jeder Veränderungsprozess hat einen anderen Verlauf mit eigenen, spezifischen Schwerpunkten. Dennoch können trotz der unterschiedlichen Anforderungen und Bedingungen Gemeinsamkeiten von Veränderungsprozessen herauskristallisiert werden.

Der Klassiker unter den Definitionen für Veränderungsprozesse ist sicherlich Lewin, der in Analogie zu Naturgesetzen folgendes Phasenmodell formuliert: Etwas Festgefügtes „schmilzt", gerät in Bewegung und stabilisiert sich wieder (Lewin,1947).

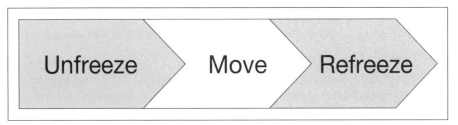

Abb. 3: Ur-Phasenmodell in Anlehnung an Lewin (1947)

Dieses Modell besticht durch seine Einfachheit, und bei allem Hype für Change muss auch immer wieder konstatiert werden, dass sowohl Menschen als auch Organisationen, wirtschaftliche Systeme etc., neben der Veränderung auch die Stabilisierung benötigen.

Neben der Basisfrage „Was geschieht bei einer Veränderung?" ist eine ebenso wichtige Frage „Was verändert sich in der Organisation?". Dementsprechend können Veränderungsprozesse immer mindestens einer der folgenden drei Ebenen zugeordnet werden (Stolzenberg/Heberle, 2006, S. 2):

I Aufbauorganisatorische Veränderungen
I Ablauforganisatorische Veränderungen
I Veränderungen bezüglich des sozialen Gefüges bzw. im Arbeitsverhalten

Meist betreffen Veränderungsprojekte jedoch mehrere der drei Ebenen, allerdings in unterschiedlichem Umfang (Stolzenberg/Heberle, 2006, S. 2 f.). Oft wird der Wandel in einer Organisation, hin zu neuen oder „reibungsloseren Prozessen" durch die Einführung bzw. Änderung eines IT-Systems begleitet. Generell wird versucht, durch IT-Systeme (u. a. SAP R/3) Prozesse zu vereinheitlichen, Medienbrüche zu vermeiden, Schnittstellen zu standardisieren und eine manuelle Bearbeitung zu reduzieren.

Die Eliminierung von Reibungsverlusten in Unternehmen durch Veränderungen der Ablauf- oder Aufbauorganisationen sind häufig an IT-Projekte gekoppelt. Bei einer solchen Einführung durchläuft die gesamte Organisation einen Lernprozess und neue Denkmuster, sowie werden neue Anforderungen an die Zusammenarbeit gefordert (Mütter/Feldmüller, 2008, S. 119). Tom Peters beschreibt diesen Sachverhalt wie folgt: „Installing ERP right is about 2 percent bits and bytes and 98 percent politics" (Weinstein, 2000).

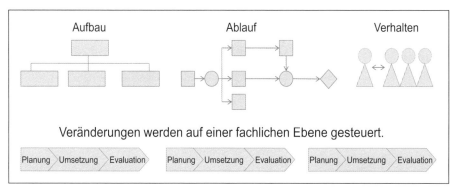

Abb. 4: Strukturierende Elemente der Ebenen einer Veränderung (Quelle: Stolzenberg, Heberle, 2006, S. 4)

Bei der Planung von Veränderungsvorhaben, die erst nach einer detaillierten Analyse und Zielsetzung erfolgen kann, stellt sich somit die Frage, auf welche Ebenen der Fokus gelegt werden soll. Stolzenberg betont, dass in diesem Kontext zwar die strukturellen und prozessualen Konsequenzen erörtert werden, den Folgen für das soziale Gefüge im Vorfeld allerdings zu wenig Beachtung zukommt. Wie im weiteren Verlauf dieser Arbeit gezeigt werden soll, ist nicht nur das Ausmaß der betroffenen Ebenen maßgeblich, sondern auch zu verstehen, dass Veränderungsprozesse nach unterschiedlichen Gesetzmäßigkeiten ablaufen, wobei zwischen der fachlichen und der überfachlichen Seite von Changemanagement unterschieden werden kann (Stolzenberg/Heberle, 2006, S. 4).

Die fachliche Seite von Veränderungen beschreibt einen prototypischen, stringenten Verlauf von Veränderungsvorhaben. Die überfachliche Seite von Veränderungsvorhaben bezieht sich auf weiche, bzw. individuelle Faktoren und Reaktionen, die durch jede fachliche Veränderung bei dem Management und bei Mitarbeitern ausgelöst werden. Sie zählen zu den fachlich nicht plan- und umsetzbaren Erfolgsfaktoren eines Veränderungsprojekts, wie beispielsweise die Akzeptanz der Inhalte der Veränderung von Management und Mitarbeitern oder deren Unterstützung bei der Umsetzung des Veränderungsvorhabens. Bei der überfachlichen Seite von Veränderungsvorhaben stoßen analytische und rationale Planungs- und Entscheidungsprozesse an ihre Grenzen. Hier geht es vielmehr darum, die Bedürfnisse von Mitarbeitern zu verstehen, sich angemessen damit auseinanderzusetzen und kollaborativ oder partizipativ Lösungsansätze zu entwickeln (Stolzenberg/Heberle, 2006, S. 5).

Bevor nun auf die Trends im unternehmerischen Kontext eingegangen wird, erfolgt an dieser Stelle eine Abgrenzung verschiedener Begriffe – Veränderungsvorhaben, Veränderungsprojekt und Veränderungsprozess – im Rahmen des Changemanagements.[10]

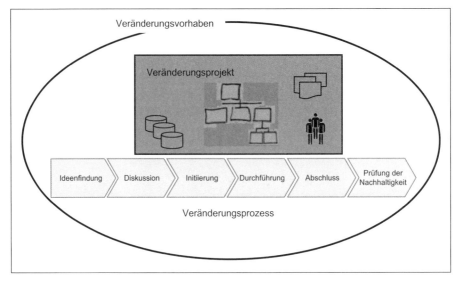

Abb. 5: Begriffsabgrenzungen (Quelle: Baumöl, 2008, S. 82)

3.3.2 Neue Organisationsstrukturen – Reengineering

Der Begriff „Organisation" beschreibt die zielorientierte Steuerung von Aktivitäten in einem sozialen System, das aus mehreren Mitgliedern besteht (funktionaler Organisationsbegriff), wie auch das soziale Konstrukt selbst (institutioneller Organisationsbegriff) (Laux/Liedermann, 1997, S. 1 f.).

Organisationen haben eine grundlegende Bedeutung für das Handeln von Menschen in vielen gesellschaftlichen Bereichen (Metz, 2009, S. 5). Dies ist darauf zurückzuführen, dass Menschen einen beträchtlichen Anteil ihrer Zeit in Organisationen, sei es durch Ausbildung oder auch Beruf und Freizeit, verbringen. Insbesondere wenn es darum geht, Aufgaben oder Problemfelder innerhalb einer Gruppe zu lösen, sind Organisationen von großer Bedeutung. Der Fokus liegt hierbei auf der Arbeitsteilung, mit

---

[10] Der Begriff „Vorhaben" beschreibt eine Absicht oder einen Plan beziehungsweise einen Vorschlag bezüglich der Vorgehensweise im Rahmen eines Konzeptes. Des Weiteren kann auch der Begriff der „Initiative", der den kreativen Aspekt der Ideengenerierung beschreibt, mit dem Begriff Vorhaben in Verbindung gesetzt werden, wobei eine strategische Initiative jeden „Impuls" beschreibt, der die Entwicklung eines Unternehmens maßgeblich betrifft (Müller-Stewens, 2005, S. 27 f.). Aus einer strategischen Initiative kann dann ein Veränderungsvorhaben entstehen, das durch die Erfüllung spezifischer Merkmale zu einem Projekt wird. Das Projekt betont die Aufbauperspektive. Der Veränderungsprozess hingegen hebt die Ablaufperspektive des Veränderungsvorhabens hervor und stellt eine Verbindung zwischen Vorhaben und Projekt her, da die Phase der Ideenfindung, die das Veränderungsprojekt nicht umfasst, berücksichtigt wird (Baumöl, 2008, S. 82).

deren Hilfe Individuen einer größeren Gruppe oder eines Teams Probleme lösen können, da hier die Expertise jedes Einzelnen zum zufriedenstellenden Gesamtergebnis und letztlich auch zur Zielerreichung beiträgt. Hierbei wird die Organisation als ein Konstrukt sozialer Einheit angesehen, das Mitarbeitern dazu dient, organisatorische und individuelle Ziele zu erreichen. In diesem Zusammenhang stellen jedoch Ziele eine Art „Daseinsberechtigung" für Organisationen dar, die nur durch die Verfolgung gemeinsamer Kollektivziele existieren kann. Organisation wird hierbei als ein Instrument, das diese Kollaboration und die Entwicklung von Problemlösungskompetenzen im Team ermöglicht, angesehen. Verstärkt wird dieses Instrument besonders durch die Einbeziehung und Beteiligung der Organisationsmitglieder an der Zielformulierung und Beschreibung von Handlungsregeln (Metz, 2009, S. 5).[11]

Begriffe, die mit einer Optimierung von Arbeitsvorgängen und Prozessen in Verbindung gebracht werden, sind hierbei **Workflow-Management** und **Business Process Reengineering**, welche vordergründig eine Verbesserung der Reaktionsfähigkeit in den einzelnen Geschäftsprozessen herbeizuführen versuchen (Wagner et al., 2003, S. 852 ff.).

Umso bedeutsamer ist es offensichtlich, die Akzeptanz der Mitarbeiter für neue Verfahren zu gewinnen, um so eine konsistente Zielverfolgung und Effizienzsteigerung zu ermöglichen. Mitarbeiter verinnerlichen und leben nicht nur diese Verfahren, sondern sie sind auch bemüht, die Organisationsziele zu erreichen, Verbesserungen zu initiieren und im besten Sinne des Unternehmens zu handeln (Wagner et al., 2003, S. 852 ff.).

Laut Brown und Eisenhardt ist die Fähigkeit, sich an den raschen und gnadenlosen Wandel anzupassen, besonders in Branchen mit kurzen Produktlebenszyklen und stetig wechselnden Wettbewerbslandschaften, entscheidend für das Überleben eines Unternehmens (Stebbings/Braganza, 2009, S. 28).

Insbesondere der Paradigmenwechsel, in dem die Ressourcen Zeit und Geld knapp werden, jedoch aber die Komplexität stetig ansteigt, erschwert es Unternehmen wie bisher zu wirtschaften. Hierbei gilt es Voraussetzungen, die Unternehmen ein erfolgreiches Wirtschaften ermöglichen, zu schaffen und einzuhalten.

Folgende Voraussetzungen müssen hierfür geschaffen werden (Doppler/Lauterburg, 2005, S. 55 ff.):

- Schaffen einer Struktur, die durch die Verkürzung von Wegen die Nähe zum Markt und insbesondere zum Kunden ermöglicht.
- Durch das Verlagern der operativen Entscheidungskompetenz zum Kernpunkt des Geschehens, Schaffung von hoher Flexibilität und einer schnellen Reaktionsfähigkeit.

---

[11] Gerade in Zeiten wachsenden Wettbewerbs, in denen die Faktoren Zeit, Kostenreduktion und zugleich Qualität eine vorrangige Rolle spielen, rückt der Bedarf nach Lösungen, die bestehende Verfahren zu optimieren versuchen, um somit eine Effizienzsteigerung zu erzielen, in den Vordergrund. Es geht – zumindest vordergründig – darum, eine „Trivialisierungsrente" (Becker, L., 2010) zu erwirtschaften.

I Durch Einbezugnahme, Kommunikation, Motivation und Zusammenarbeit mit Mitarbeitern, Förderung und Steigerung der Produktivität und Qualität. Kostenoptimierung durch Bürokratieabbau und Vereinfachungen von Abläufen, z. B. mit Hilfe von Best Practices, Konsolidierung und Reengineering.

Die Erfüllung der oben aufgeführten Rahmenbedingungen erfordert allerdings ein Überdenken von bekannten Strukturen – weg von der funktionalen Struktur, die zentral und arbeitsteilig konzipiert ist, hin zu flexibleren Strukturmodellen (Doppler/Lauterburg, 2005, S. 55 ff.). In der Praxis werden daher diese zwei hierarchischen Organisationsformen mit verschiedenen Formen der Sekundärorganisationen (u. a. Produkt- bzw. Projektmanagement) ergänzt, um die jeweiligen Defizite von funktionaler bzw. divisionaler Organisation auszugleichen. Durch die Konzepte der Netzwerkorganisation sowie der Prozessorganisation kommen derzeit eine dritte bzw. vierte Form der Organisation auf, die schon heute als Basis einer „dynamischen Unternehmensarchitektur" gelten (Sydow, 2010, S. 375). Im Folgenden sollen diese beiden Organisationskonzepte näher erläutert werden.

3.3.2.1 Entwicklung Organisationsnetzwerk

„Das Netzwerk ist zu einer zentralen Metapher der heutigen Zeit geworden. Es erfasst in mehrdeutiger und diffuser Weise wesentliche Veränderungen, die in der Arbeits- und Lebenswelt stattfinden. Netzwerke markieren essenzielle Drehmomente im wachsenden Spannungsfeld zwischen Globalisierung und Lokalisierung, zwischen Expansion und Rückzug, zwischen Auseinandergehen und Zusammenrücken." (Payer, 2002, S. 7).

Netzwerkorganisationen lassen sich mittels verschiedener Aggregationsstufen typologisieren. Insgesamt scheint eine Differenzierung der Formen von Netzwerkorganisationen, die über die generelle Unterscheidung zwischen intraorganisationalen Netzwerken (intern, Mitglieder oder Teileinheiten einer Organisation) und interorganisationalen Netzwerken (externe Partner) hinausgeht, aufgrund der hohen Anzahl unterschiedlicher hybrider Formen von Netzwerkorganisationen, angemessen (Sydow, 2010, S. 379).[12]

Aus einer mikroökonomischen Perspektive stellen schon einzelne Unternehmen, bei denen die unterschiedlichen Organisationsteile, beispielsweise Abteilungen, miteinander agieren, Netzwerke dar (Picot et al., 2005, S. 5). Unter hybriden Netzwerkorganisationen werden intensive Verbindungen von Unternehmen mit anderen, rechtlich und wirtschaftlich selbständigen Unternehmen verstanden. An dieser Stelle können beispielsweise globale strategische Allianzen, Unternehmenszusammenschlüsse mittelständischer Unternehmen, Zulieferstrukturen in der Automobilbranche, Franchising-Strukturen, regionale Kooperationen oder Logistikkooperationen genannt werden

---

[12] Um den Rahmen dieser Studie nicht zu sprengen, wird hier auf eine detaillierte Differenzierung von Netzwerkorganisationen verzichtet. Eine Unterscheidung verschiedener interorganisationaler Netzwerke wird u. a. in Sydow, 2010, S. 380 veranschaulicht.

(Bernecker, 2005, S. 56). Die Beziehungen zwischen den unterschiedlichen Netzwerkteilnehmern können in diesem Rahmen personell-organisatorisch – beispielsweise durch verschachtelte Aufsichtsratsmandate – oder technisch-organisatorisch – z. B. durch die Nutzung eines interorganisationalen Informationssystems – geprägt und strukturiert sein (Sydow, 2005, S. 87). Ferner sind hybride Arrangements vertraglich und langfristig ausgelegt, um opportunistisches Verhalten der verschiedenen Partner zu verhindern (Picot et al., 2003 S. 289). In Bezug auf die Steuerungsfunktion zeigt Sydow auf, dass Netzwerkorganisationen neben stark marktbezogenen Elementen auch hierarchieähnliche Elemente aufweisen. Somit handelt es sich bei Netzwerkorganisationen um eine intermediäre Organisationsform, zwischen den organisationalen Extremformen Markt und Hierarchie. Dabei werden in Bezug auf eine rein marktbezogene Koordination kooperative, anstatt kompetitive Verhaltensweisen betont (Sydow, 2010, S. 381).

Das angesprochene Maß an Dynamik und strategischer Flexibilität von Unternehmensvernetzungen ergibt sich verstärkt durch den Einsatz von interorganisatorischen Informationssystemen. Vor dem Hintergrund der Standardisierung der Daten und Datenübertragungswege (u. a. das Internet) können Informationssysteme als eine zentrale Triebkraft der Unternehmensvernetzung gesehen werden. Den unternehmensvernetzenden IT-Systemen wird sogar das Potenzial, „eine Organisationsform ökonomischer Aktivitäten zu ermöglichen", zugeschrieben. Diese Form wird als „Virtuelles Unternehmen" bezeichnet (Sydow, 2010, S. 385).

Insgesamt gewinnt die Netzwerkstruktur in einem höchst unbeständigen Umfeld immer mehr an Bedeutung, da sie sich in besonderem Maße als Organisationsmodell eignet, das Eigenschaften, wie sie beispielsweise bereits in Projektorganisationen, teilautonomen Arbeitsgruppen oder Fertigungsinseln vorkommen, fördert. Diese vorteilhaften Eigenschaften sind z. B. flachere Hierarchiestufen, erhöhte Selbständigkeit von Organisationseinheiten, gemeinsame Steuerung von Organisationszielen und -strategie. Insbesondere werden der Netzwerkstruktur Vorteile zugeschrieben, die nicht nur die Regenerationsfähigkeit und Produktion von Unternehmen verbessert, sondern gar deren Überlebensfähigkeit erhöht. Mit Hilfe von Netzwerkstrukturen im Unternehmen kann die Komplexität bewältigt und auf Veränderungen im Umfeld schnell reagiert werden. Dies ist darauf zurückzuführen, dass sich diese Art von Organisation besonders rasch und flexibel an neue Gegebenheiten anpassen kann und weniger anfällig für Störungen ist (Doppler/Lauterburg, 2005, S. 56 ff.).

Neben der Euphorie über die ökonomischen Potenziale von Netzwerkorganisationen sollen an dieser Stelle allerdings auch Schwierigkeiten im Netzwerkkontext angedeutet werden. So können beispielsweise auch Koordinations- sowie Integrationsprobleme im Rahmen dieses Organisationstyps entstehen. Des Weiteren bergen Netzwerkorganisationen das Risiko von einer nur partiellen Systembeherrschung, eines potenziellen Kompetenzverlustes bzw. das Risiko von verstärkten Abhängigkeiten. Andererseits können neben den oben genannten Vorteilen, auch empirische Belege der strategischen Vorteilhaftigkeit für die Netzwerkpartner (u. a. Hansmann/Ringel, 2005) und darüber hinaus noch die aktuellen Trends der Marketingforschung – die Kundenintegration und die intensivere Berücksichtigung von Kundenwünschen, auch im Sinne von „Open Innovation" – herangezogen und zukünftig von einer steigenden Bedeutung von Netzwerkorganisationen ausgegangen werden. Dies gilt ebenso für die Prozessorganisation, die im Folgenden näher dargestellt wird (Sydow, 2010, S. 377 ff.).

3.3.2.2 Entwicklung Prozessmanagement

Das sich stetig wandelnde wirtschaftliche Umfeld zwingt Unternehmen dazu, die eigene Positionierung kontinuierlich zu durchleuchten und nach Innovationen Ausschau zu halten, die Wettbewerbsvorteile einbringen. Gefragt ist eine schnelle Leistungserbringung, die möglichst flexibel und bereichsübergreifend verläuft. Um eine solche Leistung realisieren zu können, müssen allerdings strukturelle Faktoren berücksichtigt werden, etwa das Denken in hierarchieflachen Formen und Prozessen, statt in vertikalen Strukturen. Die Gestaltung einer heutigen Organisation soll ausschließlich auf funktionsfähige Prozesse und sinnvolle Prozessketten ausgerichtet sein (Doppler, 2003, S. 12; Doppler/Lauterburg, 2005, S. 58 f.). Diese Prozesse sind in einer instabilen Wirtschaftsumwelt einem ständigen Wandel unterzogen, so dass sich das organisatorische Denken zu einem Denken in sich rasch ablösenden Prozessketten entwickelt. Flexible Projektorganisation wird wichtiger als Linienorganisation. Wo alles im Fluss ist, wird Kommunikation umso wichtiger, da etablierte, starre Hierarchien undurchlässig für den nötigen Informationsstrom sind. Die schnelle Ausrichtung nach Markt- und Kundenbedürfnissen ist ein entscheidender Erfolgsfaktor, wobei insbesondere prozessorientierte Organisationen in dieser Hinsicht einen wichtigen Vorteil haben, da sie nicht nur eine schnellere Durchführbarkeit von Projekten ermöglichen, sondern auch den Abbau von Bürokratie und unternehmensweiten Wissenstransfer fördern (Doppler, 2003, S. 12; Doppler/Lauterburg, 2005, S. 58 f).

Generell wird unter Prozessorganisation die Ausrichtung der Organisationen des Unternehmens an Geschäftsprozessen verstanden. Wie schon angedeutet, bedingt die Prozessorganisation einen Bruch mit den in der Vergangenheit vorherrschenden Formen der Primärorganisation (Funktional- bzw. Spartenorganisation). In diesem Kontext werden Teilaufgaben nicht wie bisher „Top-down" aus der Gesamtaufgabe des Unternehmens abgeleitet und in einen mehrstufigen Prozess in den Gesamteinheiten (bzw. Stellen) zusammengefasst. Bei der Prozessorganisation werden etwa Stellenbildung und Aufgabenzusammenfassung „Bottom-up" – aus operationaler Sicht – betrieben und mehr an der Prozessbearbeitung orientiert. Dabei ordnen sich auch die klassischen Organisationsinstrumente – Arbeitsteilung und Koordination – dem Prozess unter, anstatt den Prinzipien der funktionalen Organisation. Durch diese Vorgehensweise werden ferner auch ablaufhemmende Schnittstellen vermieden, da Einzelaktivitäten nach Ähnlichkeiten zusammengefasst werden, beispielsweise in Bezug auf Kundengruppe, Komplexität, Funktionalität oder Prozessfortschritt, statt wie bisher stellenbezogen (Sydow, 2010, S. 385).

Fischermanns definiert einen Prozess als:

„eine Struktur, deren Elemente Aufgaben, Aufgabenträger, Sachmittel und Informationen sind, die durch logische Folgebeziehungen verknüpft sind. Darüber hinaus werden deren zeitliche, räumliche und mengenmäßige Dimensionen konkretisiert. Ein Prozess hat ein definiertes Startereignis (Input) und Ergebnis (Output) und dient dazu, einen Wert für Kunden zu schaffen." (Fischermanns, 2010, S. 12).

In Bezug auf Kunden kann dabei – je nachdem, wie eng oder wie weit man die Prozessorganisation betrachtet – zwischen unternehmensinternen oder -externen Kunden differenziert werden. Die Summe aller Prozesse, bildet dann die Prozessorganisation (Fischermanns, 2010, S. 12 ff.).

Die Prozessorganisation steht auch in enger Verbindung zu der oben erläuterten Netzwerkorganisation, da fast alle aktuellen Prozessorganisationskonzepte eine Gestaltung von Geschäftsprozessen über die Unternehmensgrenzen hinweg betonen. Die Besonderheit der Netzwerksichtweise liegt vordergründig auf der fortlaufenden Analyse von verschiedenen Einheiten und der Aktivitäten, welche die in- oder externen Einheiten im Wertschöpfungsprozess erbringen (Müller-Stewens, 1997, S. 11).

Prozesstheorie

Aus den verschiedenen Organisationstheorien, die eine Prozessorientierung betonen, soll an dieser Stelle die Prozesstheorie nach Karl E. Weik, der mit seiner Prozesstheorie des Organisierens eine neue und ungewohnte Perspektive auf Organisationen eröffnet, näher dargestellt werden (Rüegg-Stürm, 2001, S. 132).

Rüegg-Stürm beschreibt die zentralen Grundauffassungen der Prozesstheorie nach Weick, wie folgt (Rüegg-Stürm, 2001, S. 133):

- Handeln als Zielinterpretation statt Zielorientierung: Nach Weicks Auffassung geht das Handeln in Organisationen oft der Formulierung von Zielen voraus. Er dreht damit die tradierte Auffassung von Zielorientierung um, d. h. die Reihenfolge von Zielsetzung hin zu Zielumsetzung. Laut Weick erfolgt das Verstehen einer Handlung und damit auch die Interpretation ihres Sinnes erst, nachdem eine Handlung vollendet ist. Dementsprechend bilden Prozesse der „Sinngebung", die auf bereits erfolgten Handlungen basieren, den Kern des „Organisierens".
- Prozesshafte Phänomene, statt stabile Entitäten: Weick betrachtet alle im traditionellen Verständnis stabilen Entitäten, wie beispielsweise Strukturen, Organisationen oder die Umwelt, nicht als gegeben oder stabil, sondern als prozesshaft entstehende Phänomene.
- Zirkuläre Wirkungszusammenhänge: Alle Denk- und Analysevorgänge werden als zirkuläre, selbstreferenzielle Wirkungszusammenhänge aufgefasst, anstatt auf deren Linearität zu pochen.

Ergänzend soll hier auch, besonders in Bezug auf Changemanagement, auf den Begriff der Gestaltung („enactment") verwiesen werden. Dieser Begriff betont laut Weick die aktive Rolle von Akteuren beim Gestalten ihrer Umwelt, bei der Erkennung von Veränderung sowie bei der Fokussierung und der entsprechenden Handlung.

Wie Abbildung 6 verdeutlicht, werden in Bezug auf die Gestaltung verschiedene Varianten einer Organisation betont, einerseits der ökologische Wandel, d. h. Veränderung, die im System auftritt oder von außen bewirkt wird, andererseits Gestaltung bezüglich möglicher Optionen.[13] Somit geht es auch um die Wahrnehmung von Ereignissen, die in den Prozessen der Selektion und Retention weiter verarbeitet werden. Im Rahmen der Selektion wird eine Auswahl an Varianten getroffen, um die im Prozess „Verfertigung" (hier Gestaltung) produzierte Mehrdeutigkeit zu reduzieren. Diese Varianten werden dann im Verlauf verschiedener Zyklen mit Hilfe von Montageregeln verankert. Montageregeln beschreiben kognitive Denk- bzw. Interpretationsschemata, Sinn- oder Wissensstrukturen, die zur „Gestaltgebung" der Organisationsvarianten dienen (Rüegg-Stürm, 2001, S. 141 f.). Die Minuszeichen in Abbildung 6 verweisen darauf, dass je niedriger die Mehrdeutigkeit ist, desto geringer auch die Komplexität der Montageregeln für die „Sinngebung" ausfällt. Geringere Komplexität impliziert auch, dass weniger Zyklen für einen erfolgreichen Prozess benötigt werden. Demnach sollen also die Varianten beibehalten werden, die erfolgversprechend und überlebensfähig sind (Baumöl, 2008, S. 105 f.).

Unter Retention wird im Sinne von Weick „die Speicherung von Produkten erfolgreicher Sinngebung" verstanden (1985, S. 192 f.). Hierbei sind zwei Aufgaben von zentraler Bedeutung. Einerseits wird die bei der Selektion gewählte Variante für die Vererbung interpretiert. Andererseits wird im gleichen Zuge die Gültigkeit der Wahl in Bezug auf den kontinuierlichen Wandel des Umfeldes hinterfragt. Für die Stabilität, Flexibilität und den Wandel in Weicks Theorie ist noch ein weiteres Begriffspaar von maßgeblicher Bedeutung – „Vertrauen und Misstrauen". Erfolgreiche Prozesse sind nicht nur von dem Zusammenspiel von Gestaltung, Selektion und Retention abhängig, sondern beruhen auch auf der permanenten Entscheidung, ob in die Gültigkeit von Variation und Selektion vertraut wird. In diesem Sinne drückt Vertrauen aus, dass unter den Bedingungen fortgefahren wird, und Misstrauen, dass neue Variationen zu entwickeln und selektieren sind. Im Kontext der Gestaltungs- bzw. Interpretationsentscheidung beschreiben positive Vorzeichen Vertrauen und negative Misstrauen. Weick beschreibt zudem, dass durch nur positive Rückkopplungsprozesse, d. h. hundertprozentiges Vertrauen bzw. Misstrauen ein System instabil wird. Somit ist ein System nur dann stabil, wenn ein exponentielles Vertrauenswachstum oder ein Vertrauensabfall durch negative (entgegenwirkende) Rückkopplungsprozesse aufgefangen wird (Weick, 1985, S. 194 f.; Rüegg-Stürm, 2001, S. 142 f.).

---

[13] Rüegg-Stürm verweist in diesem Zusammenhang auf die unangemessene Übersetzung von enactment aus dem Englischen. Er bezieht sich deshalb auf den Begriff „Verfertigung", da dieser beide Dimensionen von enactment beschreibt, nämlich: handeln sowie die vorgenommene Handlung wahrnehmend. Verfertigung verweist in diesem Sinne gleichzeitig auf den Erzeugungs- und den Vermittlungsprozess der Umwelt (2001, S. 139 f.).

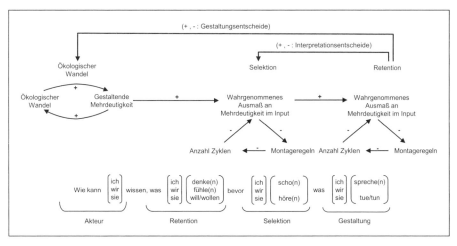

Abb. 6: Prozessmodell nach Weick (Quelle: Weick, 1985, S. 194 f.)

Abbildung 6 veranschaulicht diesen Zusammenhang, sowie die zuvor angedeutete Reihenfolge von Zielorientierung und -interpretation, d. h. von Denken und Handeln. Zusammenfassend durchläuft die Organisationsgestaltung im Sinne von Weick einen „zirkulären, interpretativen, selektierenden, hinterfragenden und gestaltenden Prozess der Sinngebung" (Baumöl, 2008, S. 106).

Prozesstheorie und Organisatorischer Wandel

Fassen wir zusammen: Eine Organisation wird primär durch ineinandergreifende, gegenseitige und zirkuläre Verhaltensweisen und Kommunikationen begründet, die durch die so genannten „Montageregeln des Sensemakings" (Sinngebung) einen gewissen Grad an Stabilität und Ordnung erhalten (Rüegg-Stürm, 2001, S. 147).

Die Bedeutung von Weicks Prozesstheorie im Bereich der organisationalen Veränderung wurde bereits im vorangegangenen Abschnitt, durch die zirkulären Wirkungszusammenhänge, betont. In diesem Sinne hebt Weick die kontinuierliche Wechselwirkung zwischen Handlung und deren Interpretation, die wiederum Handlungen ergeben, hervor. Allerdings kann nicht bewiesen werden, ob die von Weick vorgegebene Reihenfolge von Handlung und Interpretation tatsächlich so aufgebaut ist, wie er behauptet (Baumöl, 2008, S. 106 f.). Dennoch stellt seine Prozesstheorie einen wesentlichen Bestandteil für das Verständnis von Organisationalem Wandel dar, da ein Veränderungsprojekt in einer bestehenden Organisation stattfindet und dementsprechend auch an dem bestehenden Prozess der Gestaltung (Verfertigung), Selektion und Retention ansetzt. Weick sieht Wandel als eine Art Wissen zu organisieren (Weick, 1985, S. 174), wobei Wandel primär am Retentionsprozess ansetzt. Hier wird entschieden, ob alt bewährte Verhaltensgewohnheiten und deren Beobachtung (unhinterfragt durch „Vertrauen") Anwendung finden, oder inwiefern alte Wissensstrukturen in Frage gestellt („Misstrauen") und somit durch aktive, kreative Gestaltungs- und

Selektionsprozesse neue Verhaltens-, Interpretations- und Wahrnehmungsschemen „getestet" werden können. Demzufolge bildet den zentralen Fokus der Aufmerksamkeit, nicht das zielorientierte Festlegen und Durchführen rationaler Kriterien zur Effizienzsteigerung, sondern ein „zuverlässiges Feedback", d. h. ein kontinuierlicher Prozess von kritischer Selbstbeobachtung sowie Selbstverständigung. Nur so wird ein angemessener Umgang mit Störungen gewährleistet, die immer wieder im Kontext des Prozesses des Organisierens entstehen (Rüegg-Stürm, 2001, S. 145 f.).

Dies verdeutlicht auch, dass die organisationale Veränderung (hier konkret: Changemanagement in IT-Projekten) einen aktiven Gestaltungsakt erfordert und mit einem hohen Grad an Komplexität, Mehrdeutigkeit und Unsicherheit verbunden ist. Im Rahmen des Organisationsprozesses der Veränderung sollen diese Mehrdeutigkeit und Unsicherheit durch so genannte „Montageregeln" (Anleitungen) reduziert und in Richtung Sicherheit bzw. Klarheit weiterentwickelt werden (Baumöl, 2010, S. 107). Die zentrale Herausforderung besteht daher in der Verbindung von Stabilität (Vertrauen) und Wandel (Misstrauen), wobei nur durch eine ausgewogene Mischung von Weiterentwicklung und Stabilität der Organisatorische Wandel erfolgreich gestaltet werden kann (Rüegg-Stürm, 2001, S. 144 f.).

3.3.3 Unternehmensstrategie

Changemanagement umfasst, wie bereits eingangs beschrieben, die vier Handlungsfelder Strategie, Organisation, Technologie und Kultur, die es gilt aufeinander abzustimmen und in einen dynamischen Gesamtzusammenhang zu setzen (Abbildung 2; Kapitel 3.3). Der Unternehmensstrategie, deren Hauptaufgabe sich in der Positionierung eines Unternehmens an entsprechenden Märkten, der Sicherung von Wettbewerbsvorteilen und der Gestaltung neuer Geschäftsfelder begründet, kommt dabei ein elementarer Stellenwert zu. Die Strategieentwicklung und -formulierung bilden in diesem Kontext die Basis von Changemanagement-Maßnahmen. In den vergangenen Jahren sind zahlreiche Modelle und Ansätze entstanden, die dem Begriff des Wandels, bzw. der Veränderung, auf unterschiedliche Weise Ausdruck verleihen (Hoffstetter/Irmer, 2007, S. 64 ff.). Diese werden im Folgenden näher dargestellt. Insgesamt wird deutlich, das Changemanagement ganzheitlich angelegt werden muss, um eine Chance auf Erfolg zu haben: Strategische, strukturelle, personelle und kulturelle Aspekte müssen simultan berücksichtigt werden. So dürfen beispielsweise gruppendynamische Effekte nicht unterbunden, sondern stattdessen genutzt werden. Grundsätzlich wird es nie immerfort veränderungswillige Mitarbeiter geben – sie schlichtweg in diese Rolle zu zwingen dürfte eine vorneweg zum Scheitern verurteilte Politik sein. Schon Sten Nadolny propagierte eine „Entschleunigung" der Zeit. Ein Umlernprozess ist vonnöten – auf allen Ebenen der Gesellschaft. Das Individuum und sein Verhalten müssen in den Mittelpunkt der Betrachtung geraten, wo vorher der Managerblick eher der Gesellschaft, den Institutionen und den gruppendynamischen Prozessen galt (Doppler/Lauterburg, 2005, S. 516 f.). Gerade in solch dynamischen Gefilden spielt eine an das Unternehmen und die Umwelteinflüsse angepasste Strategie eine entscheidende Rolle, die oftmals über Erfolg oder Misserfolg entscheidet.

3.3.3.1 Survival of the fittest – different approaches

Seit den 80er und 90er Jahren können im Wesentlichen zwei Strömungen von prozessorientierten Ansätzen unterschieden werden. Wie Abbildung 7 verdeutlicht, handelt es sich hierbei einerseits um die, aus dem amerikanischen Raum stammenden, Top-down Konzepte der radikalen Veränderung und andererseits, um die eher Bottom-up getriebenen Konzepte der kontinuierlichen Verbesserung aus dem japanischen Raum (Schuh, 2006, S. 3).

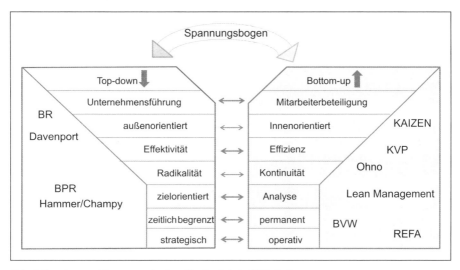

Abb. 7: Top-down und Bottom-up Ansätze (Quelle: Schuh, 2006, S. 3)

Top-down Orientierung

Business Process Reengineering (BPR) ist eine Methode, die zur radikalen Umorganisation und Erneuerung von Organisationen und deren strategischen Ausrichtungen eingesetzt wird. BPR ist planungsgestützt und die unternehmerische Neugestaltung wird Top-down ermittelt, mit dem Ziel, signifikante Verbesserungen in der wirtschaftlichen Leistungsfähigkeit des Unternehmens zu erzielen. Dies soll durch eine Reduzierung der Kosten sowie Durchlaufzeiten erreicht werden. Bedeutende Ansätze des BPR stammen u. a. von Hammer und Champy sowie von Davenport mit dem Ansatz des „Process Innovation" (Schuh, 2006, S. 3 f.).

Dem Ansatz des Business Reengineerings von Hammer und Champy ähnelnd, zielt das Konzept „Process Innovation" nach Davenport, auf die radikale Überprüfung und Weiterentwicklung von zentralen Unternehmensprozessen ab. Dabei differenziert Davenport deutlich zwischen Prozess „Innovation" (radikal) und Prozess „Improvement" (inkrementell) (Davenport, 1993, S. 10 ff.). Der Top-down ausgerichtete Ansatz besteht aus den fünf Phasen „Identifying Processes for Innovation", „Identifying Change Levers", „Developing Process Visions", „Understanding existing Processes" und „Designing and Prototyping the New Process" (Davenport, 1993, S. 25).

In einem ersten Schritt werden zunächst die Prozesse identifiziert, in denen eine Innovation stattfinden soll. Laut Davenport reichen zehn bis zwanzig Hauptprozesse (wie beispielsweise Produktion, Kundenakquisition oder Bestellabwicklung) aus, um ein Unternehmen zu beschreiben.[14] Allerdings beinhaltet Davenports Konzept keinerlei Kriterien, anhand derer verschiedene Prozesse abgegrenzt bzw. Prozessgrenzen gezogen werden können. Hier sollen verschiedene vorformulierte Fragestellungen eine Hilfe bieten (Davenport, 1993, S. 31 f.).

Im nächsten Schritt erfolgt die Ermittlung der prioritären Prozesse für eine Innovation, da nicht alle Prozesse zur gleichen Zeit, aufgrund beschränkter Ressourcen und hoher Komplexität, erneuert werden können (oder müssen). Hier verweist Davenport auf die Kriterien „strategische Relevanz" und „Gesundheitsstatus" der Prozesse und ferner auf die Durchführbarkeit des Projekts sowie auf das Vorhandensein eines „Sponsors" (Förderers) des Vorhabens aus dem Management, der dieses „gänzlich vertritt" und vermittelt (Davenport, 1993, S. 32 f.).

Im Folgenden sollen dann die organisatorischen sowie technologischen Möglichkeiten, wie der finanzielle Spielraum zur Erneuerung des IT-Systems oder der Ausbildungsstand der Mitarbeiter ermittelt werden, die dem Unternehmen für eine Prozessinnovation zur Verfügung stehen. Die Prozessvision, die in Abstimmung mit der Unternehmensstrategie erfolgen soll, stellt das Bindeglied zwischen Unternehmensstrategie und der operativen Umsetzung dar, da hier messbare Prozessziele (wie Durchlaufzeiten) und aussagefähige Prozessattribute (Gestaltungsrichtlinien) festgelegt werden (Davenport, 1993, S. 117 ff.).

Davenport betont auch den wechselseitigen Charakter der Prozessvision, da die Lessons Learned im Innovationsprozess in der Strategie berücksichtigt werden sollen (Davenport, 1993, S. 134). Insgesamt beschreibt Davenport in ausführlicher Weise die Prozessanalyse sowie die Prozessgestaltung (Schuh, 2006, S. 9 f.). Den hohen Grad an Konkretisierung und Durchgängigkeit seines Konzeptes, von der Strategie bis zur Umsetzung, verdeutlicht er durch die detaillierte Formulierung von Vorgehensschritten und Methoden, wie dem „Activity-Based Costing" oder dem „Information Engineering" (Davenport, 1993, S. 142 ff.).

Den weichen Faktoren kommt in diesem Konzept auch eine hohe Bedeutung zu, indem auf die Rolle des Teams als „Human Enablers of Process Change" (Davenport, 1993, S. 95 ff.) und des Weiteren auf deren Bedeutung zur Förderung von „Cultural and Paradigm shifts" sowie des „Behavioral Changes" verwiesen wird (Davenport, 1993, S. 174 f.). Die Aufgaben der Prozessgestaltung finden in Davenports Ansatz auf der mittleren und oberen Führungsebene statt. Den partizipativen Methoden der Systemgestaltung sowie neueren Erkenntnissen der Organisationsentwicklung, die im Weiteren näher ausgeführt werden sollen, wird wenig Aufmerksamkeit geschenkt (Schuh, 2006, S. 8).

---

[14] IBM besitzt beispielsweise 18 und British Telecom 15 so genannter „major processes" (Davenport, 1993, S. 28).

Die IT spielt in Davenports Konzept auch eine zentrale Rolle. Sie wird in erster Linie als „enabler" betrachtet, die nur durch simultane Betrachtung des Faktors Mensch effektiv genutzt werden kann: "Process innovation also implies the use of specific change tools. One of those, information technology, has been hailed by many as the most powerful tool for changing business […]. The dramatic capabilities of computers and communications are powerful enablers of process innovation; but though they have yielded impressive benefits for many firms, they have not been fully exploited as they might be. […] In fact, information technology is rarely effective without simultaneous human innovation." (Davenport, 1993, S. 13).

Die Vorteilhaftigkeit der Top-down ausgerichteten Ansätze begründet sich vor allem in ganzheitlichem und bereichsübergreifendem Denken sowie Handeln. Des Weiteren in der Fokussierung der wichtigen Prozesse zur Leistungserstellung (Schuh, 2006, S. 9). Allerdings kann an dieser Stelle bezweifelt werden, dass ein Unternehmen ad hoc neu reorganisiert und dessen gesamte Wertschöpfungskette neu gestaltet werden kann. Einerseits ist hier die Langlebigkeit des Faktors Unternehmenskultur von maßgeblicher Bedeutung. Änderungen dieses „weichen" Faktors benötigen Zeit und unterliegen dementsprechend einem evolutionären und partizipativen Gestaltungsakt (Schuh, 2006, S. 10). Zudem muss die Unternehmensleitung selbst einig sein; zu oft beobachtet man unterschiedliche, jedoch fest gefügte Ansichten und der zu beschreitende Weg wird dadurch nicht klar. Da es heute gar nicht mehr möglich ist, alles strategisch relevante Wissen in der Unternehmensleitung konzentriert zu haben, sollten sich Mitarbeiter und Miteigentümer bzw. Anteilseigner nicht immer allein auf die Leitung verlassen. Theoretisch springen hier jedoch die leitenden Führungskräfte in die Bresche und es ist nur allzu oft der Fall, dass diese mit bereits fertigen Konzepten konfrontiert werden. Auch sind die Erwartungen an ein kritisches Feedback unzureichend. Hier wird auf mögliche Informationsrückkopplungen verzichtet und dadurch wertvolles Wissenskapital verschleudert. Kurzfristig, gerade wenn man es bräuchte, kann man keine diesbezüglich offene Führungskultur herbei „kultivieren". Ein Minimum, was engagierte, mitdenkende, mitgestaltende Mitarbeiter in einem Unternehmen benötigen, um dem Unternehmenserfolg tatkräftig beisteuern zu können, ist sorgfältige Information und Kommunikation (Doppler/Lauterburg, 2005, S. 168 ff.).

Auch wenn nicht alle den gleichen Beteiligungsenthusiasmus manifestieren, so müssten möglichst alle Mitarbeiter die Strategie des Unternehmens verstehen können. Dort, wo sie an der Umsetzung betroffen sind, müssen sie auch aktiv beteiligt werden (Doppler/Lauterburg, 2005, S. 168 ff.). Eine Top-down orientierte, revolutionäre und autoritäre Vorgehensweise im Changemanagement ist in diesem Sinne weniger zielführend (Schuh, 2006, S. 10).

Bottom-up Orientierung

Die Gegenbewegung zu den amerikanisch Top-down orientierten Ansätzen zur radikalen Unternehmensumstellungen stellen die japanischen Bottom-up orientierten Konzepte zur kontinuierlichen Verbesserung dar. Bei diesen Ansätzen stellt nicht die Prozessvision (zukünftiger Soll-Zustand) den Ausgangspunkt dar, sondern, wie schon bei

Weicks Prozesstheorie erläutert, der bestehende Prozess (Ist-Zustand). Ferner wird hier, in Bezug auf Davenports Modell, nicht die „Process Innovation", sondern das „Process Improvement" vordergründig behandelt (Schuh, 2006, S. 10). Dabei spielen die Philosophien KAIZEN und Lean Management eine bedeutende Rolle.

KAIZEN setzt sich aus den beiden japanischen Wörtern KAI = „Wandel/Veränderung" und ZEN = „zum Besseren" zusammen und steht für eine Philosophie, die das Private, wie auch das Berufsleben betrifft. Im unternehmerischen Kontext bezieht sich KAIZEN auf eine kontinuierliche Verbesserung aller Geschäftsprozesse unter Einbeziehung aller Mitarbeiter, d. h. von der Geschäftsleitung über die Führungskräfte bis zu den Arbeitern (Imai, 1994, S. 15). Im Mittelpunkt steht dabei eine prozessorientierte Vorgehensweise, bei der die bestehenden Prozesse in kleinen Schritten kontinuierlich verbessert werden sollen (Imai, 2001, S. 48, 57 f.). Die Ziele des KAIZEN Ansatzes bestehen aus der Erhöhung der Kundenzufriedenheit (intern und extern) durch den Abbau von Fehlern und in diesem Sinne durch Verbesserungen bei Qualität, Kosten und Lieferung. Diese Ziele sollen durch Standardisierung, die „5-S-Bewegung" (eine Vorgehensweise, die der Sicherstellung vor allem der Ordnung, Systematisierung und Sauberkeit dient), die Vermeidung von Verschwendung („Muda") und Überlastung von Mensch und Maschine („Muri") sowie einer Reduktion von Unregelmäßigkeit in den Abläufen („Mura") am Arbeitsplatz erreicht werden (Imai, 1994, S. 273 ff.). Im Fokus der Unternehmensleitung steht hierbei die Erhaltung und Verbesserung von Standards, welche die Basis für eine nachhaltige Qualitätssicherung darstellen (Imai, 1997, S. 70 ff.). Das Vorschlagswesen, bei dem alle Mitarbeiter angehalten werden kontinuierlich Verbesserungsvorschläge einzubringen, ist auch von maßgeblicher Bedeutung für die Verbesserung bestehender Standards und Prozesse (Imai, 2001, S. 46). Im Gegensatz zu Innovationen (im eher radialen Sinne), die oft mit einem erheblichen Bedarf an finanziellen Mitteln für neue Technologien und Maschinen verbunden sind, werden bei KAIZEN weiche Faktoren wie menschlicher Einsatz, Ausbildung, Kommunikation, Gruppenarbeit, Kollektivgeist, Beteiligung und Selbstdisziplin betont (Imai, 1994, S. 48).

Allerdings erkannte auch der japanische Autobauer Toyota, einer der bekanntesten Vertreter dieses Ansatzes, dass aufgrund grundlegender und rapider Fortschritte im Bereich der Informations- und Kommunikationstechnologien, Unternehmen sich schneller entwickeln müssen. So gab Katsuaki Watanabe in einem Interview mit dem Economist an:

"Fifteen years ago I would have said that as long as we had enough people Toyota could achieve its goals through kaizen. In today's world, however, change ... may also need to be brought about by kaushin [innovation]" (The Economist, 2009).

Die Konzepte Lean Management und Lean Production wurden bei der Toyota Motor Company entwickelt. Die Erfolgsgeschichte dieser Konzepte geht auf die bekannte MIT Studie, die 1990 unter dem Titel „The Machine that changed the World" veröffentlicht wurde, zurück. Hier wurden die Erfolgsfaktoren Technologie-, Kosten und Zeitführerschaft von Toyota, im Vergleich zu westlichen Unternehmen, analysiert (Haak, 2003, S. 149).

Die wörtliche Übersetzung von „Lean" mit „schlank" hat im deutschsprachigen Raum zu wesentlichen Missverständnissen geführt, da „Lean Management" mit Kostensenkungs- bzw. Kapazitätsreduzierungsmaßnahmen gleichgesetzt wurde. Allerdings betont der Ausdruck „Lean Enterprise" vielmehr ein wertorientiertes Verhältnis zu Kunden, Lieferanten und Mitarbeitern eines Unternehmens. Die Grundsätze des Lean Managements bestehen aus Gruppenorientierung, Eigenverantwortung, kontinuierlichem Feedback bei flachen Hierarchien, vorausschauendem Denken und Planen, kontinuierlicher Verbesserung und sofortiger Fehlerbehebung sowie dezentralen Kommunikationsstrukturen (Schuh, 2006, S. 11 f.).

KAIZEN, wie auch Lean Management, können als Philosophien aufgefasst werden, die nicht direkt den Veränderungsprozess beschreiben, sondern auf konkrete Gestaltungsempfehlungen, Konzepte und Prinzipen wie u. a. TQC (Gewährleistung einer umfassenden Qualitätskontrolle), KANBAN (Steuerung des Produktionsflusses), JIT (Just-In-Time als logistisches Paradigma), KVP (Kontinuierlicher Verbesserungsprozess) sowie Automatisierung verweisen (Brunner, 2008, S. 26).

Insgesamt begründen sich die Vorteile der Bottom-up orientierten Ansätze darin, dass der Entwicklungsrhythmus der Entwicklungsfähigkeit von Unternehmen angepasst werden kann. Des Weiteren verbessert sich auch die Problemlösungskapazität von Unternehmen, da sich kleine Veränderungsprojekte unmittelbar und kurzfristig umsetzen lassen. Allerdings kann es durch den Zustand permanenter Veränderungs- und kontinuierlicher Verbesserungsprozesse zu einer Orientierungslosigkeit kommen, da keine klare (strategische) Zielsetzung mehr erkennbar ist (Schuh, 2006, S. 12).

3.3.3.2 Survival of the fittest – how to reach the peak?

Als Synthese auf die oben aufgeführten Top-down und Bottom-up Strategien, wird in dieser Studie davon ausgegangen, dass sich eine Top-down/Bottom-up Strategie als am erfolgreichsten und tragfähigsten erweist. Ein entscheidendes Kriterium dabei ist die Initiierung des Veränderungsvorhabens an der Spitze sowie ein breites „Roll-out" innerhalb der Basis, d. h. auch, dass möglichst viele Mitarbeiter dezentral in das Veränderungsprojekt einbezogen werden. Im Bezug auf ein prozessorientiertes Veränderungsvorhaben soll auf der Handlungsebene Führung die Unternehmensstrategie analysiert und angepasst werden, um darauf folgend die Prozessneugestaltung bzw. -optimierung mittels spezifischer Maßnahmen auszugestalten (Deuninger, 2000, S, 45 f.).

Anhand der Initiierung des Veränderungsprojekts durch das Topmanagement übernimmt dieses die wichtige Vorbildfunktion und gleichzeitig wird eine Basis für die Kontrolle entwickelt. Auf der anderen Seite wird durch die frühzeitige Einbindung der Mitarbeiter ein nachhaltiger Eingang der Veränderung in die Lebenswelten der Mitarbeiter geschaffen, ihnen die Möglichkeit zur Partizipation gegeben und somit die Umsetzungsstärke des Veränderungsvorhabens erhöht. Zusätzlich wird durch diese „bipolare" Strategie potenziellen Widerständen im mittleren Management vorgebeugt (Deuninger, 2000, S. 45 f.). Abbildung 8 verdeutlicht diese Vorgehensweise.

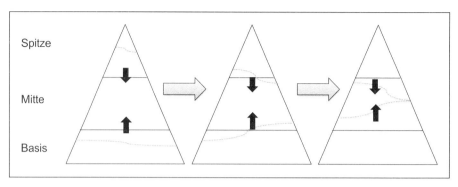

Abb. 8: Top-down/Bottom-up Strategie (Quelle: Deuniger, 2000, S. 46 in Anlehnung an Glasl, 1975)

3.3.3.3 Unternehmensstrategie aus strukturationstheoretischer Perspektive – Die Strukturationstheorie nach Anthony Giddens

Durch die Veröffentlichung der Strukturationstheorie hat der britische Soziologe Anthony Giddens Grundlagen einer Sozialtheorie erarbeitet, die es ermöglichen, das soziale Geschehen in Organisationen zu analysieren (Schwarz, 2008, S. 61). Für die folgende Studie soll die Strukturationstheorie zunächst als Interpretationsrahmen erläutert und im weiteren Verlauf vertieft sowie für das organisatorische Changemanagement fruchtbar gemacht werden.

Die Strukturationstheorie wird für diese Studie als Analysemodell herangezogen, da sie die in der Organisationstheorie vorherrschende Unverträglichkeit von „Handlung" und „Struktur" zu überwinden versucht (Walgenbach, 1999, S. 355 f.).[15] Das zentrale Konzept in diesem Kontext heißt „Dualität von Struktur". Dies bedeutet, dass Individuen durch ihre Handlungen die Bedingungen („Struktur") mitgestalten und reproduzieren, d. h. dass soziale Akteure den gegebenen Strukturen in Unternehmen (und Gesellschaft) nicht „machtlos" gegenüber stehen. Dennoch stellen Strukturen den Rahmen für das Handeln von Individuen in sozialen Systemen dar und sind somit Medium und Ergebnis sozialen Handelns (Baumöl, 2008, S. 97). Anthony Giddens formuliert diesen zentralen Gedanken seiner Theorie wie folgt:

"The essential recursiveness of social life, as constituted in social practices: structure is both medium and outcome of social practices. Structure enters simultaneously into the constitution of the agent and social practices, and ‚exists' in the generating moments of this constitution." (Giddens, 1979, S. 5).

Handlung und Struktur werden in der Strukturationstheorie somit nicht als konkurrierend angesehen, sondern stehen sich wechselseitig gegenüber.

---

[15] D. h., dass die meisten Organisationstheorien entweder die Tendenz aufweisen, das Handeln von Individuen in Organisationen als durch strukturelle Zwänge vorgegeben betrachten, oder den Rahmen, in dem Organisationen bzw. Individuen in Organisationen handeln, abstrahiert aufzufassen (Walgenbach, 1999, S. 355 ff., S. 403).

Wie Abbildung 9 zu entnehmen ist, werden im Konzept der Dualität[16] von Struktur drei Strukturdimensionen unterschieden: Signifikation, Domination (bzw. Herrschaft) und Legitimation. Auf dieser Ebene lassen sich zwei Arten von Regeln (Legitimation und Signifikation) sowie zwei Arten von Ressourcen (allokative und autoritative Ressourcen) unterscheiden (Baumöl, 2008, S. 101).

Die Verbindung zwischen Struktur und Handlungen von Individuen in sozialen Systemen konstruiert Giddens durch die so genannten Strukturierungsmodalitäten. Soziale Akteure beziehen sich in ihren Interaktionen (Handeln) durch diese Modalitäten, also Deutungsschemata, Fazilitäten und Normen, auf die Strukturen, bzw. Regeln und Ressourcen. Die Deutungsschemata ermöglichen eine Kommunikation aufgrund der Interpretation der Signifikationselemente, wie Symbolen, Mythen oder Weltbildern. Die im Rahmen der Herrschaft stattfindende Machtausübung findet durch den Einsatz verschiedener Mittel statt (Fazilitäten) und Sanktionen werden mit Hilfe von Normen legitimiert. Somit beinhaltet jede Handlung gleichzeitig, allerdings mit verschiedenen Schwerpunkten, einen kommunikativen, einen normativen und einen Machtaspekt. Abbildung 9 veranschaulicht diese Wechselbeziehung (Baumöl, 2008, S. 101).

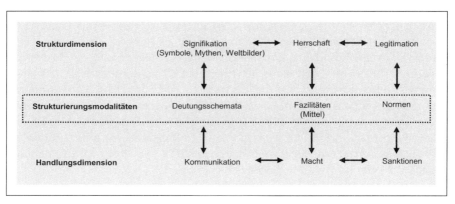

Abb. 9: Wechselbeziehung zwischen Struktur- und Handlungsdimensionen (Quelle: Giddens, 1984, S. 29, in: Baumöl, 2008)

Die Signifikanz der Strukturierungsmodalitäten[17] für Changemanagement-Projekte begründet sich darin, dass im Kontext der Veränderung, diese „Verbindungsschicht" neu definiert werden muss, damit Struktur- und Handlungsdimensionen wieder harmonieren (Baumöl, 2008, S. 101).

Betrachtet man die Sichtweise Anthony Giddens', so ist der Begriff Struktur als „dual" (Giddens, 1979, 1984, 1997) zu verstehen, die sowohl das Medium als auch das

---

[16] Die Dualität von Strukturen beschreibt einen doppelten Charakter, der eine Restriktion von Handlung, als Medium und als Resultat von Praxis, ermöglicht (Giddens, 1997, S. 77).

[17] Strukturierung werden nach Giddens betrachtet als: „Bedingungen, die die Kontinuität oder Veränderung von Strukturen und deshalb die Reproduktion sozialer Systeme bestimmen" (Giddens, 1997, S. 77).

Ergebnis der Praktiken, die diese Struktur reproduzieren, darstellt. Aus dieser Perspektive heraus bedingen menschliches Handeln und Struktur sich gegenseitig. Strukturen werden erlassen durch das, was Giddens als „gut fundierte" menschliche Agenten bezeichnet (z. B. Personen, die wissen was und wie sie etwas tun müssen), und Agenten, die handeln, indem sie das Erlernte, notwendigerweise strukturierte Wissen, in die Praxis umsetzen.

Daraus ergibt sich, dass insbesondere die Struktur nicht als einfaches Aufstellen der Beschränkungen für menschliches Handeln, sondern als „befähigend" betrachtet wird (Giddens, 1979, S. 161). Die Betrachtung der menschlichen Agenten als „gut fundiert" und „fähig" impliziert, dass diese in der Lage sind strukturell geformte Kapazitäten auf kreativem oder innovativem Wege zu erarbeiten. Wenn bereits eine geringe Anzahl von Menschen, die mächtig genug sind, innovativ handeln, so kann ihre Handlung zur Folge die Umwandlung der bloßen Strukturen innehaben, die wiederum ihnen die Fähigkeit zum Handeln gab. Dualstrukturen besitzen aus diesem Grund die Fähigkeit zur Mutation, weshalb sie viel mehr als Prozess, statt lediglich als starrer Zustand betrachtet werden müssen (Sewell, 1992, S. 4 ff.).

Aus strukturationstheoretischer Sicht stellt auch IT kein vom Unternehmen unabhängiges oder determinierendes Element dar. Die Entwicklung sowie der Einsatz und die Nutzung von IT können in diesem Zusammenhang als Resultat von Strukturationsprozessen gesehen werden, die auf die Dualität von Struktur und deren Rekursivität verweisen. IT kann als Ergebnis menschlichen Handelns gesehen werden, das strukturelle Eigenschaften besitzt, wie auch als Medium, durch das Handlungen von Individuen instrumentalisiert werden. Somit kann IT das Handeln, den Aufbau der Unternehmensorganisation und die Beziehungen innerhalb der Organisation ermöglichen oder einschränken. Jedoch nur, wenn Individuen in Organisationen sich in ihrem Handeln auf IT beziehen, wird diese, als beabsichtigte bzw. unbeabsichtigte Konsequenz institutionalisiert und in diesem Sinne auch objektiviert.[18]

Giddens' Theorie der Strukturation beschreibt anschaulich die Wirkungszusammenhänge innerhalb einer Organisation, die sich auch im Projektmanagement bzw. Change-Projekten in der IT wiederfinden.

3.3.4 Unternehmenskultur

Wie im Laufe der Studie bereits geschildert wurde, kann Globalisierung als Instrument der Sozioökonomie unserer Zeit, mit der sich bietenden Vernetzung wirtschaftlicher Arbeitsprozesse, betrachtet werden. Somit können auch ehemals getrennte innerbetriebliche Funktionsbereiche vernetzt und Vorteile, wie Forschung, Entwicklung, Konstruktion, Produktion, Vertrieb, Logistik und Verwaltung ersichtlich gemacht werden. Kunden, Lieferanten, ja gar Wettbewerber können mit vernetzt werden. Hierzu ist es

---

[18] Auf intendierte und unintendierte Konsequenzen von Handeln, Rekursivität sowie auf die Institutionalisierung wird im weiteren Verlauf dieser Studie noch näher eingegangen.

– da weltweit verflochten bzw. agiert wird – wichtig zu erkunden, ob und wie in diesen sich schnell bildenden und wieder auflösenden opportunistischen Organisationen sich ein Zusammenspiel verschiedener Kulturen einstellen kann. Dieses interkulturelle Zusammenspiel besitzt Grenzen der gegenseitigen Akzeptanz und Verständigung, die es auszuloten gilt. Hierbei wird deutlich, dass die Unternehmenskultur als ‚Vernetzungsapparat' eine fundamentale Rolle in der Unternehmensstruktur einnimmt, der nicht nur ein wichtiges Bindeglied des Unternehmensregelwerks darstellt, sondern laut Untersuchung des Münchner Instituts für Lernende Organisation und Innovation (ILOI) auch der Hauptgrund für die Erfolglosigkeit unzähliger Veränderungsprojekte ist. Aufgrund der Vielzahl von Forschungsansätzen zur Unternehmenskultur sowie der damit verbundenen Komplexität existiert derzeit keine klare definitorische Abgrenzung. Zwei in sich schlüssige und einander ergänzende Kulturdefinitionen wurden von Schein und Schnyder abgeleitet und insofern ausgewählt, als dass sie die Zusammenhänge der Forschungsinhalte und Giddens' Theorie von Strukturverhältnissen in Organisationen stützen und unterstreichen (Stafflage, 2005, S. 12 f.).

Scheins Ansichtsweise von Kultur umfasst diese als:

"The pattern of basic assumptions that a given group has invented, discovered, or developed in learning to cope with its problems of external adaptation and internal integration, and that have worked well enough to be considered valid, and, therefore to be taught to new members as the correct way to perceive, think, and feel in relation to those problems." (Schein, 1984, S. 3).

Mit der Bezeichnung „basic assumptions" definiert Schein hierbei als Kern der Unternehmenskultur, die in jedem Menschen verankerten, unbewussten und nicht hinterfragbaren Grundannahmen (Schein, 1984, S. 19). Außer Acht gelassen wird allerdings die Einbezugnahme der Begriffe „Fähigkeit" und „Wissen" (Stafflage, 2005, S. 12 f.).

Die Definition von Schnyder, wenn auch größtenteils auf die immaterielle Kulturdimension beschränkend, soll diese beiden Elemente ergänzend durch die Einbeziehung der kognitiven Komponente der Kultur, wie Werte und Normen sowie Orientierungsmuster und die Bedeutung der Sinnvermittlung, aufgreifen (Stafflage, 2005, S. 12 f.).

Demnach stellt die Unternehmenskultur „ein soziokulturelles, immaterielles, unternehmensspezifisches Phänomen dar, welches die Werthaltungen, Normen und Orientierungsmuster, das Wissen und die Fähigkeit sowie die Sinnvermittlung umfasst, die von einer Mehrzahl der Organisationsmitglieder geteilt und akzeptiert werden" (Stafflage, 2005, S. 12).

Gerade wegen ihrer Vielfältigkeit ist die Unternehmenskultur als ein überindividuelles, soziales Phänomen zu betrachten, dass von allen Unternehmensmitgliedern getragen wird. Insbesondere ist es erstrebenswert zu ergründen, wie die eigene Unternehmenskultur aussieht und welche Kernelemente, Werte, Normen oder Interessen diese Kultur formen. Hierbei nehmen die Unternehmensleitung und Führungskräfte eine besonders wichtige Rolle ein, da sie Impulsgeber, Mitgestalter, Multiplikator und Träger dieser Kultur sind. Oftmals bleiben Spuren noch lange nach Führungskräftewechsel in der Unternehmens- oder Teamkultur verankert. Grund hierfür ist die Verinnerlichung von erlebten und adaptierten Merkmalen, Normen, Regeln und Werten, die als Kräfte auf die Unternehmenskultur einwirken und bewirken, dass kulturelle Einschlüsse an nächste Generationen weitergegeben werden (Stafflage, 2005, S. 11 ff.).

Die Kultur ist eine besonders starke Kraft an sich, ebenso wie alle Kräfte, die eine Kultur in gesellschaftlichen und organisatorischen Situationen beeinflussen und verändern. Wenn jedoch versäumt wird solche Vorgänge zu ergründen, können wir zu Opfern dieser Kraft werden (Schein, 2010, S. 51 ff.). In diesem Zusammenhang haben Wissenschaftler bereits vielfach gezeigt, dass Strukturen wahrhaftig dual sind. Hierbei wurde untersucht, wie Individuen ihre Meinung vertreten und Motive und Absichten durch kulturelle sowie gesellschaftliche Institutionen, in denen sie geschaffen wurden, gebildet werden. Dabei ist es wichtig, die Art und Weise, wie diese Institutionen und Kulturen durch strukturelle Formungen und Beschränkungen der Individuen reproduziert werden – ebenso wie deren Verhaltensweisen in bestimmten Situationen in Augenschein zu nehmen. Diese sind oftmals gezwungen zu improvisieren oder Innovationen auf strukturell gebildete Weise zu entwickeln, die wiederum die bloße Struktur, die sie signifikant rekonfiguriert hat, darstellt.

Immer mehr wird der Führungsstil als ein weiterer, lange unbeachteter Einflussfaktor der Unternehmenskultur diskutiert. Unternehmenskultur wird häufig mit der Unternehmensführung in Zusammenhang gebracht, weil die Unternehmensleitung zum einen bestrebt ist, durch die Schaffung von Leitlinien und Grundsätzen die Effektivität des Unternehmens zu steigern und Kultur zum anderen hingegen die Effizienz beeinflusst. Der Tatbestand, dass Individuen unbewusst nicht nur auf ihre eigene Verhaltensweise Einfluss nehmen, sondern durch Adaption und Replikation die bloße Unternehmenskultur beeinflussen, verdeutlicht den großen Stellenwert, den Führungskräfte in der Kultur eines Unternehmens innehaben. Unter weiterer Einbezugnahme des Kriteriums Globalisierung und der damit einhergehenden kulturellen Einflüsse wird ersichtlich, dass der Führungsstil einer erweiterten Kompetenz bedarf. Auf Denkmuster, Weltanschauungen bis hin zu unterschiedlichsten Lebensentwürfen des Einzelnen und Organisationsmodellen der Gruppen sollte insbesondere geachtet werden (Doppler/Lauterburg, 2005, S. 26 ff.; Schein, 2010, S. 51 ff.).

3.4 Unternehmensführung im Wandel

Wirtschaftslenker, Politiker und Chefbeamte können immer weniger steuern. Die ihnen sich stellenden Aufgaben erfordern es, dass sie sich völlig neue Kenntnisse aneignen müssen, um dem Wettbewerbsdruck von außen stand zu halten. Hierbei wird es mit der vorgegebenen demografischen Austrocknung in den jüngeren Altersegmenten eminent wichtig, qualifizierte Mitarbeiterkapazität aufzubauen, zu entwickeln und zu nutzen.

Durch verstärkte Interdependenzen und Interferenzen zwischen technischen, ökonomischen, politischen und sozialen Prozessen sind spezielle, hierzu angepasste Führungseigenschaften erforderlich. Somit werden traditionelle Führungsansätze, mit ihrem hierarchischen Einflussmonopol, hinterfragt und neue hierarchieflachere Ansätze in Augenschein genommen, die als Fokus die höhere Partizipation des Mitarbeiters und somit das ‚Empowerment' beinhalten.

Besonders in einer offenen, lebendigen, partnerschaftlichen und teamorientierten Führungskultur werden ein angstfreies Klima, Bewältigung von Unsicherheiten und berufliche Schwierigkeiten unterstützt. Dazu gehört, dass die Probleme im Unternehmen rasch erkannt und gelöst, gemeinsames Erfolgsbestreben und Identifikation mit dem Unternehmen die Erhaltung des Know-hows im Unternehmen gewährleistet und Entscheidungen behände und konsequent umgesetzt werden (Doppler/Lauterburg, 2005, S. 36 ff.; Schein, 2010, S. 7 ff.). Eine Fragestellung kommt hierbei insbesondere im Kontext der einheitlichen Unternehmensführung auf. Hierbei werden bestehende Führungsansätze hinterfragt und Forderungen nach neuen, die „[…] nach einem Ende der ‚starken Führung' und somit einer dezentralisierteren, von Unten ausgehenden, kooperativen, pluralistischen, kulturellen, sozialintegrativen und selbstorganisierenden statt fremdführenden Führung erhoben" (Reihlen, 1998, S. 3).

3.4.1 Der traditionelle Ansatz

Die Betrachtungsweise der traditionellen Führungsansätze beinhaltet weitestgehend die Organisation als ein systemisches Gebilde, dass oftmals noch die Lehren Taylors oder Webers verfolgt und somit die aus dieser Zeit stammende mechanische Prägung hat. Getreu der Vorstellung von Heinz von Förster nimmt der Mitarbeiter hierbei die Rolle der ‚trivialen Maschine' ein, die durch die Verantwortlichkeit für Kontrolle und Aufsicht durch den Manager gesteuert wird und somit einen reibungslosen Ablauf garantiert. Durch sein machtvolles, kompetentes und legitimes Verhalten, gewährleistet ein Manager hierdurch einen zielgerichteten Ablauf und steuert somit das Geschehen im Unternehmen. Dieses Bild des Managers impliziert, dass Individuen, die z. B. mit richtigen Informationen ausgestattet werden, letztlich auch den gewünschten Output erreichen. Das Verständnis von der Führungsaufgabe besteht in diesem Zusammenhang aus der Möglichkeit, die zu verantwortenden Organisationsprozesse zu planen, zu steuern und zu berechnen. Arbeitsinhalte und -abläufe oder Prozesse werden im traditionellen Ansatz vom Management fremdgesteuert und gestaltet (Allopoiese). Mit Hilfe des analytischen Prozessdenkens, einer guten Wahrnehmungs- und Beobachtungsgabe sowie der Berücksichtigung aller notwendigen Daten fungiert der Manager als Analytiker, dessen Prozesslogik in kausalanalytischen Denkrahmen abläuft. Solche Eigenschaften bewirken, dass stets richtige Entscheidungen getroffen werden. Ferner wird auf die Fähigkeit zur Entwicklung eines konzentrierteren Handelns, ebenso wie das rationale Denken gebaut. Diese Vorgehensweise ermöglicht die Steigerung der organisatorischen Effizienz und Effektivität (Steinkellner, 2005, S. 235 ff.; Steinkellner, 2006, S. 98 f.; Haager, 2006, S. 4 f.; Neuberger, 2002, S. 539 ff.).

Betrachtet man andere traditionelle Ansätze, so stellt man fest, dass die Bedeutung der Ressource Mensch außer Acht gelassen wird. Ausgebaut wurden diese Grundgedanken von Führung durch den partizipativen Führungsansatz: Mitarbeitern, denen von ihren Managern Vertrauen entgegengebracht wird, und die die Möglichkeit haben sich selbst zu verwirklichen, zeigen eine höhere Leistungsbereitschaft und gehen motivierter an ihre Arbeit heran. Diese Betrachtungsweise basiert ebenfalls auf der Annahme, dass eine Organisation erfolgreich gesteuert werden kann, indem die Kenntnisse der Mitarbeiter und Prozesskenntnisse des Managers oder der Führungskraft in Verbindung zueinander stehen (Bottom-up Ansatz). Dies ermöglicht dem Manager geplante Gestaltungsmaßnahmen einzuleiten und somit eine zielgerichtete Beeinflussung und Steuerung des Unternehmensgeschehens zu bewirken. Hierbei spielt insbesondere die richtige Kommunikation eine wichtige Rolle, da sie sich „am klassischen Botschaft-Übertragungsmodell orientiert" (Haager, 2006, S. 4; Steinkellner, 2006, S. 99 f.).

3.4.2 Schwerpunktverlagerung – Neue Anforderungen an das Management

Eine grundlegend andere Sichtweise des traditionellen Ansatzes ist die Annahme, dass Organisationen lebende Organismen und soziale Systeme sind (Oltman et al., 2009, S. 145 ff.; Steinkellner, 2006, S. 96 ff.). Das systemische Denken geht hierbei von der Unberechenbarkeit dieser Systeme aus, in der es einem Manager nicht möglich ist, alleine durch ausgeprägte Analysefähigkeiten und Prozesskenntnisse Unternehmensgeschehen und Handlungen eines Mitarbeiters zu beeinflussen. Ein entscheidender Grund ist neben der Unberechenbarkeit und der analytischen Unvorhersehbarkeit von Systemen auch der geschichtliche Aspekt, da soziale Systeme oftmals von geschichtlichen Ereignissen, Erfahrungen und Überlieferungen geprägt oder konstruiert werden (Steinkellner, 2006, S. 110 f.; Haager, 2006, S. 5).

Traditionelle Führungsansätze können demnach als Leitlinien für trivial funktionierende Systeme angesehen werden. Organisationen als ‚lebende Organismen' hingegen spiegeln nicht triviale Systeme wider, die eine stetige Wandlung vollziehen und einen hohen Grad an Eigendynamik aufweisen. Aufgrund dessen erschweren solche Systeme die Analysemöglichkeit erheblich. Auch der Grad an Beeinflussung von außen (etwa durch den Manager) ist in solch einem System gering, da unterschiedlichste Einflussfaktoren auf das System einwirken, die aufgrund der daraus resultierenden Komplexität nicht von einer zentralen Stelle koordiniert werden können. Demzufolge kann auch der Prozess der Planung, Durchführung und Kontrolle nicht wie bisher abfolgen, sondern muss dem Kreislauf des Wandels angepasst und ständig hinterfragt werden. Mitarbeiter, die wie „triviale Maschinen" funktionieren, entziehen dem Unternehmen das Potenzial viele Anregungen und Ideen einzubringen und verringern somit die Innovationfähigkeit. Um diese Effekte zu vermeiden, sind Manager gefordert, auf „Basis standpunkt- und methodenabhängiger Beobachtungen, die den scheinbar objektiven Gegenstand für den Betrachter konstituieren, sich ein Bild zu machen und auf Basis dieser Konstruktion zu handeln" (Haager, 2006, S. 5; Neuberger, 2002, S. 597 f.).

Diese neuen Anforderungen an das Management und das Bild der Organisation als soziales Konstrukt erfordern eine neue Rollenbesetzung der Führungskraft als

‚Beobachter', statt als ‚Analysierender', dessen Diagnosen vom Unternehmensgeschehen und Arbeitsabläufen von objektiver Wahrnehmung geprägt sind. Es ist von Nöten, dass Führungskräfte ihre Beobachtungsgabe nutzen, da die menschliche Fähigkeit zur Orientierung darauf abzielt, Unterscheidungen zu treffen, die wiederum zur Ordnung der ‚Wirklichkeit' verwendet werden können. Die Wirklichkeit ist auf Grundlage der Unterscheidungen vom Beobachter/Individuum selbst kognitiv oder über die Kommunikation zu konstruieren. Bei der kognitiven Bildung wird nicht nur unterschieden, sondern auch mit Erlerntem und Erlebtem verknüpft sowie eine Sinngebung erzeugt. Im Falle der Konstruktion über die Kommunikation werden die Kanäle Mitteilung und Verständnis aktiviert. Da das soziale System durch gesellschaftliche Regeln und Konventionen geprägt ist und letztlich unsere Beobachtungen diese mit einschließen, werden von Menschen nur bestimmte Unterscheidungen gebildet. Diese führen dazu, dass auch die konstruierten Wirklichkeiten Ähnlichkeiten aufweisen. Appliziert auf das Verhalten von Führungskräften ist die Ordnung der Wirklichkeit auf das Selektieren von Wichtigem und Unwichtigem und letztlich die Reaktion darauf zurückzuführen (Steinkellner, 2006, S. 100; Haager, 2006, S. 5 f.).

„Ein System kann nur sehen, was es sehen kann. Es kann nicht sehen, was es nicht sehen kann. Es kann auch nicht sehen, dass es nicht sehen kann, was es nicht sehen kann." (Luhmann, 1986, S. 52).

Wichtig ist es zu erkennen, dass die Führungskraft eigene Handlungen in den Handlungen der Mitarbeiter widerspiegeln muss, da das eigene Verhalten eine reflektierende Wirkung auf das Verhalten von anderen Menschen hat. Mit Hilfe der eigenen Beobachtungsgabe nimmt der Manager Dinge wahr und vollführt somit eine Selektion von wichtigen und weniger wichtigen Gegebenheiten. Die Sinngebung ist letztlich das Resultat aus diesem Prozess und ermöglicht neben der Schaffung eines übersichtlichen Umfelds auch dessen Komplexitätsreduktion, was wiederum die Grundlage für eine Analyse ist. Der Manager nimmt somit eine wichtige Rolle als Teil des Systems ein. Dies wird „durch einige der Handlungsfelder erschwert, da der Manager mit den Wirkungen seiner eigenen Handlungen konfrontiert wird, die er leicht als von ihm unabhängige Ursachen halten kann. Der Manager agiert als Konstrukteur, der die Wirklichkeitskonstruktion des Unternehmens mitentwickelt und durch sein Verhalten beeinflusst." (Steinkellner, 2006, S. 100; Steinkellner, 2005, S. 322 ff.; Haager, 2006, S. 5 ff.).

Ausgehend von dem Verständnis der Organisation als soziales System, in der konstruktivistischen Sichtweise, gewinnt die evolutionäre Perspektive des Leaderships immer mehr an Bedeutung. Das evolutionäre Leadership macht Themen wie beispielsweise Kontrolle oder Steuerung überflüssig, da Führungskräfte Kontrolle und Steuerung auf bereits vorherig festgelegter Art und Weise oder anhand von positiven Erfahrungswerten ausüben. Aufgrund dieser Tatsache entsteht ein Sicherheitsnetz, dass Mitarbeitern entsprechend Sicherheit bietet, ohne das Gefühl des übermäßigen Kontrollierens oder Steuerns, was sonst keine oder nur geringe Übernahme von Selbstverantwortung zur Folge hätte (Radatz, 2003, S. 1; Oltman et al., 2009, S. 147 ff.).

Neben der Steuerung und Kontrolle von Mitarbeitern nimmt auch die Planung eine signifikante Stellung im evolutionären Führungsansatz ein. Anders als bisher verfolgt der Ansatz den Grundgedanken der kontinuierlichen Planung. Statt eines Planungsmodus von einmal jährlich, geschieht diese in regelmäßigen Abständen, da die Planung an die sich ständig verändernde Marktsituation angepasst werden muss. Neue wahrgenommene Änderungen werden somit in Frage gestellt und in die bestehende Planung einbezogen. Eine Reflexion der angepassten Planung auf unterschiedlichen Unternehmensebenen spiegelt die differenzierten Sichtweisen und Anforderungen des Marktes wider. Dies wiederum ermöglicht eine Anpassung der wahrgenommenen Möglichkeiten, „die zusammengenommen eine ausgezeichnete ‚intersubjektive' Grundlage der Entscheidung für Planveränderungen und damit Innovationen ergeben" (Radatz, 2003, S. 1; Oltman et al., 2009, S. 147 ff.).

Um Innovationen im Unternehmen zu fördern, muss demnach Raum zur Infragestellung und letztlich zur Reflexion geschaffen werden. Eines der relevanten Kriterien hierfür ist die funktionierende Kommunikation auf allen Unternehmensebenen und der Freiraum zur Meinungsäußerung und -einbringung der Mitarbeiter. Demzufolge löst der evolutionäre Ansatz die Fragen nach dem Sinn der Steuerung und Kontrolle ab, indem nach von Försters Gedanke „die Hierarchie (hieros – der Heilige, Obere herrscht) von der Heterarchie[19] (hetero – der jeweils andere herrscht) abgelöst wird" (Radatz, 2003, S. 1; Becker, 2009, S. 37). Die Voraussetzung von dem Bestehen der Heterarchien ist eine Förderung von Selbstverantwortung der Mitarbeiter und somit der bereits erwähnte Wegfall von Kontrolle und Steuerung. Mitarbeiter entwickeln ein gewisses Maß an Selbstverantwortung und Identifikation sowie Engagement bezüglich der Arbeitsinhalte und des Unternehmens. Dies wiederum führt zu einem Verhalten, indem der Mitarbeiter nicht die Erledigung von Anweisungen und Aufgaben vor Augen hat. Vielmehr entwickelt er Methoden, um die ihm gegebenen Aufgaben schneller zu erledigen, effizienter zu gestalten und somit zum Wohl des Unternehmens beizutragen (Radatz, 2003, S. 2 ff.).

Die menschliche Verhaltensweise ist oftmals unergründbar, da sie von einer Vielzahl von Faktoren beeinflusst und geprägt wird. Gerade in Unternehmen wird deutlich, wie komplex Systeme, in denen unterschiedliche Menschen auf einander treffen, konstruiert werden und letztlich zu deuten sind. Zu Beginn dieses Kapitels wurde der Prozessgedanke behandelt und Einflussfaktoren in Prozessstrukturen untersucht. Verfolgt man nun den Gedanken von sozialen Organisationen, unter der Berücksichtigung des Zwischenspiels mit der Komponente Mensch, wird deutlich, dass die Schwierigkeit darin besteht, menschliches Verhalten vollends zu ergründen. Deshalb stehen Unternehmen, insbesondere in prozessorientierten Organisationen, vor einer großen Heraus-

---

[19] „Die Heterarchie wird als Idealtyp einer sich selbst steuernden, polyzentrischen Organisation aufgefasst, die über die Fähigkeit verfügt, eine spontan hervorgebrachte, problemorientierte Struktur auszubilden, in der das verteilte Wissen der Organisation auch ad hoc zusammengeführt werden kann. Eine solche Organisation erlangt herausragende Bedeutung bei der Koordination interpersonaler Lern- und Innovationsprozesse" (Reihlen, 1998, S. 2).

forderung Mitarbeiter und ihre individuellen Bedürfnisse und Motive zu erkennen sowie Handlungsmuster zu verstehen und im Sinne des Unternehmens positiv zu nutzen.

„Wenn wir wollen, dass alles so bleibt, wie es ist, müssen wir zulassen, dass sich alles verändert." (Giuseppe Tomasi di Lampedusa, italienischer Schriftsteller, 1896 - 1957).

Prozesse können ebenso wie Unternehmensabläufe und -strukturen nur durch die freiwillige Entscheidung und letztlich durch Handlungen der Unternehmensmitglieder herbeigeführt, umgesetzt und gelebt werden. Getreu dem Motto „Love it, change it or leave it" entscheiden Mitarbeiter und Führungskräfte selbst, welchen Weg sie für sich am sinnvollsten erachten. Demnach kann man von drei unterschiedlichen Gruppen im Unternehmen sprechen. Die erste Gruppe fügt sich und erachtet die von der Unternehmensleitung vorgegebenen Rahmenbedingungen als Regel, die es einzuhalten gilt. Dies geschieht allerdings vor dem Hintergrund, dass Mitarbeiter keine oder nur eine geringe Chance sehen, diese Regel zu brechen oder den eigenen Bedürfnissen anzupassen. Die zweite Gruppe passt diese Regeln den eigenen Vorstellungen entsprechend an und bildet somit eine ‚Parallelorganisation', in der sie in einer vollkommen anderen Struktur, mit anderen Prozessen als vorgegeben, lebt. Der dritte Gruppentyp verlässt, aufgrund der wahrgenommenen Grenzen, diese Strukturen (Radatz, 2003, S. 2).

Aus Perspektive der evolutionstheoretischen Führung sind Unternehmen Konstruktionen, die auf das gemeinsame Wissen und den Erfahrungsschatz aller Mitglieder zurückgreifen und diese nachhaltig nutzen. Demnach kann man Führungskräfte, entsprechend ihrer Verhaltensweisen, zwei unterschiedlichen Führungsstilen zuordnen. Führungskräfte, die zwar Räume für eine gute Zusammenarbeit schaffen, allerdings auch Grenzen setzen, die Mitarbeiter nicht in eine gewünschte Richtung verändern und letztlich auch weiterentwickeln können (Prozesse, Strukturen oder Abläufe), werden als „Ermöglicher" bezeichnet. Ein Manager, der diesen Führungsstil verfolgt, sollte genug Raum lassen, um den Rahmen stets bewusst an Veränderungen anpassen zu können und durch ein gutes Mittelmaß an Kontrolle trotzdem Kreativität der Mitarbeiter zu fördern, sowie durch Selbstverantwortung der Mitarbeiter ein verantwortungsbewusstes, funktionierendes Team zuzulassen. Führungskräfte, die den anderen Führungsstil ausleben, werden als ‚Förderer' bezeichnet, indem sie auf der einen Seite Mitarbeiter befähigen und deren persönliche Weiterentwicklung fördern, auf der anderen Seite aber auch die Weiterentwicklung des Unternehmens nicht aus den Augen verlieren. Hierbei handelt die Führungskraft danach, welchen Eindruck sie von jedem Mitarbeiter gewinnen konnte. Hält der Manager beispielsweise einen Mitarbeiter für ungebildet oder dumm, so wird er ihn anders behandeln und fördern. Ist der Eindruck vom Mitarbeiter eher positiv, so wird die Führungskraft ihm mehr Autonomie übertragen. Demnach verfolgt man diesen Führungsstil dann, wenn man den Mitarbeiter als jemanden betrachtet, der im Sinne des Unternehmens handelt, das Beste in ihm erkennt und die grundlegende Haltung einnimmt, dass der Mitarbeiter sinnvoll und im Sinne des ihm gegebenen Informationsstandes agiert. Ein nicht zu vernachlässigender Faktor, der enormen Einfluss auf das Verhalten von Individuen in Organisationen ausübt, ist der Tatbestand, dass Systeme eine gewisse Resistenz hinsichtlich einer

Einführung von Veränderungen in Unternehmen entwickeln. Hierbei werden oftmals Änderungen an bereits erprobten Prozessen oder Regeln blockiert, da Menschen Schwierigkeiten haben, sich aus einer sicheren Situation in unsichere Gefilde zu bewegen. Betrachtet man die Einflussfaktoren vor dem Hintergrund des bereits aufgeführten Paradigmenwechsels, so wird sehr deutlich, dass Unternehmen nicht am Markt bestehen bleiben können, ohne die Fähigkeit zur Reaktion auf äußere Einflüsse sowie eine entsprechende Adaption der eigenen Strukturen und Handlungsmuster. (Radatz, 2003, S. 2 f). Besonders wichtig ist die Sicherstellung der Balance zwischen der Bewahrung von bereits bewährten Mustern und den Veränderungen. Systeme ermöglichen Veränderungen durch die Entwicklung in „[…] Prozessen, die Vergangenheit, Gegenwart und Zukunft unterscheidbar machen" (Radatz, 2003, S. 2).

3.4.3 Führungsdefizite – Kommt alles Gute von oben?

„Der Zuwachs an sachlicher und sozialer Komplexität lässt althergebrachte, hierarchische Muster in Bezug auf die Steuerung von Organisationen ziemlich eindrucksvoll scheitern." (Krusche, 2008, S. 64).

Führungsdefizite machen sich in Unternehmen mitunter dadurch bemerkbar, dass Mitarbeiter einen geringeren Bindungsgrad gegenüber der Organisation verspüren und die Identifikation mit der Tätigkeit fehlt. Das richtige Mittelmaß zwischen einer Führungskraft als ‚Förderer' oder ‚Ermöglicher' ist eine Herausforderung, die nicht nur vom Verhalten des Managers beeinflusst werden kann. Es muss vielmehr ein kontinuierlicher Transformationsprozess, in dem ALLE Beteiligten eines Unternehmens in dessen Entwicklung involviert sind, vorherrschen. Genauer genommen bedeutet dies, dass alle Stakeholder, seien es Mitarbeiter, Führungskräfte aller Hierarchieebenen oder Kunden am Transformationsprozess partizipieren und sich an den laufenden Entwicklungen im Unternehmensgeschehen beteiligen.

Erst diese Gemeinsamkeit ermöglicht die Entstehung einer wechselseitigen Weiterentwicklung im evolutorischen Sinn, die wiederum zu einer Vernetzung aller Beteiligten führt, durch Kommunikation, Interaktion und letztlich Reflexion. Die Weiterentwicklung eines Unternehmens kann demnach nicht gelehrt, sondern muss von allen Akteuren im Unternehmen erlebt und aktiv gelebt werden. Damit einhergehende Demokratisierungsprozesse in den Organisationen werden durch die eigene soziale Reflexion von Individuen vorangetrieben. Nach Giddens erlebt das Individuum seine Lebensumstände nicht als Schicksal, sondern vielmehr als ein Ergebnis seiner eigenen Entscheidungen (z. B. die Wahl des Berufes). Dieser Vorgang wird von Giddens auch als Politik der Lebensführung bezeichnet, da die Entscheidung an sich vom Individuum nicht anders gehandhabt werden kann, aufgrund der Entscheidungssituation innewohnenden Komplexität und Ungewissheit. Dies jedoch erfordert ein starkes Vertrauen in die Aufrichtigkeit der anderen Individuen, die ihrerseits, wegen der Notwendigkeit selbst die Einschätzung anderer einholen zu dürfen, interessiert sind, aufrichtig zu bleiben.

Angewendet auf Unternehmen bewirkt das aktive Vertrauen und die politische Entscheidung, dass eine Dezentralisierung der Entscheidungsmacht erfolgen kann, und sie sind somit Voraussetzungen, die einen Informationsaustausch nicht nur Top-down, sondern auch Bottom-up ermöglichen. Weber betrachtet beispielsweise eine Organisation, die bürokratisch aufgebaut ist, als eine der leistungsstärksten, innerhalb derer Informationen und Macht an der Spitze gebündelt werden. Giddens hingegen bezeichnet das Demokratieverständnis im Unternehmen als eine ‚dialogische Demokratie', die einen Zustand ermöglicht, in dem ein fortgeschrittenes Maß an Autonomie von Kommunikation vorherrscht. Demnach ist neben dem gegenseitigen Vertrauen Kommunikation ein elementares Glied im unternehmerischen Kontext (Reihlen, 1998, S. 3).

Im folgenden Kapitel sollen Kernelemente der Unternehmenskommunikation angeschnitten und mit dem Führungskonzept verknüpft werden. Die Schwierigkeit besteht darin, der strategisch wichtigen Führungsaufgabe gerecht zu werden, Betroffene in einen kontinuierlichen Prozess einzubetten und eine Infragestellung im Unternehmen nicht nur zu ermöglichen, sondern auch zu fördern und somit die Grundlage für eine Lernende Organisation zu schaffen.

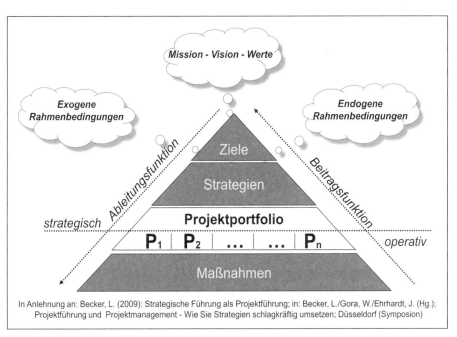

Abb. 10: Handlungsrahmen für Unternehmenskommunikation (Quelle: Becker, 2009, S. 36)

Die oben aufgeführte Darstellung zeigt den Handlungsrahmen, den Manager in Betracht ziehen müssen, um einen gleichmäßigen und kontinuierlichen Wissenstransfer zu ermöglichen. Hierbei ist wichtig sowohl die operative als auch die strategische Ebene nicht gesondert von einander zu betrachten, sondern den Balanceakt durch eine Integration beider zu bewerkstelligen. Im optimalen Falle haben Mitarbeiter die Möglichkeit, aktiv durch eigene Beiträge die Unternehmensstrategie mitzugestalten und letztlich auch die Ziele mit zu entwickeln.

Der daraus resultierende Vorteil ist ein höheres Maß an Engagement, Identifikation und Verinnerlichung von Unternehmenszielen, -vision und -mission sowie das Entstehen von psychologischem Eigentum. Dieses Gefühl wiederum bewirkt, dass Mitarbeiter Bereitschaft zeigen, für ein gemeinsames Ziel „zu kämpfen", die Erfüllung der Unternehmensziele als eigene Ziele betrachten und im besten Sinne des Unternehmens handeln. Führungskräfte haben die Aufgabe, Mitarbeitern den Freiraum zur Partizipation zu schaffen und gezielt Informationen zuzulassen und zu fördern, nicht nur Top-down, sondern auch Bottom-up (Dinius/Becker, 2009, S. 103 ff.).

Unternehmen, die diesen Ansatz verfolgen, erhöhen nicht nur die Erfolgschancen und Akzeptanz von Veränderungsprozessen, sondern er- und durchleben den Veränderungsprozess kontinuierlich. Dies wiederum eröffnet die Möglichkeit der stetigen Weiterentwicklung und stärkt die Organisation in Bezug auf die Fähigkeit Innovationen voranzutreiben, das Engagement der Mitarbeiter zu stärken und im konkurrierenden Gefilde Wettbewerbsvorteile zu sichern. Die wesentliche Aufgabe der Führungskräfte ist „[…] divergierende interne und externe Rahmenbedingungen, nicht hinreichende Kompetenzen und Kulturdefizite zu identifizieren, […] das Handeln der Beteiligten auf allen Ebenen sinnvoll zu koordinieren, die Beteiligten zu motivieren und zu aktivieren" (Becker, 2009, S. 37 f.).

Durch gezielte Trainingsmaßnahmen, einen gut funktionierenden Kommunikationsprozess, offene Reflexion und den Austausch von unterschiedlichen Wünschen, Erfahrungen sowie Sichtweisen wird neben der hierarchieübergreifenden Generierung von Ideen auch die gesamthafte Weiterentwicklung gefördert (Radatz, 2003, S. 8 f.).

3.5 Erfolgsfaktor Kommunikation

Das heutige Marktumfeld ist geprägt von einer Dynamik, die Unternehmen einem ständigen Druck hinsichtlich unterschiedlicher Veränderungsformen aussetzt. Angefangen bei großen Umstrukturierungsmaßnahmen bis hin zu kleineren Veränderungsprojekten ist der Veränderungsprozess mittlerweile ein nicht wegzudenkender Bestandteil einer jeden Organisation geworden.

Der stetig steigende Wettbewerbsdruck lässt den Ruf zusätzlich nach hierarchieflacheren, teamorientierten und insbesondere flexiblen Organisationsstrukturen lauter werden. Dies führt zu einer Infragestellung der alten formalen Strukturen und bietet Raum für die Entstehung neuer Strukturansätze – weg von der traditionellen, bürokratischen Form und hin zu einer teamorientierten Selbstorganisation, die den Mitarbeitern mehr Gestaltungsraum für ihre Arbeit und Verantwortung bietet. Solche Ansätze haben den Vorteil, dass Mitarbeiter eine höhere Lern- und Anpassungsfähigkeit entwickeln und somit für eine steigernde Flexibilität des Unternehmens sorgen, gerade in Zeiten des Veränderungsdrucks (Reihlen, 1998, S. 3).

„Lernende Organisation bezeichnet eine anpassungsfähige, auf äußere und innere Reize agierende Organisation, die Kommunikation als strukturbildendes Element fortwährend selbst reproduziert." (Lembke, 2008).

Dieser Tatbestand bringt allerdings auch Hürden mit sich, die es zu überwinden gilt, da nicht jedes Veränderungsvorhaben den gewünschten Erfolg erzielt. Nur allzu oft wird meist die vollständig geplante Vorgehensweise verfolgt, um Veränderungen zu bewerkstelligen, unter Vernachlässigung von emotionalen Faktoren. Die Herausforderung, die Unternehmensentwicklung kontinuierlich und unter Einbezugnahme aller Beteiligten zu erhalten, wird hierbei unterschätzt. Eine Folge dessen ist die Entstehung von Spannungsfeldern, die zu mangelnder Kooperation, Demotivation und letztlich zum Scheitern von Veränderungsvorhaben (Projekten) führen (Bochmann, 2002, S. 3).

„[...] Damit das Gesamtsystem funktionieren kann, müssen die einzelnen Teams funktionieren. Es sind häufig gar nicht Fragen der Gesamtvernetzung, die als erstes anstehen, sondern das Schaffen von Voraussetzungen für offene und ehrliche Verständigung in den einzelnen Teams. Dieser Prozess beginnt nicht selten an der Spitze. Was dort praktiziert und vorgelebt wird, prägt wie nichts sonst die Kommunikation und Kooperation auf den nachfolgenden Stufen der Hierarchie." (Doppler/Lauterburg, 1997, S. 316).

Ein gezielter und systematischer Einsatz von Techniken des Changemanagements kann ein Hilfsmittel bei der Durchsetzung von Veränderungsprozessen im Unternehmen sein, das Beteiligten hilft, organisatorische Widerstände abzubauen und somit die Akzeptanz für Veränderungen zu fördern und aufrechtzuerhalten. Ein besonders wirksames Instrument ist, in all ihren Facetten, die interne Unternehmenskommunikation. Diese bewirkt, wenn sie gezielt und anforderungsgerecht eingesetzt wird, dass Betroffene zu aktiv Beteiligten werden und somit die Wahrscheinlichkeit, dass ein komplexes Veränderungsprojekt erfolgreich umgesetzt wird, erhöht wird. Kommunikation in Veränderungsprozessen kann die Veränderungsbereitschaft von Mitarbeitern steigern, da sie bereits seit Bestehen der Menschheit als Mittel der Verhaltensbeeinflussung dient.

3.5.1 Veränderungsmanagement und Kommunikation

Veränderungsprojekte bedeuten in den meisten Fällen für die Mitarbeiter eine Veränderung der persönlichen Arbeitssituation und -abläufe. Dieser Umstand führt dazu, dass Mitarbeiter Ängste entwickeln und dass bestimmte Fragen aufkommen, wie beispielsweise nach dem Grund für die Veränderungsabsichten, nach neuen Unternehmenszielen oder nach dem neu zu beschreitenden Kurs. Die große Herausforderung, der sich Unternehmen gegenübergestellt sehen, ist all den Fragen gegenüber zu treten und diese gezielt zu beantworten. Dieses Unterfangen stellt sich jedoch oftmals als schwierig heraus, da eine effektive und erfolgreiche Unternehmenskommunikation viel Fingerspitzengefühl erfordert. Die Schwierigkeit liegt in der zielgruppengerechten Verteilung der Informationen, die nicht nur Mitarbeiter als Stakeholder erreichen müssen, sondern ebenso an einen größeren Stakeholderkreis, wie beispielsweise Kunden, Lieferanten oder Anteilseigner gerichtet sind.

Jede Stakeholdergruppe bedarf einer spezifischen Information in angemessenem Umfang, zur passenden Zeit, am richtigen Ort, über einen geeigneten Kanal und in der richtigen Form. So gilt es besonders in Veränderungsprojekten eine Vielzahl an Schlüsselfragen zu beantworten.

Gerade in Wandlungsprozessen ist die Übermittlung einer zielgerichteten Information nur allzu oft ein Drahtseilakt, der allen Fragen der Zielgruppen gerecht werden muss. Nicht zuletzt hängt die Wahrnehmung der übermittelten Informationen von einer hinreichenden Steuerung, Koordination und effektiven Umsetzung der Kommunikationsmaßnahmen ab. Information nimmt daher einen elementaren Stellenwert im Veränderungsmanagement ein, denn sie ermöglicht durch ihr zweckgerichtetes Wissen erst ein zielgerichtetes Handeln. Demnach hat die Unternehmenskommunikation nicht nur den Stellenwert des Wissensvermittlers, sondern erfüllt auch die Arbeit eines Katalysators, der Informationen entsprechend der Zielgruppen aufteilt, steuert und somit deren Wahrnehmungsprozess beeinflussen kann. Da in den meisten Fällen Menschen an den Kommunikationsprozessen beteiligt sind, ist der Prozess auch als ein sozialer Prozess zu betrachten. Verlagert man die Sichtweise nun auf die Unternehmensführung, ist festzustellen, dass Führungskräfte eine schwierige Aufgabe zu meistern haben, da sie insbesondere in Veränderungsprojekten einen hohen Anteil ihrer Arbeitszeit mit Gesprächen zubringen. Dies macht uns die Bedeutung des Ausdrucks „sozialer Prozess" nur allzu deutlich. Eine Vielzahl an Gestaltungsempfehlungen wurde bereits hinsichtlich der Unternehmenskommunikation in Veränderungsvorhaben beschrieben. So gehört beispielsweise eine bedürfnisgerechte und an der Notwendigkeit des Veränderungsvorhabens geknüpfte Kommunikation von Informationen ebenso dazu wie auch deren glaubwürdige Verteilung durch hochrangige Unternehmensvertreter.

Hierbei ist es besonders wichtig, die Unternehmensvision und Ziele so transparent und nachvollziehbar wie nur möglich an die Mitarbeiter zu kommunizieren, so dass diese sichtbar und lebbar erscheinen. Die Notwendigkeit der Kommunikation durch die Führungskraft kommt als weiterer elementarer Faktor hinzu. Das persönliche Face-to-Face-Gespräch gilt daher als einer der wichtigsten Kommunikationskanäle. Es hat eine positive Wirkung auf das gegenseitige Vertrauen und bietet die Möglichkeit auf Fragen sofort einzugehen, Feedback zu geben und somit Missverständnisse aus dem Weg zu räumen. Eine Studie von Vahs und Leiser zeigt, dass trotz der hohen Anzahl an Kommunikationsmaßnahmen in Unternehmen die Ausprägung der Kommunikationsmaßnahmen noch nicht vollends in allen Unternehmen wiederzufinden ist und noch ein großer Bedarf in diesem Bereich besteht. Ferner zeigt ihre Studie, dass Veränderungsvorhaben umso erfolgreicher bei ihrer Umsetzung sind, je mehr Information über den aktuellen Stand des Vorhabens während der Umsetzungsphase an Mitarbeiter kommuniziert wird. Allerdings konnte auch festgestellt werden, dass vor Projektbeginn, in der Analyse- und Planungsphase sowie in der Kontrollphase deutlich weniger an Informationen an die Mitarbeiter transferiert wurde. Die Bedeutung der Unternehmenskommunikation, die sowohl über eine mündliche als auch über IT-Systeme gestützte Kommunikation erfolgen kann, und deren unersetzbarer Stellenwert in Veränderungsvorhaben wird daher besonders deutlich. Des Weiteren wurde die offene und zeitnahe Kommunikation über Erfolge und Misserfolge sowie über den aktuellen Stand des Veränderungsprojekts und alle weiteren geplanten Maßnahmen als wichtigster Erfolgsfaktor von Veränderungsvorhaben identifiziert. Der Grund hierfür ist die rechtzeitige Beeinflussung der Projektwahrnehmung der betroffenen Mitarbeiter. Somit kann eine zielgerichtete Steuerung von deren Handlungen sowie eine daraus resultierende Partizipation in den wichtigen Phasen der Projektumsetzung, -kontrolle und -weiterentwicklung erreicht werden. Wenn man bedenkt, dass der Projekterfolg einer intensiven Kommunikation und Steuerung der Ziele bedarf, um den Erfolg an sich zu gewährleisten und auch zu messen, lässt der Tatbestand vermuten, dass eine Korrelation zwischen einer erfolgreichen Unternehmens- oder Projektkommunikation und dem Erfolg des Projekts vorherrscht (Vahs/Leiser, 2003, S. 52 ff.).

3.5.2 Veränderungsproblematik – informell vs. formell

Wie bereits im vorangehenden Kapitel beschrieben wurde, wird der Unternehmenskommunikation oftmals der Stellenwert eines elementaren Erfolgsfaktors zugesprochen, wobei der Schwerpunkt nur allzu oft in der Möglichkeit liegt, kommunikative Abläufe zu gestalten. Kommunikation, die erfolgreich in Unternehmen durchgeführt wird, betrachtet man als eine vordefinierte und Top-down verlaufende Informationsübertragung, die neben der Planbarkeit auch steuerbar ist. Der Unternehmenskommunikation in Verbindung mit Changemanagement wird bislang vorwiegend im formellen Bereich besondere Aufmerksamkeit geschenkt. Der informellen Kommunikation wird hierbei weniger Beachtung geschenkt, insbesondere im Zusammenhang mit Unternehmenswandel. Dabei hat die informelle Kommunikation im Unternehmen ebenso eine nicht mindere Bedeutung (Held et al., 1999, S. 10).

Institutionen sind Regeln, Zwänge oder Anreize, die als Instrumentarien der Steuerung des Austauschs dienen. Diese Institutionen oder Steuerungsmechanismen können entweder formeller oder informeller Natur sein. Formelle Institutionen werden hierbei als Regeln betrachtet, die durch schriftliche Unterlagen oder Regularien festgelegt und deren Ausführung durch formelle Instanzen wie Autoritäten oder Eigentümer gewährleistet und kontrolliert werden. Formelle Institutionen erfordern demzufolge eine explizite Definition von Anreizen, Vertragsbedingungen und verbindlichen Grenzen seitens der Eigentümerpositionen. Informelle Institutionen enthalten Vorschriften, die auf einem impliziten Verständnis beruhen, größtenteils gesellschaftlich abgeleitet sind und somit nicht durch schriftliche Unterlagen festgehalten oder notwendigerweise durch formelle Instanzen sanktioniert werden können. Somit umschließen informelle Institutionen gesellschaftliche Normen, Routinen und politische Prozesse (Zenger et al., 2002, S. 3).

Während die formelle Kommunikationsform bereits in aller Munde ist, wird der informellen Kommunikation und insbesondere deren Wirkungen im Zusammenhang mit Changemanagement noch nicht ausreichend Beachtung geschenkt. Gerade jedoch die informelle Unternehmenskommunikation ist, wenn effektiv und bewusst eingesetzt, ein äußerst hilfreiches Medium. Durch Face-to-Face-Interaktionen können Informationen zielgerichtet auf der Beziehungsebene platziert und somit nicht nur der Mitarbeiter abgeholt, sondern auch sein Engagement gesteigert werden. Held et al. haben in ihrer Studie die Wirkung der Kommunikation im Wandel, in zwei sich gegenüberge-stellten Abteilungen eines Chemieunternehmens, untersucht und herausgefunden, dass „[...] die zentralen Funktionen informeller Kommunikation darin bestehen, zum einen die Beziehungsebene zwischen beiden Mitarbeitergruppen zu klären und somit den Integrationsprozess auf personaler Ebene fördern, und zum anderen für einen zü-gigen Informationsaustausch zwischen beiden Mitarbeitergruppen zu sorgen" (Held et al., 1999, S. 11). Vergleichend mit älteren Ansätzen der Unternehmenskommunikation werden der informellen Kommunikation, wegen ihrer Unberechenbarkeit und Unzu-verlässigkeit, eher bedrohliche Aspekte zugesprochen. Herd et al. betrachten sie eher als förderlich, da sie spontane Gespräche ermöglicht und somit einen erheblichen Bei-trag zur Zielerreichung leisten kann.

3.6 Change im (IT-)Projektmanagement – Stand heute

Arbeit in Projekten – die „Projektwirtschaft" – ist heutzutage weiter verbreitet denn je und Statistiken zeigen, dass deren Bedeutung von Jahr zu Jahr zunimmt. Einschlä-gige Verbände wie die GPM können eine signifikante Steigerung an zertifizierten Pro-jektmanagern aufweisen. Ausgehend von 500 Zertifizierungen in 2001 wurde die Grenze von 10.000 bereits 2008 überschritten. Dabei ist die Verbreitung des Projekt-managements weitestgehend auf die veränderten Rahmenbedingungen und die damit einhergehenden Veränderungsmaßnahmen in Unternehmen zurückzuführen (Hofmann et al., 2007, S. 17 ff.; Körner, 2008, S. 1).

3.6.1 Einflussfaktoren und deren Implikationen auf den Erfolg von Change-Maßnahmen in Projekten

Die Literatur verweist hinsichtlich des Erfolges von Projekten auf ein breit gefächertes Spektrum an einflussnehmenden Faktoren. Dinges/Hofer haben 127 Projekte unter-schiedlicher Größe aus unterschiedlichen Industrien untersucht und eine Vielzahl an Va-riablen ermittelt, die Einfluss auf den Projekterfolg haben (Dinges/Hofer, 2008, S. 32). Diese hängen mitunter sehr stark von dem Komplexitätsgrad und den technologischen Unsicherheiten der Projekte ab. Projekte mit hoher Unsicherheit müssen anders als Projekte mit einer niedrigen Unsicherheit gehandhabt werden. Während Projekte mit einer hohen Unsicherheit eine besondere Widmung der Aufmerksamkeit auf die Pro-jektdefinition, -meilensteine, -designüberlegungen, -dokumentation, -politik und Kun-denbeteiligung erfordern, benötigen Projekte mit einer niedrigen Unsicherheit eine stär-kere Fokussierung auf die formale und strukturierte Auswahl des Auftragnehmers, die Budgetüberwachung, ein frühzeitiges Designfreeze, die Qualitätsziele, eine statistische Qualitätskontrolle und eine höhere Autonomie der Projektleiter und -mitarbeiter. Pro-jekte, die einen breiten Umfang haben, sind empfindlicher in Bezug auf formale Vor-schläge, die Identifizierung von Projektmeilensteinen bei der Initiierung, die Autonomie der Projektleiter, formale Verträge etc. Auch entsprechende Projektmanagement-Prak-tiken sind eine wichtige Größe für den Erfolg von Projekten, wobei die Komplexität eines Projekts, entsprechend der jeweiligen Unsicherheit von Zielerreichungen, wesentlich für die Ausgestaltung eines erfolgreichen Projekts ist. Des Weiteren sollten bereits in der Planungsphase Entscheidungsvariablen definiert werden, die Einfluss auf den weiteren Projektverlauf haben und somit „[…] die Projektablaufgestaltung zumindest mit definierten Entscheidungszeitpunkten bzw. Milestones der Projektentwicklung versehen" (Dinges/Hofer, 2008, S. 34). In diesem Zusammenhang sind insbesondere die Fertigkeit und Kompetenz des Managements eine wichtige Voraussetzung für eine gute Projektarbeit, da sie nicht nur die inhaltlichen Kompetenz einer Führungskraft reflektieren, sondern auch die persönliche Seite widerspiegeln (Dinges/Hofer, 2008, S. 32).

Ein Projekt steht oftmals im Zusammenhang mit Veränderungen, mit dem Ziel, eine Situation zu verbessern durch bspw. die Erbringung einer Dienstleistung, die Einführung einer neuen IT-Technologie, die Erschließung eines neuen Marktes etc. Um dieses Ziel zu erreichen – das Projekt erfolgreich zu vollenden – sind unterschiedliche Maßnahmen erforderlich, die es ermöglichen, den Erfolg nachzuvollziehen und gegebenenfalls die Zielvorgaben neu auszurichten. Hierbei spielen insbesondere die bereits genannten Erfolgsfaktoren eine große Rolle. Allerdings erfordert das erfolgreiche Handhaben von Veränderungen im Projektmanagement auch kommunikative Maßnahmen, um Beteiligte einzubinden und für das Projekt zu gewinnen. Wichtig im Projektmanagement ist demnach zu erkennen, dass die Zielorientierung, die Einbindung von Stakeholdern und eine zielgerichtete und angepasste Projektkommunikation bedeutende Erfolgsfaktoren sind. Es scheint jedoch, dass das Bewusstsein um die Bedeutung der Projektkommunikation sowie der Vermittlung eines gemeinsamen Ziels teilweise noch nicht vollends in der Praxis vorhanden ist. Unabhängig davon, um welche Art von Projekt es sich handelt, sie alle haben ihre Kennzeichnung durch die Definition einer zeitlichen und inhaltlichen Zielsetzung. Die Erreichung dieser Ziele lässt sich oftmals anhand einer klaren, quantifizierbaren Erfolgsdefinition festlegen und durch das Messen von Erfolgsindikatoren wie bspw. der Einhaltung des Zeitplans oder das Kontrollieren des Budgets verwirklichen (Merz, 2009, S. 26; Dinges/Hofer, 2008, S. 29).

Die inhaltliche Definition des Projekterfolges hingegen hängt sehr stark von den beteiligten Akteuren und deren Interessen ab. Oftmals kommt es gerade in diesen beiden Bereichen zu Zielkonflikten. Da jedoch ein Auseinanderklaffen der Akteurziele sich kontraproduktiv auf den Projekterfolg auswirken kann, ist gerade deshalb die Deckung dieser Ziele von hoher Bedeutung.

„Projekterfolg ist die Erfüllung der vertraglich vereinbarten Leistungen in angeforderter Qualität und Quantität sowie im Rahmen des finanziellen und terminlichen Rahmens unter Berücksichtigung der genehmigten Nachträge (Claims). Die Prioritäten und das Verhältnis der einzelnen Parameter zueinander sind nur projektbezogen und somit situativ festlegbar. Zusätzlich müssen die Stakeholder des Projekts, insbesondere die Auftraggeber, Kunden, Projektmitarbeiter und betroffene Mitarbeiter, mit der Umsetzung und den Ergebnissen zufrieden sein und das Projekt als positiv und erfolgreich beurteilen." (Gessler, 2011, S. 58).

Insbesondere rückt in diesem Zusammenhang die Projektkommunikation immer mehr in den Vordergrund, weil sie die zentrale Übermittlerrolle für die gesamte Kommunikation der Botschaften über Projekte an den Stakeholder übernimmt. Eine richtige Handhabung der Kommunikation ermöglicht die zielgerichtete Transferierung allen projektrelevanten Wissens, das für eine Einbindung der Stakeholder ebenso wie für die Planung des Projekts an sich notwendig ist (Merz, 2009, S. 26).

Ein wichtiges Kriterium ist bei der Projektkommunikation die Qualität sowie die Quantität der Information, die erfordert, dass ein interner Austausch stattfindet, ein angepasstes Informations-/Kommunikationsmanagement vorliegt und ein umfangreiches Projektmarketing verfolgt wird (Georgi/Restat, 2007, S. 22).

In diesem Zusammenhang ist besonders das Kommunikationsmanagement ein elementarer Erfolgsfaktor in Projekten. Eine der wichtigsten Anforderungen an einen Projektleiter ist hierbei die Wahl einer passenden Kommunikationsstrategie. Dabei gilt es bereits im Vorfeld eine an die Beteiligtengruppen angepasste Kommunikationsstrategie zu entwickeln, die die zu erreichenden Ziele, die Zielgruppe und deren Anforderung/Bedürfnis nach Information sowie die passenden Kommunikationsmedien berücksichtigt, die zur Erreichung der Ziele beitragen. Um die richtige Wahl der Kommunikationsstrategie zu erleichtern, ist es hilfreich im Vorfeld eine strategische Ausrichtung zu entwickeln. Ferner ist zu beachten, dass die Zuordnung der Rollenverteilung ebenso wie die der Verantwortung und Kollaboration geregelt ist, um einen reibungslosen Verlauf zu gewährleisten und ein gemeinsames Verständnis bei den Projektbeteiligten zu schaffen. Stakeholder können besondere Fürsprecher eines Projekts sein, wenn sie zu aktiven Beteiligten gemacht werden. Die Informationsmenge muss an dieser Stelle an die Bedürfnisse der Projektmitglieder ebenso wie an den zeitlichen Kontext angepasst werden. Insbesondere zu Projektbeginn ist es wichtig, dass die Kommunikation allen Beteiligten zugänglich gemacht wird, da gerade in diesem Projektabschnitt der Informationsbedarf am höchsten ist und hilft, alle Projektmitglieder ins Boot zu holen (Georgi/Restat, 2007, S. 22 ff.).

Eine grundlegende Einsicht im Projektmanagement ist die, dass Stakeholder entscheidend zum Erfolg von Projekten beitragen. Viele Projekte, insbesondere in Zusammenhang mit Wandel, sind sehr langwierig und für Außenstehende oft nicht sichtbar. Länger angesetzte Veränderungsprojekte, eventuell eintretende Komplikationen oder bürokratische Organisationsstrukturen können einen reibungslosen Projektablauf erschweren, erfordern von allen Beteiligten viel Durchhaltevermögen und machen einen kurzfristigen Erfolg nicht immer möglich (Körner, 2008, S. 62).

Der Projektleiter hat im Zusammenhang mit der Beteiligung der Projektmitglieder eine Kernfunktion inne. Körner schreibt beispielsweise dem Projektleiter die Rolle des ‚Bewegers' zu, der sich der Herausforderung stellen muss, das Projekt erfolgreich zu verwirklichen und zu verhindern, dass es ‚im Treibsand steckenbleibt'.

„Projektleiter können Andere für das ‚Projekt' einspannen, sie können bei der Überwindung von Trägheit durch den geschickten Einsatz von Symbolen oder hierarchischen Anweisungen eine Hebelwirkung nutzen, sie können das Feuer großer Gruppen entfachen – aber letztlich bleibt es ihre Aufgabe, diese Veränderungs- und Erneuerungsenergie beizubringen" (Körner, 2008, S. 64).

Der Projektleiter kann die Teammitglieder durch viel diplomatisches Geschick, Durchhaltevermögen, Eigenmotivation und deren Zurückspiegelung nicht nur motivieren, die Akzeptanz steigern und zu aktiv Beteiligten machen, sondern gar zu ‚Intrapreneuren'[20] machen, die im Sinne des Projekts handeln und für ein gemeinsames Ziel kämpfen. Auch das Management hat einen großen Beitrag zu leisten, indem es nicht nur um das Veränderungsvorhaben wirbt und die Ziele und Strategie transparent widerspiegelt – es muss den Projektmitgliedern den Sinn des ganzen Projektvorhabens vermitteln. Die Unterstützung und das Engagement seitens des Managements führt zu einem Gefühl von Vertrauen und Sicherheit, was zur Folge hat, dass bei Mitarbeitern Blockaden und Ängste erst gar nicht entstehen, sondern diese sich von Beginn ernst genommen und als Bestandteil des Projekts fühlen. Dies wiederum führt zu einer erhöhten Identität und Integrität der Mitarbeiter gegenüber dem Projektvorhaben (Schuh, 2008, S. 78; Körner, 2008, S. 64).

3.6.2 Widerstände

In den vorhergehenden Kapiteln wurde das Potenzial der Projektkommunikation, die Einbindung der Stakeholder in das Projektgeschehen sowie die Rolle des Projektleiters näher erörtert. Besonders zentral war der Tatbestand, dass unterschiedliche Faktoren wesentlich zum Erfolg eines Projekts beitragen können, da sie Projektmitglieder zu aktiven Beteiligten machen. Da jedoch das Unternehmensgeschehen durch stetige Interaktionsprozesse zwischen den Projektbeteiligten geprägt ist, die stark an der Veränderung des Unternehmens beteiligt sind, können Projektbeteiligte nicht nur projektfördernden Einfluss ausüben. Viele Variablen kommen hier ins Spiel, die Einfluss auf den Veränderungsgrad haben und sich somit sowohl positiv als auch durch pathologische Effekte auf den Projekterfolg auswirken (Schuh, 2006, S. 75).

Pathologische Effekte resultieren aus Widerständen von Individuen, die im unternehmerischen Kontext und in Projekten im Rahmen von Veränderungsvorgaben entstehen. Der Ursprung von Widerständen lässt sich auch auf die Komplexität von Systemen zurückführen, die aus einer Vielzahl von Akteuren zusammengesetzt sind und in stetiger Interaktion zueinander stehen. Demgegenüber stehen unterschiedliche Einstellungen, Charaktere mit unterschiedlichen Verhaltensweisen, welche oftmals divergierende Ziele verfolgen und zu widersprüchlichen Situationen führen. „Unter Widerstand wird eine im Wesentlichen emotionale Sperre verstanden, die Organisationsmitglieder und Systeme gegen Veränderungen aufbauen." (Schuh, 2006, S. 76). Ursachen von Widerständen können kultureller Natur sein, indem Individuen sich auf die in der Vergangenheit basierenden Erfahrungen beziehen und dem entsprechend Werte und

---

[20] „Ein Intrapreneur verbindet sein Schicksal so mit seiner Tätigkeit im Unternehmen – also hier seinem Projekt – wie ein Entrepreneur (Unternehmer) seine Existenz mit der seiner Firma verbindet" (Körner, 2008, S. 64)

Traditionen bilden. Ein „[…] sozialer Widerstand erfolgt aus der Bedrohung etablierter Beziehungen, organisatorischer Widerstand entsteht bei der Änderung formaler Regeln, individueller Machtbereiche oder Einflüsse und psychologischer Widerstand ist die Folge einer selektiven Wahrnehmung, die Veränderung als völlig unnötig betrachtet und so Konservatismus und Konformität unterstützt" (Schuh, 2006, S. 76).

Weitere Gründe für Widerstände können aus einer festen Verankerung von Gewohnheiten entstehen, der Resistenz gegenüber Veränderungen durch die Befürchtung einer nachteiligen Entwicklung zur bisherigen Situation, wie beispielsweise Umverteilungen von Macht, und dem daraus resultierenden Verlust an Sicherheit oder einer unzureichenden Wahrnehmung der zu verändernden Ausgangslage, die auf eine unzureichende oder falsch adressierte Information zurückzuführen ist. Der bereits in den vorhergehenden Kapiteln erörterte Handlungsbegriff von Anthony Giddens trifft auch im Zusammenhang mit der Entstehung von Widerständen zu. Zum einen vollführen Individuen intentional Handlungen, die bewusst oder reflexiv geschehen und begründet werden können „und zwar sowohl in seinem Sinn als auch in seinen Konsequenzen; dieser Aspekt wird mit ‚Handlungsrationalisierung' bezeichnet", „[…] andererseits ist in dem Handeln auch die Kontingenz menschlichen Handelns enthalten, die besagt, dass durch das Handeln unintendierte Effekte erzeugt werden, deren sich der Akteur nicht bewusst ist und die er deshalb auch nicht explizit in sein Kalkül einbezieht" (Baumöl, 2008, S. 97).

Giddens' Erklärung des Handlungsbegriffs macht die Interaktionen von Individuen im Unternehmen transparenter und interpretierbar, indem er die Wirkungszusammenhänge und daraus entstehende Strukturen und Handlungen erklärt. Da wir Menschen unsere eigene Wirklichkeit anhand von Erlebtem und Erlerntem definieren, bestimmen unsere in der Vergangenheit gesammelten Erfahrungen mitunter unser bewusstes oder unbewusstes Handeln. Unbewusstes Handeln hat den Schwierigkeitsfaktor, dass ein Ergebnis einer Handlung nicht vorhersagbar und demnach nicht interpretierbar ist. Dieser Umstand erschwert ein Eingreifen bzw. Gegensteuern bei Widerständen, da die Beweggründe für bestimmte Verhaltensweisen der Projektbeteiligten oftmals unklar sind. Gerade hier ist ein besseres Verständnis der Verhaltensweisen von Mitarbeitern notwendig, um Hintergründe mit Handlungen verknüpfen und interpretieren zu können (Haager, 2006, S. 5 f; Baumöl, 2008, S. 98).

Da bereits gebildete Meinungen und Einstellungen nicht durch eine Anordnung verändert werden können, gilt es, Projektmitarbeiter zu aktiven Beteiligten zu machen, durch die Möglichkeit der Partizipation, eine bedarfsgerechte Informationszufuhr und die Einbeziehung in Strategie- und Zieldefinition zu schaffen. Ein weiterer wichtiger Aspekt neben der Einbindung von Mitarbeitern ist „die Möglichkeit (aber auch die Herausforderung), die Kompetenz bzw. das Wissen, das im praktischen Bewusstsein gespeichert ist, wieder in das diskursive Bewusstsein ‚zurückzuholen', um so eine bewusste Reflexion des Handelns im Veränderungskontext zu ermöglichen" (Baumöl, 2008, S. 99). Ein gut funktionierender Feedbackprozess ermöglich an dieser Stellen das Einbringen von Wissen und durch den Austausch mit anderen Projektmitgliedern das Replizieren von neu Erlerntem (Schein, 2010, S. 51 ff.).

Die große Kunst besteht darin, den Kern des Widerstandes zu ergründen und entgegenwirkende Maßnahmen, die zu einer Vermeidung von Widerständen führen, abzuleiten. Hierbei ist die Vorgehensweise von entscheidender Bedeutung. Das Entgegenwirken auf Widerstände lässt sich nicht durch die Machtausübung oder den Einsatz eines Top-down Prinzips erreichen. Widerstände, die keine Berücksichtigung des Projektleiters oder des Topmanagements erfahren, können Verunsicherung oder Angst und letztlich das Scheitern eines Projekts zur Folge haben. Auch die Auswahl einer passenden Projektorganisation sowie die Kommunikation der Inhalte sind wichtig, um den Projektbeteiligten zeitgerecht den eigenen Aufgaben- und Verantwortungsbereich näher zu bringen. Diese Vorgehensweise hat zur Folge, dass eine höhere Akzeptanz für das Veränderungsprojekt geschaffen wird und Projektmitglieder beginnen, sich mit den Projektinhalten auseinanderzusetzen, Ziele zu verinnerlichen und als ihre eigenen anzunehmen. Gerade in diesem Zusammenhang kommt der Projektleiter zum Zuge. Der Projektleiter als ‚Beweger' kann dem Widerstand der Beteiligten entgegenwirken und durch das Vermitteln des großen Ganzen einen Anteil der Komplexität reduzieren. Mitarbeiter, die die Möglichkeit haben Zusammenhänge zu verstehen, entwickeln somit ein besseres Verständnis für das Vorhaben, setzen Aufgaben effektiver um, entwickeln eine Problemlösungskompetenz und identifizieren sich mit dem Projekt (Schuh, 2006, S. 73 ff). Schuh hat an dieser Stelle folgende Faktoren definiert, die durch die Einbindung der Mitarbeiter zum Erfolg und der Umsetzung von Veränderungsvorhaben führen: „Topmanagement Engagement, Motivation und Akzeptanz, Teamstruktur sowie Konfliktmanagement" (Schuh, 2006, S. 77).

3.7 Empirische Betrachtung

Changemanagement ist heutzutage eines der Kernthemen in Unternehmen. Durch die Globalisierung und den stetigen Wandel, sind Unternehmen bestrebt, ihre Strategie den turbulenten Marktverhältnissen anzupassen, um durch eine kontinuierliche Adaption wettbewerbsfähig zu bleiben. Allerdings bringen Vorhaben, um Veränderungsprozesse voranzutreiben und die Flexibilität des Unternehmens zu fördern, Probleme mit sich, da der Erfolg eines Veränderungsprojekts oftmals von vielen unterschiedlichen Einflussgrößen abhängt.

Im Rahmen der hier vorliegenden Studie wurde das Unterfangen gestartet, die Wirkung von Einflussgrößen auf den Erfolg von Changemanagement in IT-Projekten näher zu durchleuchten. Ferner sollen Faktoren, die den Erfolg von Projektmanagement in Veränderungsprojekten stützen, untersucht und unterschiedliche Wirkungszusammenhänge näher betrachtet werden, die förderlich für Veränderungsprozesse sind. Dieses Kapitel soll anhand der empirischen Erhebung die theoretische Grundlage erweitern und die Möglichkeit für Handlungsempfehlungen eröffnen.

3.7.1 Untersuchungsdesign und Datenerhebung

Mit Hilfe dieser empirischen Studie wird der Versuch unternommen, durch praxisnahe Erfahrungen den theoretischen Rahmen abzurunden. Des Weiteren sollen Einflussgrößen, die zu einer höheren Akzeptanz und somit zum Erfolg von Veränderungsprojekten führen, in Augenschein genommen werden. Dabei wird das Thema aus zwei Forschungsperspektiven beleuchtet. Der empirische Teil dieser Studie basiert zunächst auf einer quantitativen Umfrage im Sinne einer Standortbestimmung. Diese wurde mit Hilfe eines Fragebogens mit insgesamt 61 Fragen vorwiegend bei Managern in leitenden Positionen oder Beratungsunternehmen durchgeführt.

Der erarbeitete Fragebogen wurde in teilstandardisierter Form gestaltet, wobei Fragen aus den Kategorien Prozessqualität und Projektsteuerung, Führungsqualität, kulturelle und strukturelle Effekte, Kommunikation und zum Changemanagement in IT-Projekten zusammengestellt waren. Die Datenerhebung wurde in anonymisierter und vertraulicher Form, über die Einstellung im Internet, durchgeführt. Durch Teilnehmer aus unterschiedlichen Bereichen sollten Situationen aus unterschiedlichen Unternehmen einfließen.

Nach Abschluss dieser Erhebung wurde eine zweite qualitative Untersuchung durchgeführt. Durch die qualitative Datenerhebung sollten die aus der Theorie und der quantitativen Erhebung abgeleiteten Annahmen hinterfragt und geöffnet werden. Die Befragung wurde in Form eines aus insgesamt 13 vorformulierten Fragen bestehenden Interviews durchgeführt, wobei der Fragebogen als nicht standardisiertes Leitfadeninterview gestaltet war, um dem Befragten genügend Raum für Antworten zu bieten. Somit konnten die Befragten Einschätzungen, Meinungen und Interpretationen frei äußern und über „Issues" (Themen- und Problemfelder) aus der Praxis berichten. Ziel dieses Teils der Studie ist, vor allem die prospektive Erhebung der Bedeutung des Changemanagements für Organisationen in Bezug auf die Innovationsfähigkeit, Effizienz und Wettbewerbsfähigkeit. Es sollten einerseits aktuell eingesetzte Methoden für die Bildung der Akzeptanz für Veränderungsprozesse erhoben und andererseits die Einschätzung des Erfolges von Projekten in Korrelation mit Veränderungen in IT-Projekten abgefragt werden. Vorrangiges Ziel der Studie ist die Ermittlung von praxisbewährten Methoden, die Basis für Handlungsempfehlungen sein und Raum für weitere Forschungsvorhaben aufzeigen sollen.

Anhand der gesammelten Daten dieser Studie sollen Rückschlüsse auf aktuelle und künftige Bedürfnisse von Organisationen und ihren Mitgliedern im Hinblick auf bereits wahrgenommene oder künftig mögliche Handlungsoptionen gezogen werden. Dabei fließen nicht nur bereits gesetzte „Fakten", sondern relevante Wirklichkeitskonstruktionen und -projektionen der beteiligten Akteure ein. Damit spiegelt die Studie den expeditiven und interpretativen Forschungsansatz der Karlshochschule sowie dessen Ziel, bislang noch unerkannte oder wenig beachtete Zusammenhänge zu identifizieren, wider (Becker, 2011).

3.7.2 Vorgehensweise bei der qualitativen Untersuchung

Die qualitative Umfrage wurde in Zusammenarbeit mit sieben ausgesuchten Spezialisten des IT-Sektors durchgeführt. Trotz der überschaubaren Anzahl an Interviewpartnern, konnte ein klarer Durchschnitt in Bezug auf Projekterfahrung in der IT, kombiniert mit Changemanagement, erreicht werden. Mit Hilfe der Ergebnisse aus der quantitativen Studie konnte ein Interviewleitfaden erstellt werden, welcher eine Fragentiefe aufweist, die eine Vertiefung der abgefragten Kriterien zulässt. Der Interviewleitfaden selbst gliedert sich in vier Themenblöcke/Dimensionen:

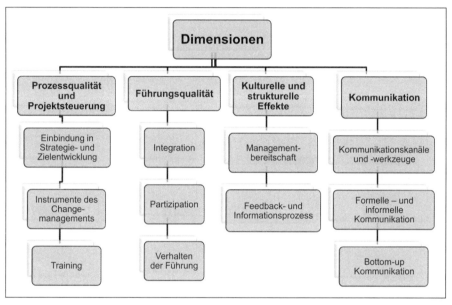

Abb. 11: Zuordnung der Hypothesen anhand von Dimensionen (Quelle: Eigene Darstellung)

Basisdaten und Ergebnisse der empirischen Untersuchung

Die in diesem Unterkapitel dargestellten Basisdaten beziehen sich auf die Auswertung der quantitativen Untersuchung, mit einer Stichprobe von 40 Unternehmen. Der Fokus dieser Studie auf IT sowie die Rücklaufquote von Befragten aus den Branchen IT und Dienstleistungen (wobei Mehrfachnennungen möglich waren) verweisen darauf, dass in den letzten drei Jahren vor allem in diesem Bereich Veränderungsprozesse stattgefunden haben. Dies wird durch die theoretische Aufarbeitung des Themas Changemanagement sowie durch Ergebnisse anderer Studien in diesem Umfeld gestützt.

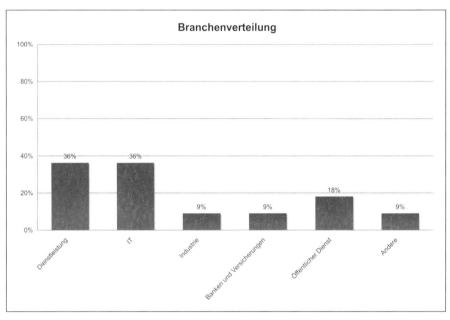

Abb. 12: Branchenverteilung der Unternehmen der Stichprobe (Quelle: Eigene Darstellung)

Die größte Anzahl der Rückläufe (36 %) stammt aus mittelgroßen Unternehmen mit 1.001-10.000 Mitarbeitern und großen Unternehmen mit mehr als 10.000 Mitarbeitern (24 %). Zum Zeitpunkt der Untersuchung beschäftigten 61 % der Unternehmen mehr als 1.000 Mitarbeiter. Die Ergebnisse zeigen, dass ab einer Unternehmensgröße von zehn Mitarbeitern bis zu einer Größe von über 10.000 Mitarbeitern, die Rückläufe mit einer zunehmenden Unternehmensgröße ansteigen. Bei Unternehmen in der Größenklasse 11-100 Mitarbeiter betrug die Rücklaufquote ca. 9 % und bei 101-1000 ca. 15 %. Dieser Sachverhalt ermöglicht den Rückschluss, dass geplante und tiefgreifende Veränderungsprozesse erst ab einer bestimmten Unternehmensgröße durchgeführt, ausgewertet und reflektiert werden.

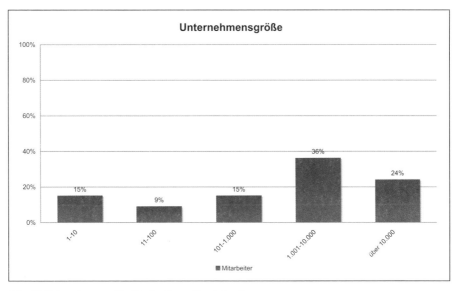

Abb. 13: Unternehmensgröße (Quelle: Eigene Darstellung)

Ein zentraler Aspekt für die Qualität der Ergebnisse ist die Auswahl der „richtigen" Ansprechpartner in den Unternehmen. Wichtig war in diesem Zusammenhang die Beantwortung der Fragen durch erfahrene Entscheidungsträger sowie der Fokus auf IT. Die Rückläufer des Fragebogens bestätigen diese Fokussierung dahingehend, dass IT ein Kernelement und wichtiger Einflussfaktor in Zusammenhang mit Change ist (41 %

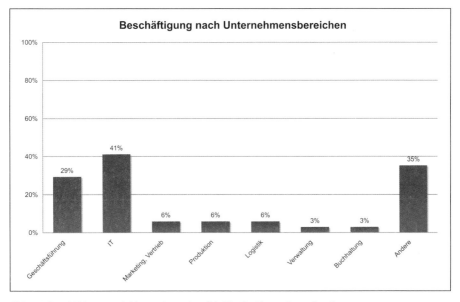

Abb. 14: Beschäftigung nach Unternehmensbereich (Quelle: Eigene Darstellung)

IT-Fachbereichsvertreter). Weitere Antworten stammen aus verschiedenen funktionalen Bereichen wie Marketing/Vertrieb (6 %), Produktion (6 %), Logistik (6 %), Verwaltung (3 %), Buchhaltung (3 %) sowie anderen Querschnitts-/Stabsfunktionen (35 %). Da bei rund 30 % der Befragten die Geschäftsleitung involviert war, ist anzunehmen, dass neben dem Einfluss der IT die obere Managementebene einen maßgeblichen Faktor darstellt.

Bezüglich der Anlässe des Changemanagements in den vergangen drei Jahren (hier schon auf IT-Projekte spezifiziert), haben sich konzern-/unternehmensweite IT-Innovationen deutlich als Hauptauslöser von Changemanagement-Projekten herauskristallisiert (71 %). Diese wurden dicht gefolgt von bereichs- bzw. abteilungsspezifischen IT-Lösungen (68 %). Weitere Auslöser für IT-Change-Projekte stellten Kostensenkungsprogramme (29 %), Internationalisierungen, eine veränderte Kundenansprache bzw. Marketingstrategie und Wachstumsinitiativen (je ein Viertel) sowie Mergers & Acquisition (18 %) und weitere Anlässe (18 %) dar. Mehrfachnennungen waren möglich.

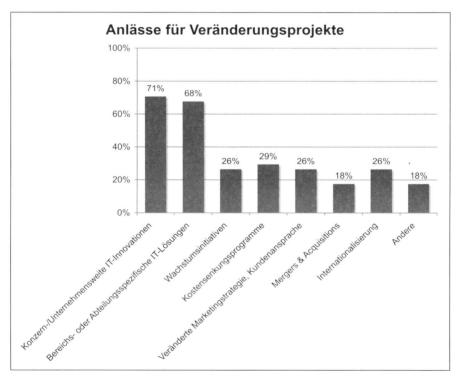

Abb. 15: Anlässe für Veränderungsprojekte (Quelle: Eigene Darstellung)

Wie bereits in der theoretischen Ausarbeitung dargestellt, wurden in Bezug auf die Literaturanalyse verschiedene Dimensionen identifiziert. Ferner erfolgte eine Spezifikation dieser Erfolgsfaktoren durch insgesamt elf Hypothesen in den verschiedenen Dimensionen. Im Folgenden werden nun die Ergebnisse der Einzelfallausprägungen der Erfolgsfaktoren aufgezeigt, die durch die quantitative Untersuchung gewonnen und mit Hilfe geeigneter statistischer Analysemethoden ausgewertet wurden. Diese Resultate werden zudem mit den Ergebnissen der qualitativen Untersuchung angereichert, kombiniert und ausgewertet. Insgesamt sollen somit nicht nur Einzelausprägungen betrachtet, sondern auch die Zusammenhänge zwischen verschiedenen qualitativen und quantitativen Variablen berücksichtigt werden. Abbildung 16 verdeutlicht die verschiedenen identifizierten Erfolgsfaktoren.

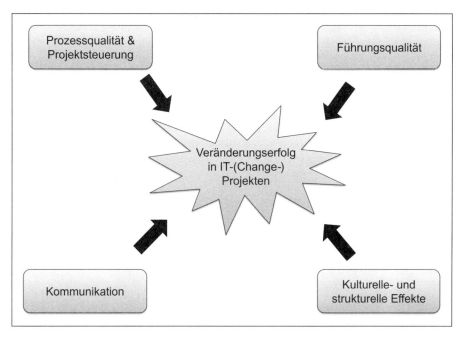

Abb. 16: Erfolgsfaktoren im Changemanagement (Quelle: Eigene Darstellung)

Die Dimension Prozessqualität und Projektsteuerung umfasst die Faktoren „Einbindung in Ziel- und Strategieentwicklung", „Instrumente des Changemanagements" sowie „Training". Diese Faktoren beeinflussen den Erfolg von Veränderungsprojekten erheblich. Um den Veränderungserfolg zu beschreiben, wurden dementsprechend Hypothesen formuliert.

Dimension 1.1. Einbindung in Ziel- und Strategieentwicklung

Aus der theoretischen Aufarbeitung des Themas wurde deutlich, dass nach der Analyse des Ist-Zustandes im nächsten Schritt die Festlegung von eindeutigen und nachvollziehbaren operationalen Zielen erfolgt. Diese Ziele sollten erreichbar und von den Beteiligten akzeptiert sein.

In einem 2009 geführten Interview gibt Kotter überdies an:

„Mit Rückblick auf eine Vielzahl von Studien der vergangenen Jahre ist uns klar geworden, dass in der Anfangsphase eines jeden Veränderungsprozesses die größten Fehler gemacht werden. Dort wird die Grundlage für alles Folgende gelegt, dort muss es gelingen, ausreichend Verständnis für die Dringlichkeit der Veränderung zu schaffen. Wir haben gelernt, dass ein gemeinsames ausgeprägtes Verständnis für diese Dringlichkeit die Schlüsselressource im Umgang mit veränderungsbedingten Problemen ist. Das muss an der Spitze der Organisation anfangen." (Kotter, 2009, S. 13)

Dimension 1: Hypothesen bezüglich Prozessqualität und Projektsteuerung

D 1.1. Einbindung in Ziel- und Strategieentwicklung
Durch einen kooperativen Führungsstil sowie durch eine eindeutige Formulierung der Ziele und Strategien wird der Veränderungserfolg von (Change in) IT-Projekten positiv beeinflusst.

D 1.2. Instrumente des Changemanagements
Der Einsatz anforderungsgerechter Instrumente durch Mitarbeiter ermöglicht die Erzielung eines höheren Veränderungserfolges.

D 1.3. Training
Die Bereitstellung zielgerichteter Trainingsmaßnahmen beeinflussen den Veränderungserfolg von (Change in) IT-Projekten positiv.

Dimension 1: Hypothesen bezüglich Prozessqualität und Projektsteuerung

In diesem Rahmen verwundert es auch wenig, dass Schlagwörter wie ‚kooperativer Führungsstil' bzw. die ‚Integration und proaktive Einbindung der Mitarbeiter' sowie die eindeutige Formulierung von Zielen und Strategien einen zentralen Stellenwert in der Ziel- und Strategieentwicklung haben.

Auf diesen Sachverhalt verweisen auch die Ergebnisse der quantitativen Untersuchung. Die Analyse der Beschäftigungsgruppen, die schwerpunktmäßig von den IT-Veränderungsprojekten betroffen waren, ergab: dass mit mehr als 70 % die IT-Abteilung und die Fach- und Produktabteilung (Endanwender der neuen IT-Systeme) in starkem Maße betroffen waren. Administratoren, Programmierer, Integratoren (Ersteller des IT-Systems) sowie Trainer und Coaches (Verantwortliche des Veränderungsprozesses) waren in ca. 50 % der Projekte auch stark betroffen. Das mittlere Management war dagegen in mehr als die Hälfte aller Fälle nicht so stark betroffen, und das Topmangement in ca. 50 % der Fälle kaum betroffen (Abbildung 21).

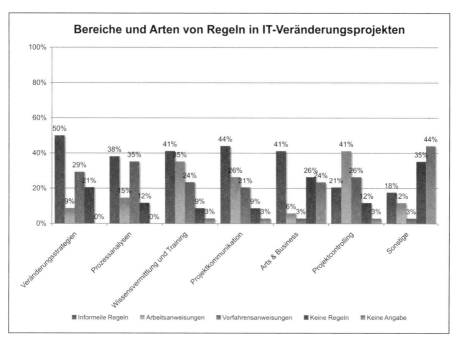

Abb. 17: Bereiche und Arten von Regeln in IT-Veränderungsprojekten (Quelle: Eigene Darstellung)

Abbildung 17 zeigt, dass kaum ein Bereich im Zusammenhang mit IT- und Veränderungsvorhaben existiert, in dem keine Regeln (formell/informell) bzw. Verfahrens- oder Arbeitsanweisungen vorherrschen, mit deren Hilfe die formulierten Ziele erreicht werden sollen. Hierbei stellen Arts & Business Methoden eine Ausnahme dar, die in Dimension 1.2. näher untersucht wird. Insgesamt kommt vor allem den informellen Regeln eine zentrale Bedeutung zu, eine Ausnahme stellt dabei das Projektcontrolling dar.

Wie Abbildung 18 zu entnehmen ist, werden die Regeln (bis auf den Bereich Arts & Business) zwar nicht immer, aber überwiegend eingehalten. Dies verweist auf die zentrale Bedeutung von Regeln zur Zielerreichung. Durch eine offene Frage im Rahmen der quantitativen Untersuchung wurden zudem die Gründe für die Einhaltung der Regeln ermittelt.

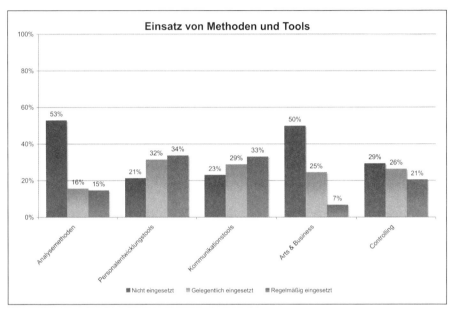

Abb. 18: Einsatz von Methoden und Tools in Veränderungsprojekten (Quelle: Eigene Darstellung)

Hier gaben die Interviewpartner an, dass Zahlen das Management natürlich interessieren. Zudem, dass Regeln nutzbringend sind und eine gute Orientierungshilfe bieten, bzw. dass durch die Regeln klare Ergebnisse (Ziele) vorgegeben werden und damit auch Sicherheit gestiftet wird. Überdies werden Missverständnisse vermieden, Wiederholungen erspart und eine effektive Koordination und Integration des Transformationsprozesses gewährleistet.

Durch die qualitative Umfrage wurde die Hypothese 1.1 einerseits bestätigt und andererseits der maßgebliche Stellenwert der Mitarbeiterbeteiligung bei der Zielformulierung betont. Auf diesen Sachverhalt wird in der Dimension „Partizipation" näher eingegangen. Hier gaben die Interviewpartner beispielsweise an, dass „die nicht leitenden Angestellten [die, wie die quantitative Auswertung zeigt, schwerpunktmäßig betroffen waren] nach Zielen gemessen" werden. Es wurden Ziele vereinbart und nach Zielerreichung gemessen. Die Zielausrichtung stellt somit besonders in Veränderungsprozessen die Basis für ein gemeinsames Verständnis und Handeln der Beteiligten dar. Zudem bilden die Zielsetzungen den Maßstab ab, an dem Lösungsvorschläge und die Umsetzung des Veränderungsvorhabens bewertet und gemessen werden können. Deswegen ist die frühzeitige Einbindung zentral, wie ein anderer Interviewpartner darlegt: „Die Leute, die es später umsetzen, müssen früh eingebunden werden und das auf allen Ebenen." [...] „Ja, das ist das Entscheidende, wenn ich nicht informiere, involviere und überzeuge, scheitern halt solche Veränderungen. Das ist schon ein ganz wichtiger Entscheidungsfaktor, bzw. Erfolgsfaktor. [...] Im Wesentlichen werden diese Prinzipien eingehalten."

Diese Beurteilung wird auch durch die quantitative Untersuchung gestützt, da mit Widerständen beispielsweise eher diskursiv (72 %) als repressiv (29 %) umgegangen wird. Zudem wird Widerständen durch Beteiligung (78 %) und Kommunikation (94 %) vorgebeugt. So auch ein Interviewpartner: Die „[...] Einbindung der Betroffenen hat eine sehr hohe Bedeutung. [...] Wenn der sich nicht beteiligt fühlt an der Zielfindung, dann würde ich sagen, ist automatisch ein Widerstand, der da aufgebaut wird." Insgesamt ist die Beteiligung der betroffenen Mitarbeiter nicht nur mit Vorteilen behaftet, aber in jedem Fall ein wichtiger Erfolgsfaktor, wie die zwei nächsten Statements zeigen:

„Einbindung von Betroffenen ist sehr wichtig. Man kann Veränderungsprojekte zwar wesentlich schneller abschließen, wenn man die Leute nicht einbindet, aber es ist die Frage, wie erfolgreich das Veränderungsprojekt dann ist."

„Ein kooperativer Führungsstil ist in so einem Falle [IT-Bereich] sehr wichtig, weil die Leute ja mehr oder weniger erwarten, eingebunden zu werden und fähig sind, diesen Entwicklungsprozess kreativ mitzugestalten."

Dies wurde auch deutlich, durch die Analyse der Veränderungsbereitschaft der Projektmitarbeiter sowie die der Belegschaft, die eher als kooperativ (Projektmitarbeiter: 70 %; Belegschaft: 33 %) bzw. als abwehrend (Projektmitarbeiter: 7 %; Belegschaft: 27 %) charakterisiert wurden.[21] Der kooperative und integrative Gesichtspunkt bei IT-Veränderungsprojekten wurde auch von einem Interviewpartner betont. Denn teilweise „setzen die Projektteams sich die Ziele auch selbst, aufgrund von übergeordneten Zielen und setzen das dann um." Dies Aussage ist auch deckungsgleich mit den im Kapitel „Führung" erörterten theoretischen Erkenntnissen.

Zusammenfassend wurde die Hypothese „Durch einen kooperativen Führungsstil sowie durch eine eindeutige Formulierung der Ziele und Strategien wird der Veränderungserfolg positiv beeinflusst" durch die quantitative und qualitative Untersuchung bestätigt.

Dimension 1.2. Instrumente des Changemanagements

Changemanagement findet in Unternehmen immer im Spannungsfeld zwischen Kreativität und Systematik bzw. Planung und Evolution statt. Auf der einen Seite erfordern Veränderungsprojekte richtungsweisende Gedanken für die zukünftigen Entwicklungen und auf der anderen Seite sollten Veränderungen einer deutlichen Logik folgen, um

---

[21] IT-Projekte sind die am häufigsten durchgeführten Projekte laut einer Studie der GPM in Zusammenarbeit mit der PA Consulting Group Deutschland. Verfügbar unter: www.gpm-ipma.de

eine Verschwendung von Ressourcen zu vermeiden. In der betrieblichen Praxis laufen Veränderungsprojekte meist parallel zu den existierenden Wertschöpfungsprozessen ab. Um Chaos zu vermeiden, ist ein spezifischer zeitlicher wie logischer Ablauf des Veränderungsprojekts von maßgeblicher Bedeutung. Entscheidend für den Veränderungserfolg sind dementsprechend eine klare Analyse des Ist-Zustandes sowie eine konsequente Planung, Umsetzung und Kontrolle der Maßnahmen.

Wie im vorangegangen Abschnitt bereits empirisch belegt wurde, existieren in den Feldern Veränderungsstrategien, Prozessanalysen, Wissensvermittlung und Training, Projektkommunikation, Arts & Business sowie im Projektcontrolling Regeln (Verfahrensanweisungen, Arbeitsanweisungen und informelle Regeln), die nicht immer, aber meistens eingehalten werden (siehe Abbildung 17 sowie Abbildung 18). Als Gründe für sporadische oder permanente Nichteinhaltung von Regeln in diesen Bereichen wurden in der quantitativen Studie folgende aufgeführt:

- Wird vom Management nicht konsequent eingefordert; eher „mach mal" Mentalität
- Fehlendes Bewusstsein für die Wichtigkeit dieser Ebenen
- Die Wichtigkeit der Verfahrensweisen wird nicht gesehen und es gibt keine Sponsoren im Topmanagement, die auf die Einhaltung achten
- Regeln sind teilweise nicht bekannt und akzeptiert
- Keine einheitlichen Regeln

Dass den Mitarbeitern die Absicht und der Nutzen nicht immer transparent sind, ist auf fehlende oder ungenügende Information und Kommunikation zurückzuführen.

Ferner wurden Changemanagement-Methoden in Bezug auf ihren Einsatz und ihre Wirkung in Projekten untersucht. Diese umfassen Analyseverfahren, Personalentwicklungs- und Kommunikationsmethoden, Arts & Business- sowie Controllingmethoden. Da die Bereiche Personalentwicklung und Kommunikation in eigenen Dimensionen (Personalentwicklung D 1.3. und Kommunikation D 2 Erfolgsfaktor Kommunikation) untersucht werden, soll an dieser Stelle nur auf deren positive Wirkung verwiesen werden (Abbildung 19). Insgesamt geben die Grafiken einen Überblick über den Einsatz von Methoden in Changemanagement-Projekten, sowie deren Wirkung. Die Auswertung der dargestellten Bereiche erfolgte auf Basis einer Berechnung von durchschnittlichen Aussagen der Teilnehmer.

Im Bereich Analysemethoden wurden der Fokus auf Change-Readiness-Assessment sowie „Change-Impact-Analyse/-Szenario" gelegt. Die Ergebnisse lassen darauf schließen, dass trotz vorhandener Analysemethoden das Bewusstsein der Teilnehmer nicht vollends für diese Methoden sensibilisiert ist. Im Bereich Analysemethoden waren 53 % der Teilnehmer der Meinung, dass die Analysemethode nicht, 15 % dass sie regelmäßig und 16 % gelegentlich in ihrem Unternehmen eingesetzt werden. Die Ergebnisse der Change-Impact-Analyse verweisen auf ein ähnliches Ergebnis.

Bei den Auswirkungen der Analysemethoden wurde keine negative Auswirkung konstatiert. Der sich hier abzeichnende positive Trend (Abbildung 19) wird von den Er-

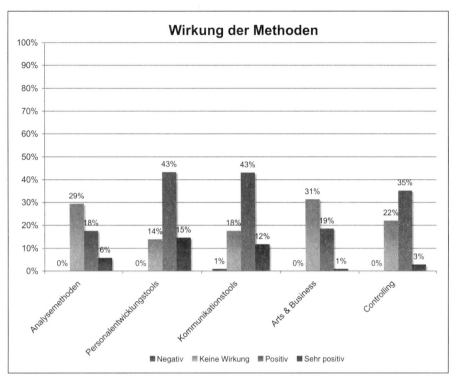

Abb. 19: Wirkung von Methoden des Changemanagements (Quelle: Eigene Darstellung)

gebnissen der qualitativen Untersuchung gestützt. Die Interviewpartner gaben in diesem Zusammenhang an, dass eine sehr klare Ist-Analyse, eine Prozessanalyse, ein systemischer und integrativer Ansatz sowie das teamorientierte Arbeiten und eine Einbindung der Betroffenen durch den Einsatz von Kommunikationsmitteln eine positive Wirkung auf den Erfolg von Changemanagement-Projekten haben. Ferner wurden in diesem Zusammenhang Tools wie „Architektur integrierter Informationssysteme (ARIS)" und leitfadenorientierte IT-Tools wie „Information Technology Infrastructure Library (ITIL)" sowie Projektmanagementtools etc. als unterstützende Methoden genannt.

Im Bereich Arts & Business wurden Methoden wie Kreativitätstechniken und Change Story/Storytelling untersucht. Diese Methoden werden durchschnittlich mit 50 % nicht, von 25 % gelegentlich und von 7 % regelmäßig eingesetzt. Die Ergebnisse zeigen, dass diese Methoden keine negativen Wirkungen aufweisen. Insgesamt verzeichnete der überwiegende Teil der Befragten (19 %) eine positive Wirkung. Dem steht entgegen, dass ein signifikanter Anteil (31 %) keine Wirkung der Methoden konstatiert. Die hohe Nichtbeteiligung bei dieser Frage (51 %) und die Zuordnung zur Aussage „nicht eingesetzt", lassen zudem vermuten, dass Art & Business Methoden unterstützend im Changemanagement in IT-Projekten nicht weit verbreitet sind (und folglich auch wenig Erfahrung damit vorhanden sein dürfte).

Controlling-Methoden enthielten als Maßstab das „Change Monitoring und Controlling". Jeweils 21 % der Befragten setzen Change Monitoring/Controlling-Methoden regelmäßig ein. Jeweils ein Viertel (26 %) setzen solche Methoden nur gelegentlich oder gar nicht ein. Auch bei den Controlling-Methoden konnte keine negative Wirkung konstatiert werden. Durchschnittlich gaben 38 % der Befragten eine positive Wirkung und 22 % keine Wirkung an, 40 % enthielten sich auch hier jeder Aussage. Die qualitative Umfrage ergab in diesem Bereich, dass:

- „Eine durchgängige und übergreifende Steuerung fehlt und nicht wahrgenommen wird."
- „Veränderungsstrategien nicht verordnet werden können, Prozessanalysen und Projektcontrolling als zu lästig und zu aufwendig wahrgenommen werden."
- „Kein konsequentes Monitoring der Regeln und Verfahren vorherrscht – grundsätzliche ‚wir wursteln uns durch' Mentalität."
- „Bezogen auf organisatorische Veränderungen, gehen die natürlich immer von der Hausleitung aus, auf das mittlere Management, untere Management und auf die Mitarbeiter. In der Regel nimmt die Begeisterung von oben nach unten ab."

Zusammenfassend wurden folgende weitere Methoden, die in Changeprojekten verwendet werden, aufgeführt (sonstige):

- Interaktive Change-Impact-Analysen und Workshops
- Workshops zur Mitarbeiterbeteiligung, Personalratseinbindung
- Standardmethoden des Projektcontrolling
- Six Sigma
- Failure Mode and Effects Analysis (FMEA)
- Organisational Changemanagement
- Process Enterprise Maturity
- Stakeholder-Analyse
- Risikoanalyse/Risikobewertung
- Vorgehensmodell Bauwesen
- Kontinuierliche Evaluation
- Internationale Prozess-Communities
- Ad-hoc Gespräche
- Prototyping
- Präsentationen für ausgewählte Anwender
- Job Rotation während der Pilotphase

Es fällt auf, dass bei den hier genannten Methoden Redundanzen mit den oben genannten auftreten. Somit kann vermutet werden, dass die Akzeptanz bzw. die Kenntnisse im Bereich des Changemanagements nicht immer hinreichend sind. Ferner verweist der hohe Anteil informeller Regeln in diesem Bereich (Abbildung 17) auf mögliche Defizite im systematischen Vorgehen und auf einen nicht hinreichenden Einsatz von Verfahrens- und Arbeitsanweisungen. Ein Interviewpartner gab an, es bestehe ein Defizit an konsequentem Monitoring der Regeln und Verfahren. Der hohe Anteil der Aussage „keine Wirkung" in diesem Bereich könnte auch hierauf zurückzuführen sein.

Abschließend kann man im Bereich Controlling anmerken, dass nur wenige Unternehmen systematisch Tools zum Veränderungscontrolling einsetzen, um ihre Ziele konsequent zu messen, Abweichungen zu ermitteln und, falls nötig, Korrekturmaßnahmen einzuleiten. Insgesamt wurde in diesem Zusammenhang ermittelt, dass Produktivitätsveränderungen nur zu 42 % anhand von Kennzahlen gemessen werden. Rund 32 % der Befragten gaben an, dass keine Messungen durchgeführt werden und 26 % führten Messungen anhand von Schätzungen durch.

Die Hypothese „Der Einsatz anforderungsgerechter Instrumente durch Mitarbeiter ermöglicht die Erzielung eines höheren Veränderungserfolges" wurde von der quantitativen sowie von der qualitativen Umfrage bestätigt.

Dimension 1.3. Training

Ein zentraler Grundpfeiler für die Planung sowie die Durchführung von Veränderungsprojekten stellen Kenntnisse, Fähigkeiten und erlebte Erfahrungen im Umgang mit ähnlichen Situationen dar. Dieser kann insbesondere durch Workshops, Seminare sowie spezielle Trainingsmethoden integriert und den Beteiligten zugänglich gemacht werden.

Das Training von Mitarbeitern wird hier als eine zielorientierte Wissensvermittlung von Kompetenzen und Know-how verstanden sowie Verhaltensweisen im sozialen Kontext, die sich spezifisch auf Fachbereiche und Methoden beziehen.

Das Ergebnis von Trainingsmaßnahmen spiegelt sich in einer höheren Sensibilisierung der Mitarbeiter für Veränderungsprozesse, einer steigenden Qualifizierung in den Arbeitsbereichen sowie einer niedrigeren Rate von Widerständen und letztlich in einer höheren Motivation der Mitarbeiter wider. Im Rahmen der quantitativen Auswertung wurde festgestellt, dass lediglich 46 % der befragten Unternehmen eine Analyse hinsichtlich des Fortbildungs- und Trainingsbedarfs ihrer Mitarbeiter durchführten. Auch eine Bedarfsanalyse wurde nur bei knapp über der Hälfte der befragten Organisationen durchgeführt. In rund 40 % der Fälle bestand mehr Fortbildungs- bzw. Trainingsbedarf als ermittelt wurde. So gab auch ein Interviewpartner in der qualitativen Umfrage an: „Schulung war im Endeffekt ein Tageskurs, in dem wir die Sachen durchhecheln durften, mehr durften wir nicht machen. Das war auch ein ganz großer Fehler."

In den untersuchten Unternehmen wurden verschiedene Personal- bzw. Organisationsentwicklungsmethoden, wie „Lernende Organisation", Trainings, Workshops und Schulungen untersucht. Hier gaben durchschnittlich 90 % der Befragten an, dass sich Fortbildungsmaßnahmen positiv auf den Erfolg von Veränderungsprojekten auswirken.

Trainings, Workshops und Schulungen wurden von 67 % regelmäßig und von 30 % gelegentlich in Veränderungsprojekten eingesetzt. Insgesamt haben 97 % der Befragten diesen Methoden eine positive Wirkung zugemessen. Ferner ergab die qualitative Auswertung der Studie, dass „gerade solche Veränderungsprozesse, die auch das Arbeiten der Leute betreffen, durch entsprechende Schulungen und Maßnahmen [zur] Teamfindung [begleitet werden sollten]".

Methoden, die sich unter dem Ziel der „Lernenden Organisation" subsummieren lassen, wurden allerdings nur von ca. 50 % der Befragten regelmäßig oder gelegentlich eingesetzt. Von den Beteiligten, die sich auf „Lernende Organisation" berufen, bestätigten 57 % eine positive Wirkung auf das Veränderungsvorhaben. Die restlichen 43 % standen der „Lernenden Organisation" keine positiven Effekte zu. Dies lässt darauf schließen, dass die Korrelation zwischen Trainingsmaßnahmen sowie der „Lernenden Organisation" und der steigenden Bedeutung der Verknüpfung beider nicht vollends erkannt und in Unternehmen gelebt wird. Wie bereits im Verlauf der Studie behandelt wurde, ist ein kontinuierlicher Feedbackprozess, der die Einbindung von Trainingsmaßnahmen in den fortlaufenden Unternehmensablauf vorsieht, von zentraler Bedeutung für den Erfolg dieser Projekte. Gerade in Veränderungsvorhaben sollten Wechselwirkungen und deren Auswirkungen auf vergangene oder zukünftige Veränderungsprojekte berücksichtigt und kontinuierlich als Veränderungsmaßnahmen verankert werden, um dem Ziel einer „Lernenden Organisation" näher zu kommen.

Insgesamt wurde die Hypothese „Die Bereitstellung zielgerichteter Trainingsmaßnahmen beeinflusst den Veränderungserfolg positiv" von der qualitativen sowie von der quantitativen Studie bestätigt.

Dimension 2.1. Integration der Handlungsfelder

Gravierende Veränderungen in Unternehmen betreffen oft alle bzw. zumindest einen Großteil der Funktions- und Organisationsbereiche eines Unternehmens. Abbildung 16 verdeutlicht die Hauptgründe, die in den vergangen drei Jahren bei den untersuchten Unternehmen zu Veränderungen führten. Die hohe Anzahl von Mehrfachnennungen verweist darauf, dass im Rahmen dieser Veränderungsmaßnahmen verschiedene Handlungsfelder gleichzeitig bearbeitet wurden (durchschnittlich drei), wobei davon ausgegangen werden kann, dass zwischen diesen Handlungsfeldern unterschiedlich stark ausgeprägte wechselseitige Beziehungen bestanden haben (Vahs/Leiser, 2003, S. 47). Insbesondere der Wandel zweiter Ordnung bedingt laut Expertenmeinung die

---

Dimension 2: Hypothesen bezüglich Führungsqualität

D 2.1. Integration der Handlungsfelder
Die Integration der Handlungsfelder Veränderungsmanagement und IT beeinflusst den Veränderungserfolg positiv.

D 2.2. Partizipation
Der Grad der Partizipation beeinflusst den Veränderungserfolg von IT-Projekten positiv.

D 2.3. Verhalten der Führung
Je kooperativer Führungskräfte ihre Führungsaufgaben in Veränderungsprojekten wahrnehmen, desto höher ist der Veränderungserfolg in IT-Projekten.

Dimension 2: Hypothesen bezüglich Führungsqualität

Beachtung der Interdependenzen zwischen den verschiedenen Handlungsfeldern (Doppler/Lauterburg, 2002, S. 152 ff.). Wenn menschlichen bzw. zwischenmenschlichen Aspekten nicht genügend Aufmerksamkeit geschenkt wird, kann dies negative Auswirkungen auf das Veränderungsprojekt haben. Ähnlich kann auch die Vernachlässigung von organisatorischen oder technischen Voraussetzungen das Veränderungsvorhaben gefährden. Wie Abbildung 20 aufzeigt, fand in fast einem Drittel (28 %) der Fälle keine gemeinsame Planung und Durchführung von IT und Veränderung in Unternehmen statt. Bei einem Viertel (25 %) der befragten Unternehmen stellte Veränderungsmanagement zwar ein Arbeitspaket des IT-Projekts dar, allerdings wurden keine Verantwortlichkeiten benannt. Daraus kann geschlossen werden, dass bei fast einem Drittel (oder fast der Hälfte) der Unternehmen noch Handlungsbedarf hinsichtlich der Integration des Kernhandlungsfeldes Veränderungsmanagement besteht.

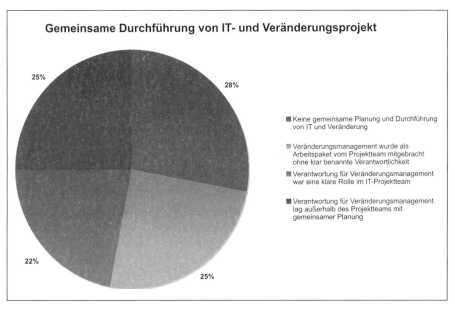

Abb. 20: Gemeinsame Durchführung von IT- und Veränderungsprojekt (Quelle: Eigene Darstellung)

Des Weiteren betonten die im Rahmen der Studie befragten Unternehmen, besonders in der qualitativen Umfrage, den zentralen Stellenwert der Berücksichtigung der Mitarbeiterinteressen. Dies wurde durch die Erläuterung der Ergebnisse der qualitativen Untersuchung im Punkt „Einbindung in Ziel- und Strategieentwicklung" sowie durch die Ergebnisse der Untersuchung des Erfolgsfaktors „Partizipation" deutlich. Besonders auf Projektebene wurden die Mitarbeiter, wie Abbildung 21 zeigt, stark eingebunden. Im Bereich der Endanwender der IT-Systeme lässt sich allerdings eine erhebliche Diskrepanz zwischen „Betroffenheit" und „Einbindung" im Veränderungsprozess feststellen. Dieser Sachverhalt wird in Abbildung 21 grafisch veranschaulicht und im Punkt „Partizipation" näher beschrieben. Insgesamt gab aber keiner der befragten Teilnehmer an, dass die Interessen ihrer Mitarbeiter nicht berücksichtigt wurden.

Dimension 2.2. Partizipation

Mit „Partizipation" wird allgemein die Einbeziehung aller Betroffenen in den Veränderungsprozess beschrieben. Idealerweise beginnt die Beteiligung bei der Analyse des Ist-Zustandes, vollzieht sich über die Konzeption bis hin zur Umsetzung sowie der Nacharbeitung und beschreibt somit den gesamten Lebenszyklus des Veränderungsprojekts.

„Partizipation" ist einer der Kernfaktoren des Changemanagements, da die zielgerichtete Gestaltung des Unternehmenswandels auch eine Änderung des menschlichen sowie zwischenmenschlichen Verhaltens bedeutet. Mit seinen so genannten „Studien zur Speiseabscheu" (Veröffentlichung 1947) während des 2. Weltkrieges legte Lewin den Grundstein der Disziplin der Organisationsentwicklung, dem eine wesentliche Rolle im heutigen Changemanagement zukommt. Auch neuere Studien zeigen, dass „Partizipation" ein Kernproblem bei der Implementierung von Veränderungsmaßnahmen darstellt, bezüglich der Überwindung mentaler Barrieren oder der Bereitschaft, den Wandel aktiv zu unterstützen und zu tragen.

Somit ist auch die Hypothese naheliegend, dass eine aktive Beteiligung der Betroffenen an der Konzipierung und Umsetzung der Veränderungen sich positiv auf deren Motivation und Arbeitszufriedenheit sowie die Akzeptanz der umzusetzenden Maßnahmen auswirkt. Zusätzlich lässt sich das fachliche Wissen der Betroffenen für den Veränderungsprozess nutzbar machen, indem die Betroffenen durch Partizipation zu aktiv Beteiligten gemacht werden.

Den positiven Effekten stehen allerdings auch negative gegenüber. In diesem Rahmen kann bei zunehmender Beteiligung der Zeitbedarf für Kommunikation und Abstimmungen steigen, und somit letztendlich auch die direkten Kosten des Veränderungsvorhabens. Durch das Unterlassen von Partizipation können nicht unerhebliche Opportunitätskosten entstehen. Ein weiterer potenziell negativer Effekt von erhöhter Partizipation kann bei nicht angemessener Führung respektive Moderation durch (kontraproduktive) Konflikte entstehen.

Somit stellt sich die Frage, inwieweit die untersuchten Unternehmen ihre betroffenen Mitarbeitergruppen aktiv in den Veränderungsprozess eingebunden und beteiligt haben. Abbildung 21 verdeutlicht den prozentualen Anteil an Beteiligung der von den Veränderungsprojekten beteiligten bzw. betroffenen Beschäftigungsgruppen.

Aufgrund der Fokussierung auf IT-Veränderungsprojekte zeigt sich, dass die IT-Abteilungen sowie die Ersteller des IT-Systems maßgeblich von den Veränderungsprojekten betroffen waren. Hier gaben rund die Hälfte (bei Erstellern der IT-Systeme 23 %) der Befragten an, dass die IT-Abteilung mit mehr als 90 % von den Veränderungsprojekten betroffen war. Dementsprechend konnte in diesen beiden Bereichen auch ein hoher Beteiligungsgrad konstatiert werden. Fast 50 % gaben an, dass die IT-Abteilung (41 % Ersteller des IT-Systems) mit mehr als 50 % an den Veränderungsprojekten beteiligt war.

Wie die Auswertung der quantitativen Umfrage zeigt, war das Topmanagement zu einem geringeren Anteil von den Veränderungsprojekten betroffen. Hier nannten fast

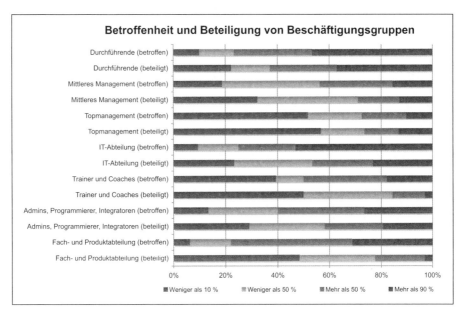

Abb. 21: Betroffenheit und Beteiligung von Beschäftigungsgruppen (Quelle: Eigene Darstellung)

44 % der Befragten, dass das Topmanagement mit weniger als 10 % von den Veränderungen betroffen war. Die Beteiligung des Topmanagements am Veränderungsvorhaben entspricht in etwa der Betroffenheit dieser Gruppe. In diesem Rahmen sprachen 50 % der Befragten dem Topmanagement eine Beteiligung von weniger als 10 % am Veränderungsvorhaben zu. Im Gegensatz dazu konnte auf der mittleren Managementebene eine höhere Betroffenheit der Veränderungsvorhaben festgestellt werden. Rund 40 % gaben an, dass das mittlere Management mit mehr als 50 % von den Veränderungen betroffen war. Die Beteiligung dieser Gruppe wurde von 26 % der Befragten mit mehr als 50 % und von fast 64 % Befragten mit weniger als 50 % angegeben.

Projektmitarbeiter sowie die Endanwender der IT-Systeme stellten die Beschäftigungsgruppen dar, bei denen 73 % der Befragten angaben, mit mehr als 50 % von den Veränderungen betroffen gewesen zu sein.

Im Gegensatz zu den Projektmitarbeitern wurden die Endanwender allerdings nur zu einem geringen Anteil in das Veränderungsprojekt eingebunden. Rund die Hälfte der Befragten gab an, dass bei dieser Gruppe die Beteiligung weniger als 10 % betrug. Die Projektmitarbeiter (Durchführende) wurden hingegen, wie 49 % der Befragten aussagten, mit mehr als 50 % in das Veränderungsprojekt eingebunden.

Hieraus können mehrere Schlussfolgerungen gezogen werden:

Erstens, dass Veränderungsprojekte von der Spitze des Unternehmens losgetreten werden und die unteren (leitenden) Positionen schwerpunktmäßig von den Veränderungen betroffen sind. Somit können die mittleren und unteren Hierarchieebenen in erster Linie als Träger des Wandels identifiziert werden. Dieser Sachverhalt wurde auch in der qualitativen Untersuchung durch Statements, wie „die unteren leitenden Positionen sind sehr stark betroffen" hervorgehoben. Die höhere Einbindung des mittleren Managements, der Verantwortlichen für den Veränderungsprozess sowie der Projektmitarbeiter unterstreichen diesen Sachverhalt ebenfalls.

Zweitens kann die mindere Einbindung der Endanwender in den Veränderungsprozess als ein erfolgshemmender Faktor betrachtet werden. Abbildung 22 verdeutlicht dies, indem die Veränderungsbereitschaft der Projektmitarbeiter mit der der Belegschaft gegenübergestellt wird.

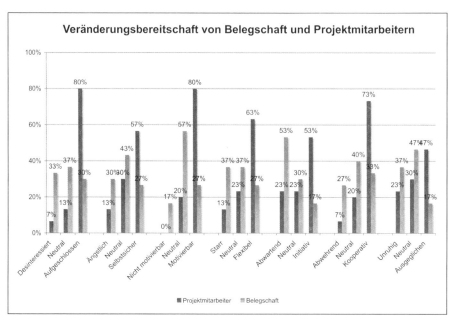

Abb. 22: Veränderungsbereitschaft von Belegschaft und Projektmitarbeitern (Quelle: Eigene Darstellung)

In diesem Kontext wird deutlich, dass bei den Projektmitarbeitern, die überwiegend in den Veränderungsprozess einbezogen werden, die positiven Attribute durchgängig überwiegen. Bei der Belegschaft hingegen überwiegen durchschnittlich die Negativen, wobei die Attribute „motivierbar" und „kooperativ" eine Ausnahme bilden. Dies könnte darauf verweisen, dass, obwohl die Belegschaft eher als „motivierbar" und „kooperativ" charakterisiert wird, diese in den befragten Unternehmen nicht ausreichend in Veränderungsprojekte eingebunden wird.

Eine unzureichende Analyse des Fortbildungs- und Trainingsbedarfs der Mitarbeiter könnte auch als ein Faktor gesehen werden, der die Einstellungen der Belegschaft möglicherweise in eine Ausprägung von Fatalismus verstärkt. Die positive Wirkung des

Erfolgsfaktors „Partizipation" konnte zudem durch die qualitative Untersuchung eindrücklich gestützt werden. Die Aussagen der Interviewpartner waren hierbei wie folgt:

- „Ja, das ist das Entscheidende, wenn ich die nicht informiere, involviere und überzeuge, scheitern halt solche Veränderungen."
- „Ihnen [den Mitarbeitern] das Gefühl geben, dass sie auch mitentscheiden können und wollen."
- „Wo persönliche Interessen tangiert sind, sind sie auch zu beteiligen und deren Meinung zu hören und wenn es möglich ist, auch darauf Rücksicht zu nehmen. […] Das ist sicherlich ein wichtiger Prozess, die Mitarbeiter hier einzubinden und zu beteiligen."
- „[…] betroffene Mitarbeiter, die in diesem Veränderungsprozess nachher arbeiten müssen, sind auf jeden Fall mitzunehmen."
- „Einbindung von Betroffenen ist sehr wichtig."

Insgesamt kann durch diese Stichprobe festgestellt werden, dass „Partizipation" ein entscheidender Erfolgsfaktor in IT-Changemanagement-Projekten ist. Ferner stellt „Partizipation" ein zentrales Element dar, das die mentalen Einstellungen der Mitarbeiter zum Veränderungsprozess prägt. Wie die Analyse aufzeigt, werden in der Praxis besonders die Beschäftigungsgruppen der mittleren und unteren Hierarchieebenen, insbesondere der Projektebene, in den Veränderungsprozess eingebunden. Den Endanwendern bzw. der Belegschaft kommt in diesem Zusammenhang kaum Aufmerksamkeit zuteil.

Dimension 2.3. Verhalten der Führung

Wie bereits in der theoretischen Ausarbeitung behandelt wurde, ist das Verhalten der Führungskräfte, insbesondere im Rahmen von Veränderungsprojekten, ein zentraler Faktor, der oftmals über den Erfolg des Projekts entscheidet. Gerade die Einbindung der Mitarbeiter, ein kooperativer Führungsstil und die Förderung einer Teamkultur hilft Unternehmen oftmals, die Projektziele sowie den Weg zu diesen Zielen, angefangen bei der Projektplanung bis hin zur Kontrolle und dem Projektabschluss, erfolgreich zu meistern.

Die Ergebnisse der quantitativen Studie ergaben, dass bei den Unternehmen der Stichprobe zunehmend ein kooperativer (57 %), statt autoritärer (20 %) Führungsstil vorherrscht. Abbildung 23 spiegelt diesen Sachverhalt wider. Ferner gaben die Befragten an, dass eher eine teamorientierte (59 %) als individualistische (17 %) Führungskultur gelebt wird. Aufgrund der Aussagen kann man die Vermutung anstellen, dass die mehrheitlich genannte Effektivität der Führung (53 %) auf die kooperative und teamorientierte Führungskultur zurückzuführen ist, da auch die Ergebnisse der qualitativen Umfrage diese Tendenz aufzeigen.

Hierbei gaben Befragte insbesondere im Projektbereich folgende Sachverhalte an:

- Ein „[…] Projekt kann nur funktionieren, wenn es nicht nach autoritären Regeln läuft."

- „Im Projekt ist es ein Kreis mit Gleichberechtigten in einer Runde. Das sind die besten aus der Hierarchie. Kooperative Führung ist ein Muss, weil es nicht anders geht."
- „In Veränderungsprozessen im IT-Umfeld, wo sehr stark autoritär geführt wurde, wo es dann sehr starke Widerstände gab und die Projekte weniger erfolgreich waren."
- „[…]ein vier Milliarden Projekt erfolgreich in Time und in Budget abgewickelt und habe festgestellt, dass es keine positiven Beispiele gibt für in Time und in Budget, und habe daraufhin gesagt, wir machen einen kooperativen partnerschaftlichen Führungsstil, sehr ausgerichtet auf den Gesamterfolg des Projekts, und innerhalb des Projekts habe ich erlebt, welche Auswirkungen das hat, wenn sich die Projektführung diesem partnerschaftlichen Prinzip mit Haut und Haaren verschreibt. […] Das ist enorm positiv, wenn Leute nicht mehr daran interessiert sind, ihre Arbeitszeit und ihre Arbeitspflicht zu erfüllen, sondern daran interessiert sind, das Engagement umzusetzen."
- „Vom Grundsatz her spielt die Mitarbeiterorientierung hier als Führungsstil schon eine große Rolle. […] jeder andere Führungsstil würde da vermutlich scheitern, wenn er nicht die Mitarbeiter mit einbezieht."

Insgesamt wurde aufgrund der Aussagen aus der quantitativen und qualitativen Umfrage die Hypothese „Je kooperativer Führungskräfte ihre Führungsaufgaben in Veränderungsprojekten wahrnehmen, desto höher ist der Veränderungserfolg" weitest-

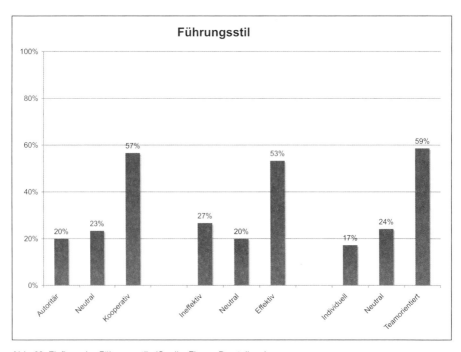

Abb. 23: Einfluss des Führungsstils (Quelle: Eigene Darstellung)

gehend bestätigt. Die meisten Befragten empfinden einen kooperativen Führungsstil, eine teamorientierte Zusammenarbeit und die aktive Einbindung von Mitarbeitern in das Projektgeschehen als förderlich für den Erfolg von IT- Veränderungsprojekten.

> **Dimension 3: Hypothesen zu kulturellen und strukturellen Effekten**
>
> D 3.1. Managementbereitschaft
> Die Bereitschaft seitens des Topmanagements und mittleren Managements den Veränderungsprozess zu tragen, beeinflusst den Veränderungserfolg positiv.
>
> D 3.2. Feedback- und Informationsprozess
> Ein kontinuierlicher Feedback- und Informationsaustausch – sowohl „Top-down" also auch „Bottom-up" – führt zu einem höheren Veränderungserfolg in IT-(Change-)Projekten.

Dimension 3: Hypothesen zu kulturellen und strukturellen Effekten

Dimension 3.1. Managementbereitschaft

Die Hypothese „Die Bereitschaft seitens des Topmanagements und des mittleren Managements den Veränderungsprozess zu tragen, beeinflusst den Veränderungserfolg positiv" impliziert, dass jedes Veränderungsprojekt einen Projektsponsor erfordert, der das Veränderungsprojekt von der Projektplanung bis hin zur Projektumsetzung vorantreibt, sich dafür einsetzt und das Engagement jedes Projektmitgliedes fördert. Hierbei ist insbesondere der Führungsstil von Bedeutung, da dieser entscheidet, wie beispielsweise der Grad der Partizipation, Übertragung sowie einer klaren Festlegung der Verantwortung oder auch Informationsverteilung im Projekt ausgeprägt sind.

Hinsichtlich der Ergebnisse der qualitativen und quantitativen Befragung konnte folgende Tendenz festgestellt werden: Wie Abbildung 23 darstellt, wurde der Führungsstil in den Unternehmen der Stichprobe als kooperativ und teamorientiert charakterisiert. Dennoch gaben 52 % der Befragten an, dass Entscheidungen auf Management- bzw. Führungsebene, statt auf Teamebene getroffen wurden. Abbildung 24 verdeutlicht diesen Zusammenhang.

Die qualitative Untersuchung verwies auf ähnliche Zusammenhänge, da auch hier die Einbindung und die Bereitschaft seitens des Managements, den Veränderungsprozess zu tragen, als zentral angesehen wurde. Eine lediglich „Scheinbereitschaft" des Managements wurde als kontraproduktiv angesehen:

„Wir hatten die Situation, dass wir als Lippenbekenntnis die Geschäftsführung hinter dieser Aktion hatten. Dadurch entstand innerhalb des mittleren Managements der grundsätzliche Widerstand [...]. Die Mitarbeiter nahmen das natürlich auf und fühlten sich durch den Veränderungsprozess gestört und opponierten dann dagegen."

Zu unterstreichen ist jedoch, dass sowohl der kooperative als auch der autoritäre Führungsstil gewissen Voraussetzungen unterliegt, um ein Veränderungsprojekt erfolg-

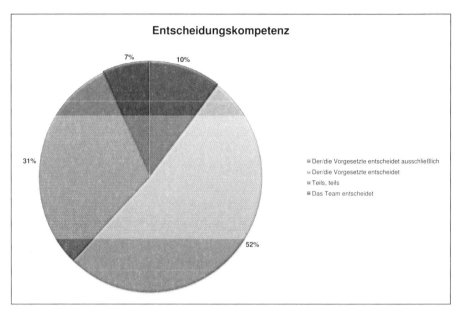

Abb. 24: Verteilung der Entscheidungskompetenz (Quelle: Eigene Darstellung)

reich abzuschließen. Nicht förderlich sind insbesondere Situationen, in denen das Topmanagement die Verantwortung für ein Projekt übernimmt, jedoch aufgrund der Masse an Aufgaben keine hinreichenden Führungsressourcen bereitstellt, um das Projekt mit genügend Aufmerksamkeit zu unterstützen.

- „Das liegt natürlich auch daran, dass das Topmanagement gar keine Zeit hat, sich darüber Gedanken zu machen."
- „Top-down funktioniert nur dann, wenn wirklich alle voll dahinter stehen."
- „Topmanagement voll dahinter – ansonsten No-Go."

Hier wäre es besonders wichtig, Verantwortung durch einen höheren Grad an Partizipationsmöglichkeiten weiterzugeben und Selbstorganisation zu fördern oder Vertreter zu benennen, die das Veränderungsprojekt bis zum Projektende begleiten und vorantreiben. Somit stellen die starke Beteiligung des Topmanagements und eine klare Delegation von Führungsaufgaben wichtige Faktoren für den Erfolg von IT-Veränderungsprozessen dar, da damit Klarheit, Sicherheit und Orientierung auch bezüglich der Zusammenarbeit vermittelt werden.

Dimension 3.2. Feedback- und Informationsprozess

Wie bereits in der theoretischen Ausarbeitung erörtert wurde, hängt der Erfolg von Veränderungsvorhaben sehr stark von dem Grad der zugeführten Information über das Projektvorhaben ab. Hierbei wird zielgerichtetes Wissen an die Mitarbeiter weitergegeben, um Verständnis für geplante Maßnahmen, für die zu erreichenden Ziele und letztlich den Grund für das Veränderungsvorhaben an sich, an die Mitarbeiter zu vermitteln. Dies ermöglicht im Gegenzug den Mitarbeitern eine zielgerichtete Steuerung ihrer Handlungen. Das Resultat der gezielten Informationsweitergabe führt zu einer höheren Partizipation der Mitarbeiter in den einzelnen Projektphasen, da mit einem erhöhten Verständnis des Projektgegenstandes auch die Verinnerlichung der eigenen Aufgaben im Projektgeschehen gefördert wird.

Somit wird Engagement und insbesondere das Gefühl des psychologischen Eigentums ermöglicht (Becker/Helbig, 2009, S. 103 ff.). Insbesondere in Veränderungsprozessen ist somit die Bereitstellung von spezifischen Informationen in angemessenem Umfang, zur passenden Zeit, am richtigen Ort, über einen geeigneten Kanal und in der richtigen Form von maßgeblicher Bedeutung für den Erfolg von Veränderungsprojekten.

Wie die quantitative Studie zeigt (Abbildung 25), ist in den Unternehmen der Stichprobe die Verteilung von zielgerichteten Informationen von großer Bedeutung. Allerdings ergab die Auswertung, dass bei fast 60 % der Befragten Kopfmonopole vorherrschen und in 51 % der Fälle der Vorgesetzte entscheidet, wer welche Informationen erhält. Lediglich 20 % der Befragten gaben an, dass alle den gleichen Informationsstand haben, wie Abbildung 25 verdeutlicht.

Die qualitative Auswertung der Studie stützt diesen Tatbestand durch folgende Aussagen:

I „Ja, das ist das Entscheidende, wenn ich die nicht informiere, involviere und überzeuge, scheitern halt solche Veränderungen."

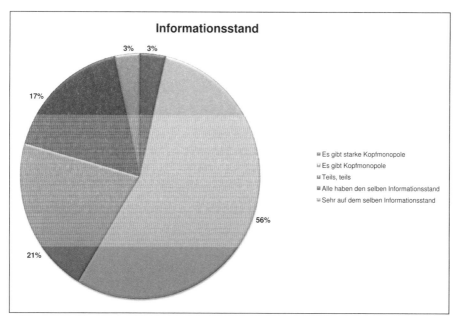

Abb. 25: Verteilung des Informationsstands (Quelle: Eigene Darstellung)

- „Zielsetzung ist, die Mitarbeiter, die betroffen sind, vom Veränderungsprozess möglichst umfassend zu informieren."
- „Die Führung kontrolliert die Verteilung der Information."

Insbesondere der Informationsstand ist maßgeblich für die Wissensvermittlung sowie für ein gleichmäßiges Verständnis innerhalb eines Teams über das Projektvorhaben. Informationsungleichgewichte gelten allgemein als ein zentraler Grund für die Entstehung von Konflikten, da Individuen auf Basis ihres Verständnisses der zur Verfügung stehenden Informationen handeln. Teammitglieder, die einen unterschiedlichen Informationsstand haben, neigen dazu unterschiedlich zu handeln, was oftmals zu abweichenden Interpretationen und letztendlich zu Konflikten führen kann. Nach Aussage der Befragten werden Konflikte, die innerhalb von Projekten entstehen, allerdings eher unterdrückt (35 %) als ausgetragen (17 %). Bei der Austragung von Konflikten entscheidet in 28 % der Fälle das Team und in 28 % der Vorgesetzte.

Die qualitative Untersuchung zeigt, dass Interviewpartner dies durch nachfolgende Aussagen bestätigen:

- „Wenn das Linienmanagement selber keinen Überblick mehr hat über das, was es im Endeffekt anordnet, kann man eine effektive Veränderungsarbeit auf Mitarbeiterebene nicht erwarten."
- „Wenn der Projektleiter sagt, wie lange brauchst du […] und dann haben sie sich erst einmal umgedreht und den Gruppenleiter angeguckt und gefragt was soll ich sagen."
- „Die Führung kontrolliert die Verteilung der Information."
- „Fehler bei Veränderungsprozessen sind durch entsprechende Nachinformationen oder Richtigstellungen und so weiter, wenn jemand was falsch verstanden hat, zu beheben."

Insgesamt verweisen die Ergebnisse beider Befragungen darauf, dass der Veränderungserfolg wesentlich von der Verteilung der Informationen sowie dem gleichmäßigen

---

Dimension 4: Hypothesen zur Kommunikation

D 4.1. Kommunikationskanäle und -werkzeuge
Der Einsatz geeigneter Kommunikationskanäle und -werkzeuge beeinflusst den Veränderungserfolg von IT-(Change-)Projekten positiv.

D 4.2. Formelle- und informelle Kommunikation
Die Balance informeller und formeller Kommunikation sowie daraus abgeleitete Regeln/Methoden beeinflussen den Veränderungserfolg positiv.

D 4.3. Bottom-up Kommunikation
Bottom-up Kommunikation und die Möglichkeit zur partizipativen Mitgestaltung und Beteiligung in IT-Projekten beeinflussen den Veränderungserfolg positiv.

Dimension 4: Hypothesen zur Kommunikation

Wissensstand der Teammitglieder abhängt. Insbesondere die Ergebnisse der qualitativen Studie unterstreichen die Bedeutung eines gut funktionierenden Informationsaustausches, sowohl auf Teamebene als auch in Verbindung zu höheren Hierarchiestufen. Allerdings scheinen in der Praxis in den Unternehmen der Stichprobe diese Erkenntnisse noch nicht vollends angenommen zu sein. Hier nimmt auch die Unternehmenskommunikation eine wichtige Rolle ein, da die Dynamik und Komplexität von Veränderungsprozessen nicht nur durch das Senden von Informationen bewältigt werden kann.

Dimension 4.1. Kommunikationskanäle und -werkzeuge

Wie bereits in der theoretischen Ausarbeitung beschrieben wurde, nimmt die Unternehmenskommunikation und die Auswahl angemessener Kommunikationskanäle gerade in Wandlungsprozessen von Unternehmen eine zentrale Rolle ein. Hierbei hat insbesondere die Kommunikation von zielgerichteten Informationen an Zielgruppen einen hohen Stellenwert, denn die Wahrnehmung der übermittelten Informationen hängt oftmals von einer hinzureichenden Steuerung, Koordination und der effektiven Umsetzung von Kommunikationsmaßnahmen ab.

Die Unternehmenskommunikation kann auch wie oben beschrieben in der Funktion eines Katalysators gesehen werden, der durch das Selektieren und Steuern nach Zielgruppen den Wahrnehmungsprozess beeinflusst. Demnach ist Kommunikation als sozialer Prozess, der durch die Interaktion und den Austausch von Informationen geprägt ist, aufzufassen. Insbesondere in Veränderungsprojekten interagieren Zielgruppen unterschiedlichster Art, wie Mitarbeiter, Führungskräfte sowie Kunden und Lieferanten, und machen somit den sozialen Prozess zu einem Drahtseilakt, mit der Aufgabe Informationen bedürfnisgerecht und glaubwürdig zu verteilen. Entsprechende Kommunikationswerkzeuge und -kanäle fungieren somit als Mittler für die Verteilung von zielgerichteten Informationen im Unternehmen an die Zielgruppen.

Die Ergebnisse der quantitativen Auswertung ergaben, dass die in der nachfolgenden Abbildung 26 aufgeführten Kommunikationstools in den Unternehmen regelmäßig eingesetzt werden, bis auf „Go and See". Vor allem das Intranet sowie die Kommunikation über Keyuser/Multiplikatoren, zählen zu den am häufigsten eingesetzten Maßnahmen in IT-Veränderungsprojekten.

Die Erfolgswirkungen der Kommunikationstools Intranet, Team-Building, Newsletter und Keyuser/Multiplikatoren wurden von rund 60 % der Befragten als positiv bzw. sehr positiv wahrgenommen. Lediglich bei der Methode „Go and See" konstatierten rund 40 % keine bzw. eine negative Wirkung.

Hinsichtlich der Kommunikationskanäle kann man der Abbildung 26 entnehmen, dass sich bis auf die Betriebsversammlung und den Informationsraum alle Kommunikationskanäle bewährt haben.

Die Ergebnisse der qualitativen Untersuchung verweisen zudem auf den hohen Stellenwert des Erfolgsfaktors „Kommunikation" bei der Durchführung von IT-Change-

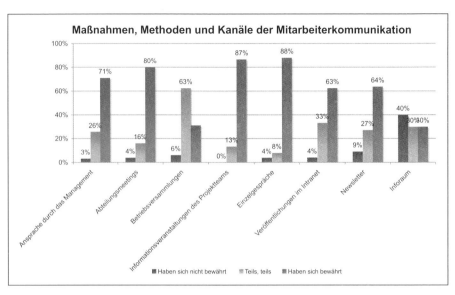

Abb. 26: Kanäle der Mitarbeiterkommunikation (Quelle: Eigene Darstellung)

Projekten und stützen die Hypothese „Der Einsatz geeigneter Kommunikationskanäle und -werkzeuge beeinflusst den Veränderungserfolg positiv" mit folgenden Aussagen:

- „Die ganzen Kommunikationsmethoden sind wichtig."
- „Multiplikatoren informieren die Betroffenen."
- „Es gibt drei Säulen vom Projekt: Kommunikation, Changemanagement und Training."
- „Es wurden alle Kommunikationsmittel genutzt, um die Betroffenen einzubinden."
- „Die Leute, die es später umsetzen, müssen früh eingebunden werden und das auf allen Ebenen."
- „Die Informationen und das Material müssen dann angeliefert werden, wenn sie tatsächlich benötigt werden."
- „Es wurde ein physisches Kommunikationszentrum entwickelt, in dem die Leute anhand von Postern über aktuelle Themen informiert wurden."
- „Information durch Kommunikationszentrum, Printmedien, Webpage zur internen Kommunikation, Kick-off Veranstaltungen."
- „Face-to-Face: Audio-/Videokonferenzen können Kosten sparen."
- „Und in diesem ja Konfliktfeld sind Kundenwünsche, Unternehmenserfolg – gemessen am Überschuss – und Mitarbeitererfolg – gemessen an Motivation und Spaß an der Arbeit. Um das wirklich unter einen Hut zu bekommen, würde ich sagen, sind sehr viele netzartige Strukturen und Kommunikationswege nötig."

Schlussfolgernd kann nach der Auswertung der qualitativen und quantitativen Studie festgestellt werden, dass die Auswahl der Kommunikationstools und -kanäle für den

Erfolg von IT-Change-Projekten entscheidend sind. Dies ist insbesondere darauf zurückzuführen, dass Mitarbeiter, die Informationen in einem angemessenem Umfang und über einen geeigneten Kommunikationskanal empfangen, ein tiefergehendes Hintergrundwissen entwickeln, was zu einem grundlegenden Verständnis der Projektaufgabe führt. Das Ergebnis ist eine Verinnerlichung von Projektinformationen, die eine Steigerung des Engagements der Mitarbeiter bewirkt, aktiv das Projekt mitzugestalten.

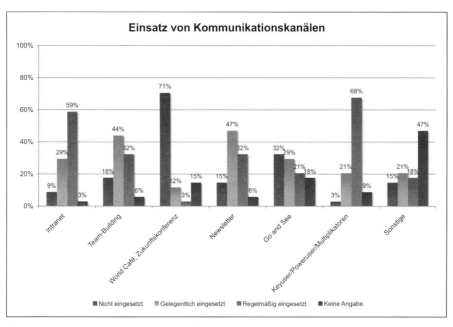

Abb. 27: Einsatz von Kommunikationskanälen (Quelle: Eigene Darstellung)

Dimension 4.2. Formelle und informelle Kommunikation

Die theoretische Ausarbeitung zeigt, dass im Rahmen der Unternehmenskommunikation informelle Regeln einen besonderen Stellenwert als elementarer Erfolgsfaktor in IT-Veränderungsvorhaben einnehmen. So können beispielsweise durch Face-to-Face-Interaktionen Informationen zielgerichtet auf der Beziehungsebene platziert werden, was dazu führt, dass Mitarbeiter abgeholt werden und einen höheren Grad an Engagement entwickeln. Dies wird auch dadurch begründet, dass die intrinsische Motivation geweckt wird, Projekte aktiv mitzugestalten. Wie andere Studien zeigen, entwickeln sich Mitarbeiter durch intrinsische Motivation ein „Extrarollenverhalten"[22], das

---

[22] "Extra role behaviour is designated employee activity which is not formally reimbursed by the company e.g. constructive work efforts that benefit the organization and go beyond the required work activities" (Vandewalle et al., 1995 S. 211).

nicht formell geregelt und honoriert wird und positiv mit Engagement korreliert (Vandewalle et al., 1995, S. 213 f.).

Auch Katzenbach und Khan betonen die informelle Seite von Kommunikation. Entscheidend ist jedoch die Balance zwischen formellen und informellen Regeln:

"The informal organization can create effects that seem like magic. They're amazing to watch, but it's difficult to know how to produce them. These intangible, often emotional aspects of the informal organization exist right alongside the more evident and rational aspects of the formal organization. The key is to understand that the informal delivers its greatest benefits when it is balanced with the formal. Maintaining a balance is harder to do than it may seem as the balance point constantly shifts. However, by creating and sustaining a balance between the informal and formal elements, organizations can achieve the best of both in ways that provide significant advantage." (Katzenberg/Khan, 2010, S. 11).

Insgesamt geben Katzenbach und Khan an, dass formelle Regeln vorzüglich in vorhersagbaren, sich wiederholenden Arbeitsabläufen wirken, da diese effizient und mit geringer Varianz erledigt werden können. Besonders Bereiche, die durch eine hierarchische, messbare, rationale und vorhersagbare Struktur geprägt sind, wie beispielsweise das Controlling, profitieren von den Vorzügen der formellen Unternehmenskommunikation. Im Gegensatz dazu steht die informelle Kommunikation, die vorwiegend im unvorhersagbaren Kontext angewendet werden sollte. Hierbei steht die Zusammenarbeit von Mitarbeitern über Abteilungsgrenzen hinweg und außerhalb des Anreizsystems im Mittelpunkt. Mitarbeiter, die die Möglichkeit zur informellen Kommunikation haben, entwickeln Problemlösungskompetenzen, eine höhere Risikobereitschaft und übertreffen „Best Practice" Anforderungen durch einen höheren Grad an Verständnis für das Veränderungsvorhaben sowie durch einen konstruktiven Umgang mit Fehlern. Dies hingegen ist die Grundvoraussetzung, um von „Best Practice" zu „Best Performance" zu gelangen. Daher werden der informellen Kommunikation Charakteristika wie adaptiv, innovativ, motivierend, spontan und kollaborativ zugeschrieben (Katzenberg/Khan, 2010, S. 28 f.).

Die Ergebnisse der quantitativen Untersuchung zeigen, dass ein hoher Anteil an informellen Regeln innerhalb von IT-Veränderungsprozessen vorherrscht. Abbildung 17 spiegelt die theoretischen Erkenntnisse wider. Besonders in den Bereichen „Arts & Business" (41 %) sowie innerhalb von Veränderungsstrategien (50 %) werden verstärkt informelle Regeln eingesetzt. In den Bereichen Projektkommunikation (45 %), Prozessanalysen (38 %), Wissensvermittlung und Training (41 %) halten sich formelle und informelle Regeln die Waage. Insbesondere der Bereich Projektcontrolling ist durch eine formelle Regelung (67 %) geprägt, da hier Verfahrensanweisungen und schriftliche Dokumentation, laut der Auswertung der qualitativen Umfrage, von großer Bedeutung sind.

Die Auswertung der qualitativen Befragung unterstreicht den zentralen Stellenwert von informellen Regeln in Projekten ebenso wie die Balance zwischen formeller und informeller Kommunikation in IT-Veränderungsprozessen, wie folgende Aussagen aufzeigen:

- „Bei größeren Veränderungsprozessen habe ich eigentlich erlebt, dass formelles Berichtswesen schon großen Sinn macht."
- „Informell läuft ohnehin sehr viel, gerade auf der Arbeitsebene [...] aber formell ist schon wichtig, einfach die wichtigsten Daten klar zu machen."
- „Ein formelles Berichtswesen sollte es auf jeden Fall bei größeren Projekten geben, damit es gut strukturiert und effektiv läuft."
- „Es wurden alle Kommunikationsmittel genutzt, um die Betroffenen einzubinden."
- „Erfolgreiche Teams haben eine gemeinsame Sprache [...], Aufgabenverständnis, [...] Ziele, Rollenverteilung, gemeinsamen Lösungsweg und gemeinsame Regeln. Die Regeln betreffen die Kommunikation, die Entscheidungsfindung und die Konflikte."
- „Auch das mündliche Gesetz gilt für soziale Systeme, also für ein Unternehmen."
- „Wichtig ist, was hier an Information rüber kommt, und da können sie auch durchaus ohne irgendwelche Tools zum Erfolg kommen."

Ferner wurde in der qualitativen Analyse die Bedeutung von informeller Kommunikation, besonders auf Individual- bzw. Projektebene deutlich, da der Projektleiter seine Leute sehr gut kennt „und weiß, wie er mit welchen Kollegen reden kann und weiß auch um die Sorgen und Bedürfnisse der Einzelnen." Darauf verweist auch Abbildung 28, die die Ergebnisse aus der quantitativen Umfrage zusammenfasst. Hier gaben die Befragten zudem an, dass Einzelanweisungen und informelle Gespräche einen fördernden Faktor für den Erfolg von IT-Veränderungsprojekten darstellen.

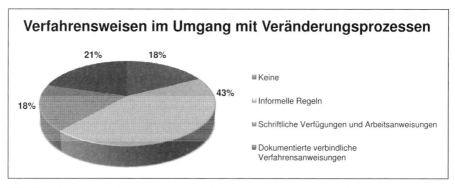

Abb. 28: Verfahrensweisen im Umgang mit Veränderungsprozessen (Quelle: Eigene Darstellung)

Die Hypothese „Die Balance informeller und formeller Kommunikation sowie daraus abgeleitete Regeln/Methoden beeinflussen den Veränderungserfolg positiv" wird demzufolge durch die Ergebnisse beider Studien gestützt.

Dimension 4.3. Bottom-up Kommunikation und partizipative Gestaltung

Zu Zeiten Max Webers wurde die bürokratisch aufgebaute Organisation als eine der Leistungsstärksten angesehen, da sowohl Macht als auch Informationen an der Spitze der Organisation gebündelt wurden. Demgegenüber betonte Anthony Giddens die Dringlichkeit der Förderung des Demokratieverständnisses innerhalb von Unternehmen – dialogische Demokratie – da solch ein Umfeld die Autonomie von Kommunikation fördert (Giddens, 1997; Reihlen, 1998, S. 14 ff.). Demnach können Informationen, durch die Einbezugnahme aller Beteiligten am Kommunikationsprozess, diskutiert werden und somit nicht nur das Verständnis von Mitarbeitern für ein Vorhaben fördern, sondern auch einen Grundstein für die Entstehung von Problemlösungskompetenz sowie Innovationen legen.

Innerhalb dieser Studie wurde ein Augenmerk auf die Kommunikation nicht nur Top-down, sondern auch Bottom-up gelegt, um die Variablen, die Einfluss innerhalb des Kommunikationsprozesses auf Veränderungsprozesse haben, zu untersuchen. Hier verweist die Analyse der quantitativen sowie der qualitativen Umfragen in den Punkten „Einbindung in Ziel- und Strategieentwicklung", „Partizipation" und „Verhalten der Führung", auf den positiven Effekt eines partizipativen Führungsstils und der frühzeitigen Einbindung der Betroffenen.

Dass diese Erkenntnisse auch schon bereits in der Praxis wahrgenommen und angewendet werden, wurde durch die quantitative sowie durch die qualitative Auswertung der Umfrage bestätigt. Abbildung 21 unterstreicht die maßgebliche Einbindung der Betroffenen in Veränderungsprozesse auf der Projektebene. Auch die qualitative Untersuchung zeigt, dass auf Projektebene die Bottom-up Kommunikation und ein kooperativer Führungsstil für den Erfolg von IT-Veränderungsprojekten Grundvoraussetzung sind:

- „Bei tiefer angelegten Veränderungen hat eine Abteilung bzw. ein Projektteam auch konkret die Veränderungsprozesse kommuniziert."
- „Also die Geschäftsleitung gibt da eigentlich die Ziele vor und wie man das verteilt, dass überlässt die Geschäftsführung eigentlich dem Projektleiter oder dem Produktentwicklungsleiter. […] das hat den positiven Effekt, dass jemand einen verhältnismäßig direkten Kontakt zu den Menschen hat."
- „Der Projektleiter kennt seine Leute sehr gut und weiß wie er mit welchen Kollegen reden kann und weiß auch um Sorgen und Bedürfnisse der Einzelnen."
- „Mit kooperativem Führungsstil und regelmäßigen Besprechungen und parallel dazu halt auch wirklich noch mal die Gespräche im kleinen Kreis, das ist eigentlich ausreichend, um den Projektfortschritt oder Veränderungsfortschritt zu steuern."
- „Eine klare Top-down Favorisierung ist hinderlich."
- „Bei größeren Veränderungen hat eine Abteilung bzw. ein Projektteam auch konkret die Veränderungsprozesse kommuniziert."

Die Ergebnisse der quantitativen und qualitativen Untersuchung bestätigten unsere Hypothese: „Eine Bottom-up Kommunikation und die Fähigkeit zur partizipativen

Mitgestaltung und Beteiligung in IT-Projekten hat positiven Einfluss auf den Veränderungserfolg." Hierbei steht vor allem die dialogische Kommunikation im Vordergrund, durch die Informationen schnell aufgenommen und weitergeleitet werden können, anstatt die Kommunikation auf das Senden von Informationen oder die Benachrichtigung von Mitarbeitern zu reduzieren.

Allerdings sind, wie eine Studie des „Instituts für Organisation (IFOK)"[23] aufzeigt, nur ein Drittel der in Unternehmen eingesetzten Instrumente dialogische Instrumente. In Veränderungsprozessen dominieren heute nachrichtliche Instrumente oder werbende Medien, wie Newsletter, Intranetmeldungen, Managementansprachen etc. (2010, S. 10). Daraus kann geschlossen werden, dass entsprechend viel gesendet wird, allerdings der Unternehmenskommunikation, die in entsprechenden Phasen Mitarbeiter, Keyuser oder Multiplikatoren in den Kommunikationsprozess einbindet und Informationen im Dialog erarbeitet und vermittelt, zu wenig Aufmerksamkeit geschenkt wird. Wie die empirische Auswertung der qualitativen sowie der quantitativen Studie ergab, sind insbesondere dialogische Instrumente wie Einzelgespräche, Informationsveranstaltungen des Projektteams oder Abteilungsmeetings in Veränderungsprojekten erfolgsfördernd (Abbildung 28), da sie eine höhere Aufmerksamkeit, konstruktives Feedback sowie eine steigende Mobilisierung der Mitarbeiter fördern und somit zu einer höheren Steuerungsfähigkeit der Veränderungsprojekte in Unternehmen beitragen. Somit gilt es zukünftig den Dialog und die Beteiligung der Betroffenen, durch den Einsatz partizipativer Kommunikationsformen und -kanäle zu fördern, anstatt eine rein Top-down orientierte Kommunikationspolitik zu verfolgen.

Nachfolgend sollen anhand einer Empfehlung für IT-Veränderungsprojekte alle relevanten Ergebnisse aus der quantitativen und qualitativen Studie gebündelt und in ein Modell eingebunden werden. Dieses Modell soll insbesondere die Interrelationen, der im Rahmen dieser Studie beschriebenen Dimensionen, darstellen und auf potenzielle Handlungsfelder verweisen.

3.7.3 Blick nach vorn: Überlebensstrategie und Zukunftssicherung

Theoretische Ansätze der Change- und Projektmanagement-Lehre haben eine Vielzahl an Methoden und Werkzeugen hervorgebracht. Diese sollen, im heutigen Zeitalter der Globalisierung und des steigenden Wettbewerbsdrucks, wegweisend zum höheren Projekterfolg beitragen.

In der durch ständigen Wandel geprägten unternehmerischen Praxis ist es jedoch schwer, die Werkzeugoptionen effizient einzusetzen. So hat uns beispielweise bereits

---

[23] Diese Ergebnisse könnten auch ohne den Bezug auf IFOK dargestellt werden. Allerdings ist die Abfrage in der empirischen Untersuchung zu deterministisch um dies zu belegen, da die Antwortmöglichkeiten vorgegeben waren und den Einsatz der Kommunikationstools schon im Vorfeld beschränken. Allerdings besteht, wie man sieht, auch ein deutlicher Fokus auf nachrichtlichen Instrumenten anstatt auf dialogischen Instrumenten.

Giddens' Theorie gelehrt, dass wir Menschen nur allzu oft unergründbar handeln, da unsere Handlungsweise meist von in der Vergangenheit Erlerntem und Erlebtem herrührt. Menschen neigen dazu, durch vergangene, kognitive Handlungen das zukünftige Geschehen zu beeinflussen. Gerade hier ist die Erkenntnis, dass wir Menschen Individuen sind, die keinesfalls mit trivialen Maschinen verglichen werden können, von grundlegender Bedeutung.

Folglich kommt besonders der Projekt- und Unternehmenskommunikation ein besonderer Stellenwert zu, da diese oftmals die Einstellung und somit die Handlung von Individuen positiv oder auch negativ beeinflussen kann. Das nachfolgend dargestellte Modell von Barley und Tolbert untersucht die bereits weiter oben erwähnten Macht- und Kommunikationsverhältnisse in Unternehmen und versucht, handlungsweisend neue Möglichkeiten für einen effizienteren Umgang mit den in der theoretischen und empirischen Ausarbeitung identifizierten Handlungsfeldern zu beschreiben und die Bedeutung dieses Themas hervorzuheben. Anhand des Modells sollen Führungskräfte und Projektverantwortliche Anregungen für eine mögliche Vorgehensweise in Change- und Projektvorhaben bekommen und das Verständnis geschaffen werden, dass sowohl der Faktor Führung als auch Kommunikation und die Möglichkeit zur Partizipation in IT-Prozessen wichtige Bestandteile sind und erheblich zum Erfolg beitragen.

3.8 Betrachtung der Ergebnisse aus strukturationstheoretischer Perspektive

Das steigende Interesse an Erkenntnissen zu ‚Institutionen' nach Giddens' Sichtweise spiegelt die Ernüchterung in Bezug auf die Wirksamkeit und Effizienz bestehender, traditioneller Ansätze wider.

Die Effizienz dieser Theorien stellt die treibende Kraft, hinter der Entscheidungsfindung, als rationale Anpassung an technische und ökologische Rahmenbedingungen dar. Anthony Giddens' Theorie der Strukturation hebt kulturelle Einflüsse auf die Entscheidungsfindung und die formalen Strukturen in Organisationen durch den Tatbestand hervor, dass Organisationen und Individuen, die sich in ihnen wiederfinden, einem Netz von Werten, Normen, Regeln, Überzeugungen und für selbstverständlich erachteten Annahmen umgeben sind, die zumindest zu einem Anteil von ihnen selbst geschaffen wurden. Durch das Modell in Abbildung 29 wird deutlich, dass Strukturation als ein kontinuierlicher Prozess betrachtet wird, dessen Vorgang nur durch die Beobachtung über einen Zeitraum erfolgen kann. Die dicken, horizontalen Pfeile stellen die Ober- und Untergrenzen des Modells dar und verdeutlichen die Erweiterung der zwei Dimensionen (Handlung und Struktur) in Giddens' Modell um eine zeitliche Dimension. Die vertikalen und diagonalen Pfeile verbinden die beiden Dimensionen und verweisen in diesem Sinne auf die „Dualität der Struktur". Hierbei beziehen sich die vertikalen Pfeile auf institutionelle Einschränkungen von Handlungen, während die diagonalen Pfeile die Beibehaltung oder Modifikation der Institution durch Handlungen darstellen.

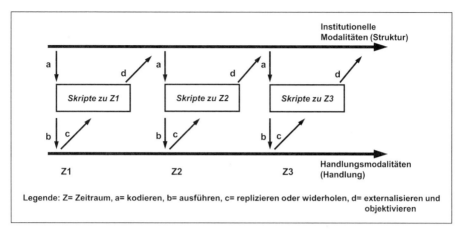

Abb. 29: Handlung und Struktur (Quelle: Barley/Tolbert, 1997, S. 101)

Die erste Bewegung/Stoßrichtung des Diagramms (Pfeil a) bedingt die Verschlüsselung/das Kodieren von institutionellen Richtlinien und Verfahren (Prinzipien) in so genannten „Skripten" für einen spezifischen Rahmen. Diese Verschlüsselung findet während des Prozesses der Sozialisation[24] kontinuierlich statt und beinhaltet die individuelle Verinnerlichung von Regeln sowie die Interpretationen von Verhalten, die einem spezifischen Rahmen entsprechen. Der zweite Pfeil (Pfeil b) bezieht sich auf die Ausführung der Skripte, die die institutionellen Prinzipien beinhalten. Diese werden aber nicht nur in Skripten verschlüsselt, sondern auch auf anderen Wegen. So definieren beispielsweise formelle Regeln, wie Verfahrens- oder Arbeitsanweisungen, Skripte, die die Einstellung von Personal, Performancemessung oder den Umgang mit Kunden verkörpern. Die Analyse der Gründe, warum Individuen ihre Handlungen an Skripten ausrichten oder sie ignorieren ist von zentralem Stellenwert für die Verbindung zwischen Handlung und Struktur, da eine Modifikation der Struktur eher eine bewusste Handlung erfordert als deren Reproduktion, bzw. das Ausführen der bestehenden Skripten (Barley/Tolbert, 1997, S. 101 ff.).

Diese Herausforderung leitet zur dritten Bewegung im Diagramm (Pfeil c) über, d. h. zu dem Grad, in dem das Verhalten von Individuen zum Ändern oder zur Beibehaltung von Skripten, die verantwortlich für spezifische Handlungen sind, führt. Die Absicht, bestehende Skripte zu ändern, führt eher zu institutionellen Veränderungen als zu einer unbeabsichtigten Abweichung von einem Skript. Gründe hierfür stellen die anfangs erläuterten veränderten Rahmenbedingungen dar. Allerdings soll an dieser Stelle nicht behauptet werden, dass Veränderungen nur aufgrund von veränderten exogenen

---

[24] Sozialisation wird hier als ein nicht endender, kontinuierlicher Prozess aufgefasst, da Individuen fortwährend neue Rollen zugewiesen werden und eine kontinuierliche Anpassung an Veränderungen der bestehenden Rollen stattfindet. In diesem Sinne darf nicht der Fehler gemacht werden, Sozialisation nur auf eine bestimmte Phase des individuellen Werdegangs einer Person im sozialen Ganzen (bspw. Unternehmen) zu beschränken.

Rahmenbedingungen stattfinden, da alternative Handlungen auch ohne extern veränderte Rahmenbedingungen Individuen bewusst werden können (Barley/Tolbert, 1997, S. 101 ff.).[25]

Allerdings wird das Schüren, Anfachen und Vorantreiben von Veränderungen von den Individuen gehemmt bzw. verhindert, die sich aufgrund vergangener Vereinbarungen (über Verfahrensanweisungen, -abläufe) in ihrem Status quo gestört fühlen. Deswegen ist eine kontextuale Veränderung generell notwendig, bevor Ressourcen und Argumente gesammelt und gebündelt werden können, um gemeinsam Skripte (Verhaltensweisen und Vorgehensweisen) in Frage zu stellen. Dies ist auch ein Grund, warum Unternehmen als statisch und beständig gegenüber Veränderungen reagieren. Ohne kontextuale Veränderungen werden Individuen dazu neigen, bestehende Skripte zu reproduzieren. Obwohl auch eigenwillige, individuelle Veränderungen von Skripten erfolgen, werden solche Veränderungen keine nachhaltige Wirkung zeigen und nur einen vorübergehenden Effekt auf bestehende soziale Vereinbarungen haben.

Schlussendlich, im vierten Schritt (Pfeil d), erfolgt die Versachlichung (objectification) und Verallgemeinerung (externalization) der festgelegten Verhaltensweisen, Interaktionen und Vorgehensweisen. Dies beinhaltet eine „disassociation"[26] von Verhaltens- und Verfahrensweisen spezifischer Individuen und historisch gewachsenen Kontexten. Die Verallgemeinerung bezieht sich in diesem Kontext auf die Anwendung alter, bzw. modifizierter oder neuer Handlungsmodalitäten, die erst durch eine Anwendung die „neue Wirklichkeit bilden" und somit die Struktur reproduzieren (Barley/Tolbert, 1997, S. 101 ff.).

3.9 Interpretation

Die empirische Auswertung der Studie verweist darauf, dass die frühzeitige Einbindung von Mitarbeitern in die Ziel- und Strategieentwicklung sowie die Möglichkeit der aktiven Partizipation in IT-Veränderungsprojekten ein zentraler Grundpfeiler für den Erfolg eines jeden Veränderungsvorhabens sind. Sowohl die theoretischen als auch die empirischen Erkenntnisse zeigen, dass insbesondere der Unternehmenskommunikation ein großer Stellenwert zugemessen werden sollte, da diese, sei es aus Unternehmens- oder aus Mitarbeitersicht, zur Etablierung und Weiterentwicklung von Normen, Werten, Verhaltensmustern und Einstellungen beiträgt. Wie bereits in der theoretischen Ausarbeitung beschrieben, können Unternehmen als soziale Systeme betrachtet werden, die durch gesellschaftliche Regeln und Konventionen geprägt sind.

---

[25] Sie können beispielsweise auch auf unterschiedliche Auffassungen über das „soziale Miteinander" in Unternehmen zurückzuführen sein.

[26] "Disassociation involves moving to or ‚associating' into a different perspective and is therefore distinct from dissociation which involves loss of elements of experience without necessarily changing perspective." (Barley/Tolbert, 1997, S. 101 f.)

Demzufolge sind Mitarbeiter wichtige Bestandteile dieses Systems, die ihre eigene Wirklichkeit, aufgrund von Erlebtem und Repliziertem, bilden. Hierbei konstruieren Individuen selbst kognitiv, durch Erlerntes und Erlebtes über die Kommunikation im Unternehmen, ihre Wirklichkeit und erzeugen somit eine Sinngebung. Im Falle der (Wirklichkeits-)Konstruktion werden über die Unternehmenskommunikation Kanäle wie Verständnis und Mitteilung aktiviert.

Wie Unternehmen externen Einflüssen im Rahmen des Paradigmenwechsels ausgesetzt sind, so sind auch Mitarbeiter unterschiedlichen Paradigmen und deren Wechselwirkungen bei IT-Veränderungsprozessen innerhalb von Unternehmen ausgesetzt. Führungskräfte, wie Teamleiter, Projektleiter und das mittlere Management, sowie das Topmanagement und deren Zusammenspiel mit Mitarbeitern sind diesen Paradigmen jedoch nicht bedingungslos ausgeliefert, sondern können den Veränderungsprozess und die Einflüsse auf die Organisation bzw. deren Mitglieder aktiv mitgestalten und steuern. Wie Tolbert und Barley in ihrem Modell zeigen, können Organisationsmitglieder und deren Handlungen in Organisationen, die auf einem historischen Kontext beruhen, nicht im Rahmen einer trivialen Maschine beschrieben werden. Appliziert man die Erkenntnisse aus der empirischen Studie auf das Modell in Abbildung 29, so wird deutlich, dass in Organisationen Verfahrensanweisungen, Arbeitsanweisungen (formelle Regeln) und informelle Regeln vorherrschen, die nicht immer, aber meistens, eingehalten werden (siehe Abbildung 17 sowie Abbildung 18). Somit ist festzustellen, dass Organisationsmitglieder eines bestimmten Rahmens bedürfen, der sowohl das Miteinander als auch das Vorgehen von Individuen in diesem organisationalen System regelt. Wichtig ist jedoch die Erkenntnis darüber, dass eine gewisse Balance zwischen formellen und informellen Regeln, abhängig vom Bereich (bspw. ist der Bereich Controlling eher formell geregelt), vorherrscht. Durch formelle Regeln wird ein bestimmter Ablauf festgelegt und die Gesamtheit der Elemente im sozialen System organisiert, geregelt und überwacht. Trotz des Bedarfs an einer gewissen Struktur und Ordnung in Unternehmen, ist wichtig zu erkennen, dass Individuen einen Freiraum benötigen, der es ihnen ermöglicht, Erlebtes und Erlerntes sinnstiftend einzusetzen und somit die eigene Kreativität, Problemlösungskompetenz und Innovationsfähigkeit auszubauen. In diesem Kontext rücken die Partizipation der Mitarbeiter sowie deren Informationsstand über das Veränderungsprojekt in den Vordergrund. Erfolgreiche Veränderungsprojekte bedingen bewusste Handlungen, da der Energiefluss der Organisation zielgerichtet gebündelt werden muss. Wie auch in einem Orchester nimmt jedes Organisations- bzw. Projektmitglied eine bestimmte Rolle ein. Doch erst das Zusammenspiel aller Beteiligten lässt ein harmonisches Gesamtstück entstehen. Um jedem seine Rolle und deren Beitrag zum Gesamtergebnis verständlich zu machen, bedarf es einer frühzeitigen, zielgerichteten und angepassten Information sowie Einbindung der Einzelnen, da somit eine sinnstiftende Logik des Vorhabens vermittelt wird und dementsprechend eine Identifikation mit dem Veränderungsvorhaben stattfindet.

Wie die Empirie gezeigt hat, besteht ein Defizit an der Verteilung von Informationen, da lediglich rund ein Fünftel der Befragten angaben, dass ein gleicher Informationsstand in IT-Veränderungsprojekten vorherrscht. Obwohl die Interviewpartner angaben, dass ein Bewusstsein für die Notwendigkeit einer ausgeglichenen Information über das Veränderungsvorhaben existiert, besteht in der Praxis noch Handlungsbedarf. Somit besteht Handlungsbedarf insofern, als dass ein kontextuales Verständnis des Veränderungsvorhabens bei allen Betroffenen und Beteiligten zu Beginn des Veränderungsvorhabens erzeugt werden muss. Dies sollte, in Bezug auf Abbildung 29, in „Phase b/c" stattfinden, da IT-Veränderungsprojekte auch eine Änderung, bzw. Anpassung der „Skripte" bedingen.

Ferner zeigt die Empirie, dass der Faktor Partizipation, ebenso wie die Unternehmenskommunikation, elementarer Bestandteil eines jeden Veränderungsvorhabens ist. Um Kooperation, Partizipation und ein erfolgreiches Zusammenspiel von Mitarbeitern zu fördern, sollte demnach ein möglichst kooperativer Führungsstil, besonders in Veränderungsvorhaben und Projekten, angestrebt werden. Ein ausgereifter Feedbackprozess sowie der richtige Umgang mit Fehlern sind dafür Grundvoraussetzung und sollten weitestgehend gefördert werden. Die Praxis zeigt jedoch, dass gerade diese beiden Komponenten spärlich Anwendung finden, da beispielsweise Ergebnisse aus der Studie darauf verweisen, dass konstruktive Kritik nur selten zugelassen wird und Kopfmonopole und ein autoritärer Führungsstil vorherrschen.

Der richtige Einsatz führt jedoch zu einer Aktivierung der Motivation und der Erzeugung von Engagement der Beteiligten. Des Weiteren wurde, entgegengesetzt zur weit verbreiteten Meinung, dass das Engagement des Topmanagements den entscheidenden Erfolgsfaktor darstellt, durch die empirische Analyse auf die wichtige Rolle des mittleren Managements sowie Projektmanagements verwiesen. Diese Leitungsebenen scheinen als Transmitter bzw. Katalysator in IT-Veränderungsprojekten, zwischen den Visionen der oberen Ebenen und den Machbarkeitsvorstellungen angepassten Handlungsweisen der mittleren bzw. unteren Führungspositionen, sowie die der Ausführenden, zu fungieren. Demzufolge sollten Mitarbeiter weitestgehend in jedem Unternehmen die Möglichkeit haben, gemäß dem Motto die Betroffenen zu Beteiligten zu machen, als aktive Beteiligte an der Ziel- und Strategieentwicklung ihrer einzelnen Bereiche, mitzuwirken. Dies hat zur Folge, dass Mitarbeiter die Ziele nicht nur verinnerlichen und sich mit ihnen identifizieren, sondern auch, dass diese auch als eigene Ziele angenommen und gelebt werden.

Da zahlreiche Veränderungsvorhaben mit einer Änderung bzw. Anpassung von Skripten einhergehen, ist insbesondere das Management der Unternehmenskommunikation anzupassen und zu fördern, nicht nur durch das eigene Vorleben, sondern auch als Sponsor, um andere für das Projekt einzuspannen. Leadership ist dementsprechend für jeden Veränderungsprozess von zentraler Bedeutung. Es muss bereits im Vorfeld deutlich werden, wer Sponsoren bzw. Antreiber von Change sind, um die Ziele sowie andere Intentionen den verschiedenen Stakeholdern anschaulich, zeitnah und glaubwürdig zu vermitteln. Somit kann das Management bei der Überwindung von Trägheiten, durch beispielsweise den Einsatz angemessener Kommunikationstechniken, Symbolen oder formellen Anweisungen, eine Hebelwirkung erzeugen. Diese entfachen zum einen das Engagement des Projektteams und bilden zum anderen eine Grundlage für das Verständnis des Projektvorhabens. Insbesondere die Projektleitung hat die Aufgabe dem Team die Vision, Mission und Ziele zu vermitteln und somit alle ins Boot zu holen. Die grundlegende Aufgabe besteht weitestgehend darin, möglichst alle Beteiligten abzuholen und einzubinden (besonders in der Phase der Umsetzung von Veränderungsmaßnahmen).

Ein partizipatives Vorgehen gewährleistet, dass Führungskräfte sowie Mitarbeiter Kenntnisse und Erfahrungen in den Veränderungsprozess einbringen und dementsprechend aktiv zu der Zielerreichung beitragen können. In diesem Rahmen wird auch deutlich, dass eine strikte Top-down Vorgehensweise sich negativ auf den Verlauf des Veränderungsprozesses sowie auf die Zielerreichung auswirken kann. Die hohe Betroffenheit und Beteiligung der verschiedenen Organisationsgruppen bei Veränderungsprojekten verweist darauf, dass dieser Sachverhalt bereits in der Praxis erkannt wurde und die Unternehmen der Stichprobe versuchen, diese Erkenntnisse für sich zu nutzen. Besonders im mittleren Management und auf Projektebene, die laut der empirischen Untersuchung zentral/maßgeblich von den Veränderungen betroffen waren, wurde ein hoher Partizipationsgrad festgestellt. Als Konsequenz wäre insgesamt eine Integration von Projektmanagement-Tools und Kommunikationstools notwendig, um abgestuft angemessene Informationen direkt aus dem Projektmanagement heraus zu kommunizieren.

Hier besteht allerdings noch Handlungsbedarf, da bei mehr als der Hälfte der Unternehmen keine gemeinsame Planung und Durchführung von IT- und Veränderungsprojekten stattfindet bzw. keine klar definierten Verantwortlichkeiten bestehen. Dies ist von besonderer Bedeutung, da eindeutige Ziel- und ausreichende Zeitvorgaben zentral für den Erfolg eines Veränderungsprojekts sind. Denn nur wenn den betroffenen Mitarbeitern bewusst ist, welche Ziele mit den spezifischen Maßnahmen erreicht werden sollen und überdies in welchem zeitlichen Rahmen, können Führungskräfte auf die Einsicht der Mitarbeiter hoffen. Somit sind eine transparente und authentische Informations- und Kommunikationspolitik maßgebend für den Erfolg von IT-Veränderungsprojekten. Ferner ist auffällig, dass Kommunikationsmaßnahmen in der Praxis vordergründig eingesetzt werden, um Top-down zu informieren. Nur das Senden von Informationen kann allerdings nicht die Komplexität und Dynamik von Veränderungsprozessen bewältigen. Vielmehr müssen in den richtigen Phasen der Veränderungsprozesse Mitarbeiter sowie Meinungsführer direkt in den Kommunikationsprozess eingebunden und Informationen im Dialog erarbeitet und kommuniziert werden. Hierin liegt ein zentraler Hebel für die erfolgreiche Gestaltung von Veränderungsprozessen. Im Rahmen von Kommunikationsmechanismen sollten somit nicht nur Instrumente zur Information bzw. zur Benachrichtigung verwendet werden, sondern auch dialogische Instrumente (IFOK, 2010, S. 9 ff.).

Wie auch eine aktuelle Studie des IFOK aufzeigt, kristallisiert sich der Dialog als zentrales Zukunftsthema im Kontext der Change Communication heraus. Dialog, Austausch, Vernetzung und Feedback werden dementsprechend zu wichtigen Steuerungselementen in komplexen sozialen Systemen, da somit eine steigende Aufmerksamkeit, ein Feedback sowie eine bessere Vernetzung und Mobilisierung bei den Mitarbeitern erreicht werden können. Allerdings wird, wie die Auswertung der Studien zeigt, diesen Anforderungen noch nicht in vollem Maße entsprochen. Dies wird besonders durch den Mix der verwendeten Kommunikationsmedien und -kanäle der untersuchten Unternehmen deutlich (2010, S. 9 ff.). In Bezug auf Abbildung 29 sollten diese Erkenntnisse, besonders in der Phase c Anwendung finden.

Insgesamt können durch die vorliegende Studie pragmatische Hinweise für die Planung und Steuerung von Veränderungsvorhaben gegeben werden. Die empirischen Analysen ermöglichen Schlussfolgerungen über Voraussetzungen, die von Unternehmen vor und während der Umsetzung von Veränderungsprojekten geschaffen werden sollten. Allerdings bleibt zu berücksichtigen, dass bei der Befragung hauptsächlich Projektmanager untersucht werden, die nicht in allen Fällen mit der Meinung anderer Hierarchieebenen übereinstimmen muss. Schlussendlich muss noch darauf verwiesen werden, dass es, im Rahmen dieser Studie, kein allgemeingültiges Patentrezept für die Gestaltung von IT-Veränderungsprozessen in Unternehmen gibt. Allerdings ist naheliegend, dass Unternehmen, die sich fortlaufend mit der Thematik des Changemanagements auseinandersetzen, den Veränderungsbedarf rechtzeitig erkennen müssen und die Umsetzung von Veränderungsprojekten von proaktiven, partizipativen Verhaltensweisen geprägt sein sollte. Diese Erkenntnisse scheinen theoretisch in der Praxis angekommen zu sein, jedoch besteht bei der Umsetzung, besonders in Bezug auf die dialogische Gestaltung Kommunikation und Partizipation, noch Handlungsbedarf.

4 Handlungsempfehlungen für die Praxis

Die wichtigste Handlungsempfehlung für die Praxis leitet sich aus der Tatsache ab, dass in den Studien, die 2004 (Frick/Feldmüller, 2005) und 2009/10 von der GPM durchgeführt wurden, jeweils ein Verbesserungsbedarf für die gemeinsame Durchführung von IT-Projekt und Veränderungsmanagement festgestellt worden ist:

IT-Projekt und Veränderungsmanagement müssen gemeinsam geplant und durchgeführt werden.

Dies ist – vgl. vorangegangenes Kapitel – aktuell in knapp einem Drittel der Projekte nicht der Fall und in einem weiteren Viertel wurde keine klare Verantwortlichkeit für das Veränderungsmanagement benannt. Damit darf unterstellt werden, dass in etwa der Hälfte der IT-Projekte grundlegender Handlungsbedarf besteht.

Mit der gemeinsamen Planung und Durchführung ist jedoch noch keine Erfolgsgarantie gegeben: Einige Methoden, die sich in Veränderungsvorhaben bewährt haben, werden in der Praxis der IT-Projekte von den Befragten vermisst. Einige Methoden haben sich als wirksamer gezeigt als andere und einige sind schlicht und einfach noch weitgehend unbekannt. Hieraus und aus unseren eigenen praktischen Erfahrungen leiten wir Handlungsempfehlungen in den folgenden fünf Bereichen ab:

- Analyse, Planung und Controlling von Veränderungsvorhaben bei IT-Projekten
- Rollenverteilung
- Partizipatives Vorgehen
- Leadership
- Kommunikation

Systematisch betriebenes Changemanagement macht sich bezahlt. „Ja, das ist das Entscheidende, wenn ich die nicht informiere, involviere und überzeuge, scheitern halt solche Veränderungen" ist eine der Aussagen der Interviewpartner.

Nachlassende Akzeptanz und Motivation, lang andauernder Produktivitätsverlust oder gar Scheitern sind mögliche Folgen eines vernachlässigten Changemanagements.

Klar ist, dass eine Veränderung immer zu einem vorübergehenden Produktivitätsverlust führen muss, weil neue Prozesse noch nicht eingeübt und eingeschliffen sind. Dieser bekannte Effekt wird in Fachkreisen auch als „Dip in the Delta" bezeichnet und soll durch Changemanagement in seinen Auswirkungen entschärft werden (siehe Abbildung 30).

Einerseits scheint Changemanagement also einen Nutzen zu haben, der die Investition in dieses Thema rechtfertigt. Andererseits lässt sich dieser Nutzen nicht leicht quantifizieren. Die Investition in Changemanagement bewegt sich in der Regel im bescheidenen Rahmen einer „Portokasse". Eine Studie, die Changemanagement im Rahmen von SAP-Einführungen untersucht, kommt zu dem Ergebnis, dass der Anteil für Changemanagement – ohne Schulungsmaßnahmen – fast durchgehend unter zehn Prozent der Projektbudgets liegt, mehrheitlich sogar unter fünf Prozent (Kohnke/Bungard, 2005, S. 128f.). Diese Werte entsprechen auch unseren Erfahrungen.

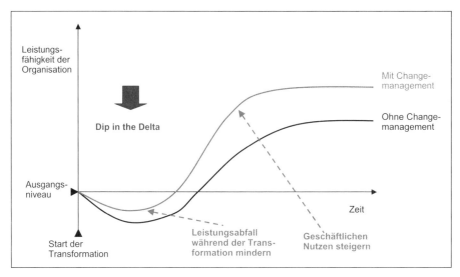

Abb. 30: Dip in the Delta (Quelle: Feldmüller, 2011, angelehnt an Giest, 2009)

Wie kann man also Empfehlungen formulieren, um effektives Changemanagement in IT-Projekten zu betreiben?

Sollte es verbindliche formelle Regeln geben, wie mit Veränderungsprozessen umgegangen werden soll?

Die Teilnehmer der Studie hatten den informellen Regeln in der Praxis die größte Bedeutung gegeben, mehr als die Hälfte der Unternehmen scheinen diese oder keine zu praktizieren. „Wichtig ist, was rüber kommt" – so formuliert es ein Interviewteilnehmer.

Damit wird deutlich unterstrichen, dass der Erfolg eines Veränderungsvorhabens nicht mit Regeln, Tools oder festgeschriebenen Vorgehensweisen, sondern in den Köpfen und Herzen der Beteiligten entschieden wird.

Sollte man demnach die Bemühungen einstellen, ein systematisches Vorgehen mit Regeln und Tools zu verfolgen? Wir möchten hierzu folgendes zu bedenken geben: In Anlehnung an das Capability Maturity Model des Software Engineering Institutes (heute CMMI, (siehe SEI, 2012)) können wir nur von einem wiederholbaren, definierten oder optimierten – also ausgereiften – Vorgehen im Prozess sprechen, wenn ein Standard definiert ist, der im besten Fall auch ständig verbessert wird.

Arbeiten wir in Veränderungsprozessen mehrheitlich im Anfänger-Stadium und sehen keinen Grund, dies zu ändern? – so könnten wir angesichts der Studienergebnisse provokativ fragen.

Natürlich wird es kaum Regelwerke geben können, die alle Veränderungsprozesse einer Organisation hinreichend vordenken können. Gerade für den Kontext von Veränderungen in und durch IT-Projekte lassen sich allerdings hilfreiche Werkzeuge und Prozessregeln zusammentragen, die wir im Folgenden vorstellen wollen.

4.1 Analyse, Planung und Controlling von Veränderungsvorhaben bei IT-Projekten

Eine klare Ist- und Soll-Analyse für ein Veränderungsvorhaben sollte selbstverständlich sein – ist es aber nicht.

Methoden wie „Change-Readiness-Assessment" oder „Change-Impact-Analyse" scheinen wenig bekannt zu sein und werden nur von einer Minderheit der Organisationen eingesetzt und auch andere Analysemethoden werden nicht einmal von der Hälfte der beteiligten Organisationen angewendet. Wie auf dieser Basis ein systematisches und strukturiertes Veränderungsmanagement aufgesetzt werden kann, ist äußerst fraglich.

Genauso verhält es sich mit dem Controlling der Veränderung.

Soweit allerdings Methoden für Analyse und Controlling eingesetzt werden, wird ihnen eine positive Wirkung zugeschrieben, besonders in der qualitativen Untersuchung kommt dies klar zu Tage.

Die Analyse der Ausgangssituation und das Controlling des Veränderungsprozesses sollten nicht vernachlässigt werden.

Wie aber kann dies konkret in der Praxis erfolgen? Das Vorgehen und die aus unserer Sicht bewährten Methoden möchten wir im Folgenden beschreiben und dazu einige Praxisbeispiele einfließen lassen.

Fallbeispiel „Reorganisation IT-Dienstleister": Veränderungsvorhaben bei einem IT-Dienstleister der öffentlichen Verwaltung

Der IT-Dienstleister ist seit zwei Jahren in einem grundlegenden Wandel begriffen. Zunächst wurden in einer Fusion mehrere bislang eigenständige Rechenzentren zu einer neuen Organisationseinheit fusioniert. Dabei wurde eine neue Organisationsstruktur eingeführt, um Synergieeffekte und Effizienzgewinne zu realisieren. Die neue Aufbaustruktur (Organigramm und Geschäftsverteilungsplan) wurde in Kraft gesetzt und das Personal sowie die Aufgaben in die neue Struktur transformiert. Im dritten Schritt wurde sodann mit der Entwicklung und Implementierung der neuen Ablaufstruktur (Prozesse und unterstützende IT-Werkzeuge) begonnen.

Veränderung der Aufbauorganisation (Organigramm und Geschäftsverteilung)

Durch die Fusion der bislang eigenständigen Organisationen zu einer, wurde es erforderlich ein neues Organigramm zu entwerfen, in dem die bisherigen Organisationen einfließen.

Die bisherigen Organisationen waren nach kundenspezifischen Fachzentren organisiert, die den Kunden eine exzellente fachliche Betreuung bieten konnten. Dies wurde mit dem Nachteil „erkauft", dass die technologische Spezialisierung in den verschiedenen Organisationseinheiten und damit die Flexibilität zur Übernahme neuer Aufgaben und Kundenanforderungen stark eingeschränkt war.

Mit dem neuen Organigramm wurde nun eine Struktur eingeführt, die eine stärkere technische Spezialisierung fördert und durch die Ausrichtung entlang der Wertschöpfungskette nach „Plan-Build-Run" zu flexibleren und effizienteren Prozessen führt.

Die bisherigen IT-Standorte wurden standortübergreifend in die Geschäftsbereiche IT-Planung und -Steuerung (plan), IT-Lösungen (build) und IT-Betrieb (run) transformiert.

Veränderung der Ablauforganisation (Prozessorganisation)

Ein wesentliches Ziel ist es, durch effizientere Strukturen mehr IT-Dienstleistungen noch wirtschaftlicher erbringen zu können. Da die Personalressourcen den leistungsbegrenzenden Faktor darstellen, geht es hier also nicht um eine Reduzierung des Personals, sondern vielmehr um einen Leistungszuwachs ohne eine Ausweitung des Stellenplans. Diese Vorbemerkung ist insoweit für weitere Betrachtungen von Bedeutung, als dass sich die Beschäftigten durch diese Zielsetzung keine Sorgen um die Zukunft ihres Arbeitsplatzes machen mussten.

Eine Maßnahme zur Erreichung der Ziele der Organisationsveränderung war die Einführung einer prozessorientierten Organisation. Hierdurch sollen Synergien erzielt werden und insbesondere durch die Skalierung eine Steigerung der Leistungsfähigkeit und der Effizienz erreicht werden.

Die Kernprozesse wurden dazu neu modelliert und die Aufbauorganisation entsprechend ausgerichtet.

Obschon in den Vorgängerorganisationen IT-Lösungen entwickelt und betrieben wurden, waren die dafür implementierten Leistungs-, Steuerungs- und Stützprozesse doch im Detail unterschiedlich.

Veränderungen bezüglich des sozialen Gefüges bzw. im Arbeitsverhalten

Die Ausrichtung an der Wertschöpfungskette und der Wandel in Richtung einer deutlich stärkeren Service-, Kunden-, Projekt- und Prozessorientierung führten zum einen zu einer deutlich arbeitsteiligeren Organisation. Auf der anderen Seite musste aber jenseits der Zuständigkeitsgrenzen das Verantwortungsgefühl für das Gesamtergebnis der Service für die Kunden verstärkt werden.

Beispielsweise wurde für die IT-Dienstleistungen ein zentrales Kundenmanagement eingerichtet, welches die Kundenanfragen bündeln und koordinieren sollte. Im Gegenzug dazu wurden die bislang jeweils auf einen Kunden bezogenen Entwicklungsbereiche zu technologisch ausgerichteten Kompetenzzentren umgruppiert. Hierdurch wurde von den Mitarbeitern zum einen eine deutlich höher arbeitsteilig organisierte Arbeitsweise gefordert. Zum andern wurde von ihnen der Wechsel von technologischen Generalisten und fachlichen Spezialisten hin zu technologischen Spezialisten und fachlichen Generalisten erwartet.

In den folgenden Abschnitten soll dieses Fallbeispiel sowie weitere Praxisbeispiele immer wieder herangezogen werden, um die aus der empirischen Studie gewonnenen Erkenntnisse in Handlungsempfehlungen zu übertragen und an dem konkreten Veränderungsprojekt in Form von Positiv- und Negativbeispielen zu verdeutlichen.

4.1.1 Analyse der Ausgangssituation

Die Analyse der Ausgangssituation muss folgende Bereiche einbeziehen:

- Was wird wohin verändert?
- Warum ist die Veränderung notwendig?
- Wie passt die Veränderung in die Strategie und die Ziele der Organisation?
- Welche Personen, Gruppen oder Organisationen („Stakeholder") sind von der Veränderung wie betroffen?
- Auf welchen Ebenen der Veränderung – im Bereich Aufbauorganisation, Ablauforganisation, Arbeitsverhalten – sind diese betroffen?
- In welchem Maß sind die Beteiligten betroffen? (Möglichst mit Kennzahlen belegt)
- Welchen Schulungsbedarf haben die Betroffenen, um die Veränderung erfolgreich bewältigen zu können?
- Welche Gründe für mögliche Widerstände oder Vorbehalte gegenüber der Veränderung können für die Betroffenen identifiziert werden?
- Welche Besonderheiten müssen für die Betroffenen berücksichtigt werden?

Fallbeispiel „Neue Planungs-Software"

In einem großen Unternehmen soll in einem IT-Projekt eine neue Software für die Planung der Kundenprojekte eingeführt werden. Aus der Planung der Kundenprojekte leiten sich auch Zahlen für die Unternehmensplanung ab, die ebenfalls mit der Software unterstützt wird. Die bisherige Software ist technisch veraltet und bedarf einer Erneuerung. Hierbei sollen einige Schwächen ausgemerzt werden. Allerdings wird die neue Planungs-Software nicht neu entwickelt, sondern auf der Basis einer dafür geeigneten Standard-Software angepasst. Bei den Anforderungen gibt es durch die Historie und die Vorgaben aus dem Standard kaum Spielraum. Sie werden in einem kleinen Expertenkreis mit Vertretern aus dem Fachbereich abgestimmt.

Aufbauorganisatorische Veränderungen gehen mit diesem IT-Projekt nicht einher, aber es wird einige Änderungen an den bisherigen Abläufen und auch am Arbeitsverhalten geben. Zwangsläufig sind in der Standard-Software neue ungewohnte Oberflächen und einige Prozesse vorgegeben, die Veränderungen für die Benutzer, die Projektverantwortlichen und für die Kundenprojekte bedeuten. Manche der Veränderungen werden voraussichtlich nicht als Verbesserungen empfunden werden. Hier muss das Veränderungsmanagement ansetzen.

Auf Basis der Stakeholder-Analyse wird die Change-Impact-Analyse der Ausgangssituation erhoben. Insbesondere werden alle betroffenen Organisationseinheiten und Standorte mit den Benutzerzahlen sowie Anzahl und Größe der betreuten Kundenprojekte ermittelt. Hieraus ergibt sich ein Maß für den Grad der Betroffenheit. Besonderheiten ergeben sich daraus, dass einige Organisationseinheiten Spezial-Tools an die alte Planungs-Software angeschlossen haben – diese Schnittstellen sind jetzt für die neue Planungs-Software zu prüfen und anzupassen. Zudem sind einige Standorte neu in die Planungs-Software zu integrieren. Es wird eine vergleichende Prozessanalyse für die alten und neuen Projektplanungsprozesse durchgeführt, um die bevorstehenden Veränderungen aufzuzeigen. Auf Basis dieser Erhebungen werden Maßnahmen für die Begleitung der Veränderung und auch die Trainingsmaßnahmen geplant.

Fallbeispiel „Weltweite PLM-Einführung"

In einem weltweit agierenden Großunternehmen wird eine Software für das Product Lifecycle Management eingeführt. Dabei werden in mehreren Geschäftseinheiten unterschiedliche Altsysteme abgelöst. Es ist von vornherein klar, dass diese Einführung die Strategie von weltweit einheitlichen Prozessen und Methoden über die ganze Prozesskette, von der Produktidee über die Entwicklung bis hin zum Service-Fall, ideal unterstützt. Gleichzeitig ist auch klar, dass dieses Veränderungsvorhaben mehrere Jahre in Anspruch nehmen wird und weltweit viele Mitarbeiter davon betroffen sein werden.

Change-Impact-Analyse

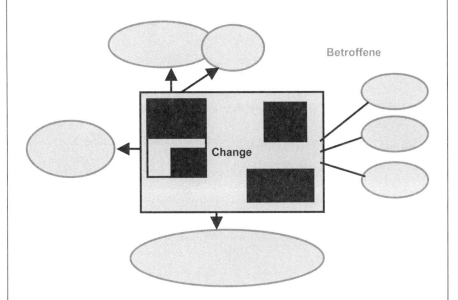

Der Begriff „Change-Impact-Analyse" kommt aus dem Software Engineering und meint die für die Umsetzung einer Veränderung notwendige Analyse aller Einzelheiten im Design, sowie der damit verbundenen Aufwände und Risiken. Angewendet wird er hier auf die organisatorischen Veränderungen.

Es geht also um:

- Art und Umfang der Veränderung
- Betroffene Personen oder Organisationseinheiten
- Ebenen und Grad der Betroffenheit
- Schulungsbedarf bei den Betroffenen
- Risiken und Besonderheiten bei den Betroffenen mit Blick auf die Veränderung

Methodenkasten 1: Change-Impact-Analyse (Quelle: Eigene Darstellung)

Eine detaillierte Analyse für die gesamte Einführung macht zu Beginn dieses Projektprogramms keinen Sinn, da zu diesem Zeitpunkt kaum sicher vorhersagbar ist, wann welche Änderung auf wen zukommen wird. Hier kann nur grob voranalysiert werden, um dann die Details schrittweise und jeweils für den betroffenen Ausschnitt aus der Organisation zu analysieren und die konkreten Changemanagement-Aktivitäten zu planen.

Ein Risiko, das bei jedem Veränderungsvorhaben auftritt, ist, dass Widerstände offen oder verdeckt auftreten. Mögliche Gründe für Widerstände oder Vorbehalte gegen die Veränderung können vielfältig sein und in den Gründen liegen, die Auslöser für die Veränderung sind, wie auch in der Vorgeschichte oder den Rahmenbedingungen.

4.1.2 Auslöser für Veränderungen

Für die Durchführung von Veränderungsprojekten gibt es zahlreiche auslösende Momente: Einige davon werden von außen an die Organisation herangetragen, während andere innerhalb der Organisation sichtbar werden. Entscheidend ist ebenfalls, ob eine aktive Entscheidung für oder gegen die Durchführung der Anpassung möglich ist oder ob es sich um „unfreiwillige" bzw. „erzwungene" Veränderungen handelt (Kettner/Mütter, 2009).

In der IT als einer entwicklungsintensiven Branche ist der Aufwand für Wartung, Pflege und Weiterentwicklung, also allgemein die Änderbarkeit, eine wichtige Größe. Die Verbesserung der Änderbarkeit der Produkte senkt die Entwicklungskosten. Dies ist ein Auslöser aus dem Inneren der Organisation heraus, bei dem die Möglichkeit gegeben ist, sich für oder auch gegen die Einführung von Prozessveränderungen zu entscheiden.

Nicht selten beginnen Veränderungsvorhaben mit der Erkenntnis, dass „etwas nicht stimmt". Kunden beschweren sich, die Produkte werden reklamiert, die Technologie ist zu langsam, der Konkurrent hat ein neues und besseres Produkt am Markt platziert usw. Diese Faktoren stellen Auslöser für Veränderungen dar, die außerhalb der eigenen Organisation liegen.

Die gängigsten Fälle externer Auslösersituationen sind (De-)Zentralisierungen, Fusionen und Zu- oder Verkäufe. Solche Veränderungen werden „von oben" vorgegeben. Hier stellt sich nur noch die Frage, wie und wann die Veränderung umgesetzt werden soll und welche Ressourcen dafür zur Verfügung stehen. Diese Situationen generieren die größten Ängste und Bedenken, weil das Ausmaß und die Auswirkungen am wenigsten kalkulierbar erscheinen und weil die Wahrscheinlichkeit, dass existenzielle (Arbeitsplätze) und veränderungsresistente Bereiche (persönliche Werte) betroffen sind, sehr groß ist. Die Möglichkeit der aktiven Gestaltung durch die Mitarbeiter ist eher begrenzt.

Andere häufig herangezogene Gründe für Veränderungen sind die „Verschlankung der Prozesse", der „Wettbewerbsdruck" oder die „Steigerung der Leistungsfähigkeit". Dahinter können sich verschiedene, mehr oder weniger deutliche Aussagen verbergen, die sich einem gerade aktuellen Mainstream anschließen und für die eigene Situation in der Organisation hinterfragt werden müssen. Am Beispiel der „Steigerung der Leistungsfähigkeit" stellen sich etwa die Fragen: Wessen Leistungsfähigkeit soll gesteigert werden? Die Fähigkeit zu welcher Leistung soll gesteigert werden und warum? Wovon hängt diese Leistungsfähigkeit ab? Welche (informellen) Leistungen und Tätigkeiten werden von den Mitarbeitern erbracht, die gegenwärtig nicht erfasst werden, und welche Funktion haben diese innerhalb der Leistung eines Teams oder des Gesamtunternehmens?

Um zu fundierten unternehmerischen Entscheidungen zu kommen, ist es von großer Bedeutung die tatsächlichen auslösenden Momente zu erkennen und von den Moden und Hypes zu unterscheiden, die möglicherweise zu aufwendigen Maßnahmen verleiten, aber nicht mehr mit der Geschäftsstrategie kompatibel sind.

4.1.3 Skepsis gegenüber Veränderungen

Wir haben folgende Gründe für Skepsis gegenüber Veränderungen in unserer bisherigen Praxis identifiziert (Feldmüller/Mütter, 2008):

- Umfeld der Organisation
- Größe und Alter einer Organisation
- Personelle Zusammensetzung der Mitarbeiter
- Überoptimierte Prozesse
- Vorgeschichte
- Glaubwürdigkeit und Werthaltigkeit

Die Veränderungsbereitschaft einer Organisation wird durch Umfeldfaktoren wie z. B. Branche und Region beeinflusst. In einem Umfeld, in dem Mitarbeiter und Organisation an Veränderungen gewöhnt sind, es mehr erfolgreiche Strategien zu deren Bewältigung gibt und mehr Selbstvertrauen vorhanden ist, Veränderungsprozesse anzugehen, ist die Bereitschaft für Veränderungen größer.

Auch die Größe eines Unternehmens und dessen Alter spielen eine Rolle für die Veränderungsbereitschaft. Größere Unternehmen zeichnen sich durch eine ausgeprägtere Arbeitsteilung und somit eine höhere innerbetriebliche Komplexität aus. Dadurch gehen tendenziell Flexibilität und Wandlungsfähigkeit des Unternehmens zurück. Ältere Unternehmen sind in der Regel durch stärker etablierte Strukturen und Prozesse gekennzeichnet als junge Unternehmen und somit tendenziell träger und zurückhaltender gegenüber Veränderungen.

Eine weitere Einflussgröße für die Veränderungsbereitschaft ist die Zusammensetzung der Mitarbeiterschaft – es geht um Vielfältigkeit in Bezug auf Alter, Geschlecht, ethnische und nationale Zugehörigkeit, Religion, Bildung, Sprache, kulturelle Werte, Lifestyle u. a. m. Gemischt zusammengesetzte Teams produzieren, unter angemessener Führung, kreativere, tragfähigere Lösungen, weil jedes Teammitglied eigene Denk- und Lösungsansätze sowie sein persönliches Know-how beiträgt. Der unterschiedliche

Hintergrund der Mitarbeiter erweitert das Verhaltensrepertoire der Organisation und deren Veränderungsbereitschaft.

Geschäftsabläufe verlaufen besser, wenn Prozesse, Regeln und Schnittstellen allen bekannt und wohl definiert sind sowie Erfahrungen mit der Durchführung vorliegen. Das Optimum erreicht ein Unternehmen, wenn es alle Prozessschritte eng auf die innere Organisation und externe Beteiligte abstimmt. Kleine Veränderungen lassen sich dann noch leicht in die Abläufe integrieren. Komplexe Änderungen stellen aber Regeln und Abläufe im Kern häufig infrage. Die optimale, aber „festgefrorene", Ausrichtung von Geschäftsprozessen kann die Wahrnehmung von Änderungsbedürfnissen einschränken. Im ganzheitlichen Sinne stellt eine flexiblere Organisation mit weniger stark angepassten Arbeitsabläufen häufig eine günstigere Situation dar.

Auch die Vorgeschichte hat einen entscheidenden Einfluss auf Veränderungsprozesse. In der Tat kommt es häufig vor, dass im Laufe der Jahre ein und dieselbe Organisationsänderung zweimal durchlaufen wird – etwa Zentralisierung und Dezentralisierung im Wechselspiel – und dabei beim ersten Mal mit größeren Erfolgschancen als beim zweiten Mal: „Warum soll ich denn da nochmal mitmachen? Das hat beim ersten Mal schon nicht funktioniert!"

Immer wieder werden Veränderungsprozesse mit einer „Hidden Agenda" eingeführt (auf Druck prominenter Stakeholder, etwa aus politischen Gründen, aufgrund technologischer oder Beratungstrends oder auf Druck von Aktionären). Aber: Diese Kombination nicht offen ausgesprochener wahrer Gründe und kommunizierter vorgeschobener Gründe wirkt negativ und ist unglaubwürdig. Wo die Führungskraft an die Notwendigkeit einer Veränderung glaubt, kann sie diese auch glaubwürdig und offen kommunizieren – und sie wird auf die Kommunikation der Notwendigkeit auch nicht verzichten wollen. Wo die Führungskraft insgeheim schon nach ihrem Rettungsboot Ausschau hält, ist sie selbst mehr Opfer als Führungskraft des Wandels – und ihr wird auch keine glaubwürdige Kommunikation und Motivation gelingen. Die wahre Agenda und der wahre Wert einer Veränderung ist ein wichtiger Faktor für die Bereitschaft der Organisation, die Veränderung mit der gebotenen Dringlichkeit und Energie anzugehen.

Es lohnt sich also sehr wohl, bei einer anstehenden Veränderung die genannten Gründe durchzugehen, um die Ausgangssituation besser einschätzen zu können.

Fallbeispiel „Neue Planungs-Software"

Bei der Einführung der neuen Planungs-Software gibt es eine nicht unproblematische Vorgeschichte. Die Ablösung der Alt-Software wurde bereits einmal versucht, scheiterte allerdings, da man sich bei der Neuauflage „verhoben" hatte. Auch im Fachbereich – bei den Anwendern der Planungs-Software – waren für den gescheiterten Versuch nicht unerhebliche Ressourcen verbraucht worden. Insofern ist davon auszugehen, dass dem jetzigen Ablösungsprojekt von allen Beteiligten mit einer gewissen Skepsis begegnet wird.

HANDLUNGSEMPFEHLUNGEN FÜR DIE PRAXIS

Change-Readiness-Assessment

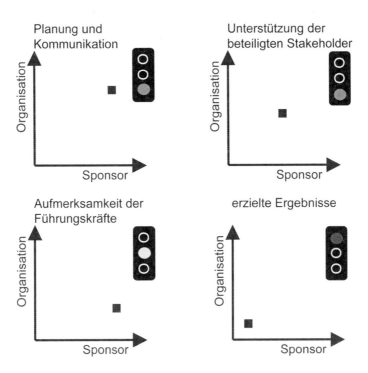

Das Change-Readiness-Assessment untersucht die Bereitschaft und Fähigkeit einer Organisation und ihrer Führungskräfte eine bevorstehende Veränderung zu bewältigen, auf Basis vorhergegangener Veränderungsprozesse.

Folgende Aspekte werden jeweils für die Organisation und für die Veränderung verantwortende Führungskraft („Sponsor") im Hinblick auf vorhergegangenen Veränderungen betrachtet:

- Planung und Kommunikation
- Unterstützung der beteiligten Stakeholder
- Aufmerksamkeit der Führungskräfte
- Erzielte Ergebnisse

Hieraus ergeben sich Anhaltspunkte für die Erfolgswahrscheinlichkeit der anstehenden Veränderung.

Methodenkasten 2: Change-Readiness-Assessment (Quelle: Eigene Darstellung)

Fallbeispiel „Weltweite PLM-Einführung"

Bei der weltweiten PLM-Einführung sind viele Altsysteme abzulösen, die in einzelnen Geschäftseinheiten spezielle Geschäftsvorfälle optimal und ganz speziell unterstützt haben – was so im neuen PLM-System nicht mehr wirtschaftlich sinnvoll fortgeführt werden kann. Dies bedeutet natürlich eine besondere Herausforderung für das Veränderungsvorhaben.

Hinzu kommt, dass bei der langen Dauer der Einführung an einigen Arbeitsplätzen mehrere Veränderungen kurz nacheinander durchgezogen werden müssen, und in den Übergangszeiten auch manche Kompromisse im Prozess gemacht werden müssen, weil die Durchgängigkeit noch nicht gegeben ist. Die Vorteile werden erst nach jahrelangem Leben „auf der Baustelle" eingefahren werden können. Es ist klar, dass es eine Herausforderung bedeuten wird, hier die Mitarbeiter bei der Stange zu halten.

4.1.4 Analyseergebnisse

Aus den Überlegungen zum Auslöser der Veränderung und möglichen Ursachen für eine Skepsis ergeben sich Rückflüsse für die Risiken, denen das anstehende Veränderungsvorhaben unterliegt, die dokumentiert werden sollten.

Hilfreich ist hier eine Betrachtung zum „Change-Readiness-Assessment", aus der sich ein Bild zur Erfolgswahrscheinlichkeit für die anstehende Veränderung ergibt, einschließlich Ansätzen zur Lokalisierung von Risiken. Veränderungsbereitschaft kann nicht metrisch gemessen werden. Eine Rolle für die Einschätzung spielen die vorgetragenen Überlegungen zu Auslöser und Gründen für Skepsis.

Bei unserer hier vorgeschlagenen Variante des Assessments beschränken wir uns der Einfachheit halber auf die Vorgeschichte der Organisation und der hauptverantwortlichen Führungskraft - wobei implizit viele der oben betrachteten Faktoren einfließen.

Die Ergebnisse der Change-Impact-Analyse und des Change-Readiness-Assessments bilden die Grundlage für die Planung des Veränderungsvorhabens. Es ergibt sich nun ein klares Bild über die Ausgangssituation und den Handlungsbedarf für die Umsetzung des Veränderungsvorhabens.

4.1.5 Planung des Veränderungsvorhabens

Aufgrund der Analyse kann eine Planung der Maßnahmen, um das Veränderungsvorhaben umzusetzen, erfolgen. Dabei geht es hier um Veränderungsvorhaben im Zusammenhang mit IT-Projekten. Wir fokussieren dabei die Maßnahmen bzw. Projektaufgaben, die sich mit dem Veränderungsvorhaben befassen und setzen die technischen Projektaufgaben in dem IT-Projekt als geplant voraus.

Nach unserer Empfehlung sind für das Changemanagement eigene Verantwortlichkeiten zu definieren. Das werden wir im folgenden Abschnitt zum Thema „Rollenverteilung" noch ausführlich darlegen und mit Überlegungen zur Umsetzung unterfüttern.

Für die Planung heißt dies, dass Arbeitspakete und Verantwortliche für die Aufgaben zum Changemanagement zu definieren sind und diese – natürlich in enger Koordination mit den eher technischen Arbeitspaketen – geplant werden müssen.

Für die Umsetzung von technischen Entwicklungen haben sich Vorgehensmodelle bewährt, die im Allgemeinen die Phasen Initialisierung, Definition, Entwurf, Realisierung, Einsatz und Abschluss aufweisen.

Das Ur-Modell der Veränderungsvorhaben von Lewin (Lewin, 1947) gliedert die Veränderung in drei Phasen (siehe Abbildung 3):

I Auftau-Phase (Unfreeze), in der die bisherigen Prozesse aufgelöst werden,
I Bewegungs-Phase (Move), in der die bisherigen Prozesse durch die zukünftigen ersetzt werden,
I Einfrier-Phase (Refreeze), in der die neuen Prozesse etabliert und in Produktion genommen werden und die neue Situation stabilisiert wird.

Unter anderem geht es nun darum, beide Phasenmodelle – das für die Veränderung und jenes für das IT-Projekt – bzw. Arbeitspakete in den einzelnen Phasen mit eventuell bestehenden Abhängigkeiten in ihrer zeitlichen Abfolge zu planen.

Bei den meisten Veränderungsvorhaben sind Schulungen der neuen Prozesse erforderlich. Gerade im Zusammenhang mit IT-Projekten geht es um neue Prozesse im neuen IT-System. Diese finden in der Regel in der Bewegungs-Phase der Veränderung statt – das ist dann der Fall, wenn eine stabile Version des IT-Systems für den Einsatz vorbereitet ist und kurz vor dem Roll-out steht.

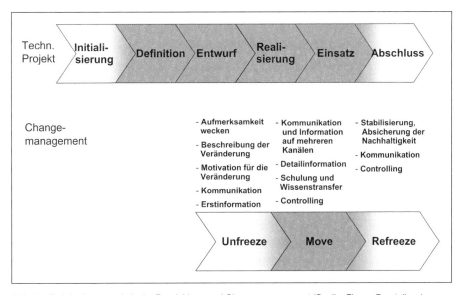

Abb. 31: Projektphasen technische Entwicklung und Changemanagement (Quelle: Eigene Darstellung)

Fallbeispiel „Neue Planungs-Software"

In dem bereits eingeführten Beispiel aus einem Großunternehmen ergibt sich bei der Planung auf der Zeitachse folgender Ablauf im groben Überblick:

Die angemessenen Aktivitäten je Phase der Veränderung sind in Abbildung 31 ebenfalls grob benannt. Fein ausgearbeitet sind sie in einem Konzept für das Changemanagement. Als konkrete Aktivität ergibt sich daraus z. B. der Bedarf für die Aufbereitung von Informationen über die bevorstehende Veränderung, der auf mehreren Kanälen den Betroffenen vermittelt wird. Insbesondere wird es in der Unfreeze-Phase je Organisationseinheit und je Standort eine Veranstaltung zur Erstinformation der Betroffenen geben, bei der diese auch zu direktem Feedback aufgefordert werden (sollen). Diese Maßnahmen werden im detaillierten Projektplan verankert und genauso verfolgt wie die Maßnahmen zur technischen Entwicklung und Bereitstellung des IT-Systems.

Allerdings müssen wir uns klar machen, dass die Planung eines Veränderungsvorhabens mehr Unsicherheiten in sich birgt als eine rein technische Entwicklung – deren Unsicherheiten wir hiermit nicht herunterspielen wollen. Idealerweise nehmen wir Rückmeldungen von Betroffenen in die weitere Planung auf, die am Anfang noch nicht unbedingt bekannt waren.

Spielraum für Korrekturmaßnahmen und Planungsänderungen muss also vorgesehen werden.

Fallbeispiel „Weltweite PLM-Einführung"

Bei dem schon erläuterten Beispiel des Projektprogramms zur weltweiten PLM-Einführung wird die Planung der Changemanagement-Aktivitäten auch als Programm angegangen. Einzelne Schritte – Teilprojekte – werden im Rahmen des Gesamtvorhabens detailliert und konkret geplant.

Korrekturmaßnahmen und Planungsänderungen sind schon durch die technischen Unwägbarkeiten auf dieser langen Zeitstrecke immer wieder notwendig. Auch Rückmeldungen aus den betroffenen Geschäftseinheiten erfordern wiederholt Korrekturen wie:

- „Wir müssen jetzt erst einmal stabilisieren." oder
- „Wir wollen uns jetzt mehr beteiligen, damit unsere Interessen stärker berücksichtigt werden."

Ebenso muss die Kostenplanung für Changemanagement durch einen Puffer für Korrekturen vorbeugen. Wie bereits gesagt, die Kosten für die Changemanagement-Aktivitäten bewegen sich im Vergleich zu den Entwicklungs- und Investitionskosten im technischen Anteil des IT-Projekts in der Regel in einem kleinen Rahmen von unter fünf bzw. unter zehn Prozent des Projektbudgets.

Last but not least ist bei der Planung eines Veränderungsvorhabens zu berücksichtigen, dass nach jeder Veränderung auch eine Stabilisierungsphase vorgesehen werden muss. „Nichts ist konstanter als die ständigen Veränderungen" ist unsere Wirklichkeit, die im Spannungsfeld mit der Erkenntnis steht, dass die beteiligten Menschen den Wechsel zwischen Stabilität und Wandel brauchen. Anpassung benötigt Energie und ungewohnte Prozesse laufen weniger effizient wie produktiv. Permanenter Wandel gefährdet Effizienz und Produktivität.

4.1.6 Controlling des Veränderungsvorhabens

Alle Maßnahmen zur Begleitung des Veränderungsvorhabens unterliegen gleichermaßen dem Projektcontrolling wie es die Entwicklungsaktivitäten tun. Allerdings haben wir dabei eine Schwierigkeit zu berücksichtigen: Der Erfolg einer Maßnahme ist hier schwieriger zu messen als die Fertigstellung eines Software-Paketes.

Ein Beispiel: Im Rahmen von Veränderungsprojekten müssen die Mitarbeiter in den neuen Prozessen fast immer geschult werden. Das klassische Projektmanagement richtet sich hierbei auf den Fokus, ob das Arbeitspaket „Schulung XY durchführen" in Time und in Budget durchgeführt wurde. Diese Sichtweise ist für eine erfolgreiche Organisationsveränderung notwendig, aber nicht hinreichend, übersieht sie doch die Tatsache, dass die Teilnehmer der Schulung möglicherweise – aus welchen Gründen auch immer – den vermittelten Stoff nicht verstanden haben.

Daher halten wir es für ratsam, Rückmeldungsschleifen zu den Maßnahmen des Veränderungsvorhabens vorzusehen. Einfache Maßnahmen wie Briefkästen oder Benennung von Ansprechpartnern, an die Fragen oder Rückmeldungen gerichtet werden können, können hier greifen, erfordern aber jeweils eine hohe Aktivität der Betroffenen. Somit haben sie für die Betroffenen eine relativ hohe Schwelle. Niedrigschwelliger sind Angebote wie Veranstaltungen mit interaktiven Anteilen, oder „Go and See" – damit ist das Zugehen der für den Change Verantwortlichen auf die Betroffenen, nach Möglichkeit in ihrem Arbeitsumfeld, gemeint.

Für Trainings sind Befragungen zum Wert der Veranstaltung für die Teilnehmer häufig vorgesehen und sehr hilfreich. Aus einer solchen Auswertung lässt sich dann auf den Erfolg des Arbeitspakets „Schulung XY durchführen" schon eher schließen.

Es bietet sich an, solche Befragungen auch zu den anderen Maßnahmen im Umfeld des Veränderungsvorhabens durchzuführen und je nach Größe und Komplexität des Vorhabens durchaus auch mehrfach im Projektablauf zu wiederholen. Dann kann es gelingen, Ergebnisse aus Rückmeldungen frühzeitig in der Planung des weiteren Ablaufs zu berücksichtigen und echte Glaubwürdigkeit zu erzielen, so dass die Rückmeldungen der Betroffenen auch ernst genommen werden.

Damit kommen wir zu der bereits genannten Schwierigkeit bei der Planung des Veränderungsvorhabens, dass es hier zu unerwarteten Planänderungen kommen kann.

Welche Methoden können noch eingesetzt werden, um den Fortschritt eines Veränderungsprozesses zu überwachen?

Organisationsveränderungsprojekte verfolgen das Ziel, den Wandel der Organisation von einem Ausgangszustand in einen vorher definierten Zielzustand kontrolliert steuern zu können. Dafür ist es nicht nur erforderlich, vor Beginn des Projekts den Ausgangs- und den Zielzustand zu kennen und den Veränderungspfad zu planen. Zudem muss völlig analog zum „normalen" Projektmanagement in regelmäßigen Abständen auch der aktuell erreichte Zustand „gemessen" werden, um beurteilen zu können, ob sich das Veränderungsprojekt noch auf dem richtigen Pfad befindet, oder ob Korrekturmaßnahmen eingeleitet werden müssen.

Im Sinne von Change Monitoring bzw. Controlling stellt sich somit die Frage, wie der aktuell erreichte Zustand mit dem Plan verglichen werden kann. Für die verschiedenen Elemente der Organisationsveränderung bieten sich dabei unterschiedliche Ansätze und Methoden an.

Aufbauorganisatorische Veränderungen

Bei der Veränderung der Aufbauorganisation geht es darum, Abteilungen und Bereiche neu zu schneiden und damit die Mitarbeiter in die neuen Aufgabenbereiche zu transformieren. Hierbei können sich Widersprüche in der formalen Arbeitsorganisation und der Praxis des Arbeitsalltags ergeben.

In einem Unternehmen können nicht mehrere Versionen des Organigramms parallel nebeneinander existieren. Die neue Organisationsstruktur wird daher zu einem Stichtag verkündet und alle Mitarbeiter werden danach den Organisationseinheiten des neuen Organigramms zugewiesen.

In der Praxis finden Organisationsveränderungen „im laufenden Betrieb" statt. Durch die Veränderung dürfen Kundenbeziehungen nicht gefährdet und Leistungen nicht eingeschränkt werden. Daraus folgt, dass Mitarbeiter bereits vor dem Stichtag ihren neuen Aufgabenbereichen und den dafür zuständigen Organisationseinheiten zugewiesen werden.

Im einfachsten Fall üben die Beschäftigten dieselbe Aufgabe aus wie vor der Veränderung, gehören nun aber einer anderen Organisationseinheit (Abteilung, Gruppe, Team, ...) an. In diesem Falle werden die Mitarbeiter konkret an ihrem Arbeitsplatz nur geringe Auswirkungen der Veränderungen bemerken, so dass eventuell Widerstände mithin geringer ausfallen.

Nicht selten ist es jedoch der Fall, dass die Mitarbeiter mit der Umsetzung in eine neue Organisationseinheit auch neue Aufgaben übernehmen sollen. Aufgrund der Kunden- und Servicekontinuität müssen sie gleichzeitig dafür Sorge tragen, dass auch ihre bisherigen Aufgaben unvermindert fortgeführt werden, bis ein Nachfolger eingearbeitet ist, und die Aufgaben übernommen hat.

Dieser Spagat kann entweder zu Widerständen oder zu einer erheblichen Überlastung der Beschäftigten führen, weil sie für eine Übergangszeit beide Aufgaben parallel durchführen müssen, sich selbst in die neue Aufgabe einarbeiten und auch noch den

HANDLUNGSEMPFEHLUNGEN FÜR DIE PRAXIS

Change Monitoring und Controlling

Der Kerngedanke von Changemanagement ist es, Organisationsveränderungen geplant und kontrolliert ablaufen zu lassen.

Also benötigt man einen Plan der Zielorganisation und auch der Maßnahmen, die das Unternehmen dort hinführen sollen. „Monitoring" bzw. „Controlling" bedeutet in diesem Sinne das regelmäßige Messen, ob sich der Veränderungsprozess noch auf dem geplanten Weg befindet, ob sich Randbedingungen verändert haben, die zu einer Planänderung führen, oder ob Korrekturmaßnahmen ergriffen werden müssen.

Es geht also um:

- Beschreibung und Messung des bereits erreichten Zustands
- Vergleich des erreichten Zustandes mit dem Plan
- Steuerung von Planänderungen und Korrekturmaßnahmen

Methodenkasten 3: Change Monitoring (Quelle: Eigene Darstellung)

Nachfolger einarbeiten sollen. Fast zwangsläufig führt dies dazu, dass in beiden Aufgaben die Leistungsfähigkeit sinkt.

Jeanenne LaMarsh (Potts/LaMarsh, 2004, S. 56 f.) bezeichnet diese Situation mit dem bereits erwähnten „Dip in the Delta" (siehe Abbildung 30). Die alten Regeln und Aufgabenzuweisungen gelten nicht mehr, die neuen sind aber noch nicht etabliert, eingeübt und gelebt.

Ein gutes Maß zur Beschreibung des aktuellen Zustandes im Veränderungsprozess ist die Messung des Anteils der Beschäftigten je Organisationseinheit, die bereits die neuen Aufgaben wahrnehmen, und derjenigen, die noch alte Aufgaben fortführen müssen. Färbt man das Organigramm mit Ampelfarben ein (z. B. rot = „weniger als 30 % der Beschäftigten nehmen schon die neuen Aufgaben wahr"; gelb = „zwischen 30 % und 70 % der Beschäftigten arbeiten bereits an der neuen Aufgabe"; grün = „mehr als 70 % der Beschäftigten arbeiten bereits an der neuen Aufgabe"), ergibt sich ein sehr schönes grafisches Werkzeug, an dem man auf einen Blick erkennen kann, in welchen Organisationseinheiten noch besonderer Handlungs- und Veränderungsbedarf besteht.

Dieses Werkzeug bietet aber lediglich einen Überblick über den Status der Organisationsveränderung. Daneben ist eine Konkretisierung erforderlich, die z. B. festhält,

- welche Aufgaben in welcher Organisationseinheit künftig wahrgenommen werden sollen,
- ob die Mitarbeiter, die diese Aufgabe bisher wahrgenommen haben, nun auch dieser Organisationseinheit zugewiesen wurden (grün) oder ob die Aufgabe an einen Nachfolger übergeben werden muss (rot).

Diese Konkretisierung kann und muss bereits in der Unfreeze-Phase entwickelt werden, wenn die neue Organisationsstruktur entworfen wird.

In der Move-Phase, wenn also die Organisation von der alten in die Zielstruktur transformiert wird, muss dann bei den „roten" Aufgaben nachgehalten werden,

- ob die Übergabe der Aufgabe bereits abgeschlossen ist (grün),
- ob bereits ein designierter Nachfolger existiert, die Übergabe der Aufgabe aber noch nicht abgeschlossen ist (gelb),
- ob möglicherweise eine Planung der Aufgabenübergabe noch nicht erfolgen kann, weil noch kein Nachfolger benannt werden konnte.

Das Veränderungsmanagement sollte diesen Status regelmäßig messen und daraus erforderliche Maßnahmen ableiten. Dabei liegt es natürlich nahe, sich vorrangig mit den „roten" Fällen zu beschäftigen.

Ablauforganisatorische Veränderungen

Veränderungen der Aufbauorganisation (Organigramm) gehen in der Regel mit Veränderungen der Ablauforganisation (Prozesse) einher. Die Arbeit wird anders organisiert, d. h. sie soll nach anderen Abläufen abgearbeitet werden.

Der erste Schritt wird also in der Planungsphase sein, die neuen Prozesse zu entwerfen und zu beschreiben. Dann wird in der Planungsphase eine Einführungsstrategie entwickelt, die anschließend in der Unfreeze- und der Move-Phase umgesetzt werden muss.

Bei der Analyse des erreichten Status der Veränderung muss nun betrachtet werden, welche Arbeitseinheiten bereits nach den „neuen" Prozessen arbeiten und in welchen Arbeitseinheiten die bisherigen Aufgaben noch nach den alten Regeln bearbeitet werden.

Bildet man dies wieder farblich auf ein Organigramm ab (rot = „neue Prozesse noch nicht implementiert", gelb = „neue Prozesse teilweise implementiert", grün = „neue Prozesse inzwischen vollständig umgesetzt"), ergibt sich wieder ein guter Überblick über die Umsetzung der neuen Prozesse in der Organisation.

Auch hieraus müssen sich wiederum Konkretisierungen zur Steuerung der Umsetzung ableiten, d. h. bildlich gesprochen, in welchen Schritten die Prozessimplementierung erhöht werden soll.

Veränderungen bezüglich des sozialen Gefüges bzw. im Arbeitsverhalten

Viele tiefgreifende Organisationsveränderungen bewirken häufig nicht nur einen Wandel der Arbeitsprozesse, sondern auch eine Veränderung des sozialen Gefüges im Betrieb und in der Unternehmenskultur. Beispiele hierfür sind der Wechsel von einer rein hierarchischen Organisationsform zu einer prozessorientierten Matrixorganisation oder auch der Wechsel von klassischer wasserfallgetriebener Softwareentwicklung hin zu agilem Projektmanagement.

Im Sinne von „Veränderungscontrolling" muss hier also festgestellt werden, in wieweit die neue Kultur und das neue Arbeitsverhalten bereits gelebt wird. Die Komplexität ergibt sich daraus, dass hier Kultur und Verhalten zu messbaren Größen werden müssen.

Fallbeispiel „Reorganisation IT-Dienstleister": Monitoring der Veränderung der Aufbauorganisation (Organigramm) bei dem IT-Dienstleister

Bei dem IT-Dienstleister aus dem o. g. Fallbeispiel wurde ein neues Organigramm in Kraft gesetzt. Durch die Ausrichtung an der Wertschöpfungskette wurde der Geschäftsbereich „IT-Planung und -Steuerung" (Plan) neu aufgebaut. Den hierfür erforderlichen Mitarbeitern wurden neue Aufgaben zugewiesen, die sie bislang in dieser Form nicht wahrgenommen haben. Als ein Beispiel ist hier das neu eingerichtete „Kundenmanagement-IT" zu nennen, in dem alle Kundenkontakte gebündelt werden. Diese Aufgaben wurden bislang in deutlich weniger systematisierter Form in den Lösungs- und Betriebsbereichen nebenher wahrgenommen. Ein weiteres wichtiges Beispiel ist das neue „Skillmanagement-IT", mit dem die Steuerungsfähigkeit darüber erlangt werden soll, welche

Mitarbeiter mit welchen „Skills" im Unternehmen vorhanden sind, um sie gezielt in neuen Aufgaben einsetzen zu können.

Gleichzeitig durfte der Service durch die Reorganisation nicht leiden, d. h. „Das Tagesgeschäft geht vor". Bei den Mitarbeitern, die mit neuen Aufgaben versehen wurden, war also darauf zu achten, dass ihre vorherigen Aufgaben nicht darunter leiden würden, und dass möglichst rasch Nachfolger gefunden und eingearbeitet werden konnten. Im Sinne der „Betriebs- und Kundenkontinuität" durften Mitarbeiter erst dann in ihren neuen Aufgaben eingesetzt werden, wenn die Übergabe der bisherigen Aufgaben an einen Nachfolger geregelt war.

Hier kam dem mittleren Management eine besondere Bedeutung zu. Es galt nämlich, eine sinnvolle Balance zwischen Veränderungsprojekt und Tagesgeschäft zu finden. Zum einen durfte zwar – wie gerade beschrieben – die Leistungserbringung für die Kunden nicht beeinträchtigt werden. Auf der anderen Seite musste aber die Veränderung mit der größtmöglichen Geschwindigkeit umgesetzt werden, weil erst dadurch die erwarteten Verbesserungen erzielt werden konnten. Für diese Balance ist einerseits der Überblick über das große Ganze nötig, um das Ziel der Veränderung erkennen und umsetzen zu können. Daneben ist aber auch das Detail- und Fachwissen aus den leistungserbringenden Bereichen erforderlich, um Überforderungen zu vermeiden und vorhandene Kundenaufträge nicht zu gefährden. Dieses verbindende Wissen ist nur auf der Ebene des mittleren Managements vorhanden. Dem oberen Management fehlt häufig das Detailwissen aus den Fachbereichen, während den Mitarbeitern in den Fachbereichen in der Regel der Überblick über die strategische Ausrichtung fehlt.

In monatlichen Statusbesprechungen wurde dann betrachtet, welcher Anteil der Mitarbeiter sich inzwischen in den neuen Organisationseinheiten auch schon mit den neuen Aufgaben beschäftigt und wie hoch der Anteil derjenigen war, die immer noch den alten Aufgaben verhaftet waren. Als unterstützendes Werkzeug wurde hierzu eine Darstellung des Organigramms verwendet, das mit Ampelfarben eingefärbt war. Hierdurch war es möglich, sehr rasch einen guten Überblick über den Zustand der Veränderung zu bekommen und insbesondere Aufgabenbereiche mit besonderem Handlungsdruck zu erkennen.

Die oben im Abschnitt der Methoden beschriebene Konkretisierung hat sich in dem Veränderungsprojekt als sehr wertvoll erwiesen. Es wurden alle Aufgaben nachgehalten, die auch in der neuen Organisation wahrgenommen und regelmäßig abgefragt werden müssen, inwieweit alle erforderlichen Aufgabenübergaben bereits abgeschlossen wurden.

Fallbeispiel „Reorganisation IT-Dienstleister": Monitoring der Veränderung der Ablauforganisation (Prozesse) bei dem IT-Dienstleister

Im Zuge der Neuorganisation wurden bei dem IT-Dienstleister die Kernprozesse der IT neu modelliert. Die bisherige Organisation war traditionell anhand der Kundensituationen strukturiert. In diesen nach Kunden ausgerichteten Bereichen wurden die IT-Services vollständig betreut, von der Anforderungserhebung bis zur Auslieferung. Hierdurch ergab sich auf der einen Seite ein hohes Maß an fachlichem Know-how und Identifikation mit dem Produkt. Auf der anderen Seite war die technische Spezialisierung nur durchschnittlich, weil der Fokus weniger auf einem technischen Austausch zwischen den Kundenbereichen lag.

Die Einführung einer höher arbeitsteiligen Organisation mit technologischen Kompetenzzentren machte aber auch gleichzeitig die Stärkung der Prozessorientierung und die verbindliche Einführung einheitlicher Prozesse erforderlich.

Hierzu wurden zunächst die Prozesse identifiziert, durch deren Umsetzung ein besonders hoher Nutzen für die Organisation erzielt werden konnte. Dann wurden die Prozesse zunächst in den Bereichen eingeführt, in denen ein besonders hoher Nutzen zu erwarten war.

Die Implementierung der Prozesse wurde durch einen Lenkungskreis gesteuert. Hierzu wurde, wie oben beschrieben, regelmäßig die Implementierung der neuen Prozesse in den einzelnen Organisationseinheiten erhoben und dargestellt.

Fallbeispiel „Reorganisation IT-Dienstleister": Monitoring der Kulturveränderung bei dem IT-Dienstleister

Mit der Stärkung der „Kunden-, Service-, Prozess- und Projektorientierung" wurde implizit auch ein Wandel in der Unternehmenskultur angestoßen.

Bislang wurden der Kundenkontakt und die Analyse der Anforderungen und Wünsche der Kunden unmittelbar durch die Software-Entwicklungsbereiche wahrgenommen. Bei den betroffenen Entwicklern wurden durch die Veränderung ein Kommunikationsverlust und eine Entwertung der eigenen Arbeit befürchtet. Der Kundenkontakt hatte bis dahin einen wesentlichen und interessanten Teil der Arbeit der Entwickler dargestellt, bei der Vorführung und Lieferung einer fertig gestellten Lösung haben sie ein hohes Maß an Lob, Anerkennung sowie Zustimmung von den Kunden erfahren. Dies sollte nun zugunsten einer zentralen Bündelung aller Anforderungen und auch zugunsten einer technologischen Spezialisierung der Entwicklungsbereiche wegfallen.

Nach den ersten Monaten in der neuen Organisation zeigte sich dann, dass Begriffe unterschiedlich interpretiert wurden, wodurch Missverständnisse entstanden und widersprüchliche Schlussfolgerungen gezogen wurden.

Ziel des zentralen Kundenmanagements ist es, die verschiedenen Anforderungen der Kunden zu koordinieren. Bislang wurden gleiche Anforderungen von unterschiedlichen Kunden nicht systematisch zusammengeführt, wodurch dann ab und zu unterschiedliche Lösungen für gleiche Problemstellungen entstanden.

Diese Interpretation des Anforderungsmanagements, d. h. die möglichst systematische Erfassung der unterschiedlichen Anforderungen über verschiedene Kunden hinweg, ist im Sinne der Softwareentwicklung nicht mit dem klassischen „requirements engineering" gleichzusetzen, mit dem Kundenanforderungen strukturiert und detailliert so erfasst werden, dass man daraus Software entwickeln kann.

Diese Vermittlung zwischen den sehr verwandten aber eben nicht deckungsgleichen Fragestellungen des zentralen Anforderungsmanagements auf der einen Seite und des requirements engineering auf der anderen Seite konnte nur durch das mittlere Management aufgelöst werden. Nur hier kamen Detail- und Überblickswissen zusammen, die erforderlich waren, um auf berechtigte Befürchtungen der Entwickler hinsichtlich einer Abwertung ihrer Tätigkeit antworten und andererseits die Ausrichtung des zentralen Anforderungsmanagements erkennen und auch als Vorteil für den Entwicklungsbereich verstehen zu können.

Wie aus unseren Beispielen ersichtlich wird, besteht also die Kunst darin, die Projekt- und Unternehmensziele sowie entsprechende Strategien durch einen „Change Filter" zu gießen und so in ein taktisches und letztlich in operatives Verhalten umzuwandeln, z. B. durch das in Ampelfarben eingefärbte Organigramm oder durch die Priorisierung von Prozessen.

4.2 Rollenverteilung

Die wichtigste Empfehlung für die Begleitung eines Veränderungsvorhabens bei einem IT-Projekt lautet:

Für das Changemanagement sollte eine Verantwortlichkeit im Projektmanagement explizit definiert werden, ggf. auch eine eigene dedizierte Ressource.

Was so selbstverständlich erscheint – die Definition der Verantwortlichkeit – wird immerhin in mehr als der Hälfte aller IT-Projekte nicht praktiziert.

Ob diese Verantwortlichkeit beim IT-Projektmanagement liegen sollte, oder aber eine andere Ressource dafür benannt werden sollte, darüber lässt sich trefflich streiten.

HANDLUNGSEMPFEHLUNGEN FÜR DIE PRAXIS

Wichtig erscheint uns in diesem Zusammenhang die folgende Überlegung:

Nach unseren Erfahrungen gibt es einen Rollenkonflikt zwischen dem Projektmanagement und dem Changemanagement. Ersteres muss darauf bedacht sein, den Meilensteinplan möglichst exakt abzuarbeiten und Termine sowie das Budget einzuhalten. Zudem muss die Qualität des abzuliefernden IT-Systems den Anforderungen entsprechen – wobei auch hier eine intrinsische Rollenunverträglichkeit zwischen dem Projektmanagement und dem Qualitätsmanagement vorliegt. Im Gegensatz dazu hat das Changemanagement die Menschen im Blick. Ein Schulungsmeilenstein ist erst dann erreicht, wenn die Mitarbeiter nicht nur in den neuen Prozessen geschult sind, sondern diese auch verstanden haben und die neuen Vorgaben umsetzen können.

Ein weiteres Problemfeld ergibt sich daraus, dass der Erfolg von Veränderungsvorhaben stark von Glaubwürdigkeit und Vertrauen geprägt ist. Dass IT-Projektmanagement oder Mitglieder des Projektteams die Aufgaben des Changemanagements – quasi mal eben – „mit erledigen", ist als problematisch zu bewerten. Leicht gerät diese nicht so greifbare Aufgabe gegenüber den vielfältigen und zeitintensiven anderen Aufgaben ins Hintertreffen und wird vernachlässigt. Die Vernachlässigung von Changemanagement kann dann durch hohes Engagement bei den sonstigen Projektaufgaben entschuldigt werden. Dies geschieht besonders dann, wenn Changemanagement viel Arbeit und viel Frustration mit sich bringt.

Diese Aussage gilt insbesondere für sozio-technische Aufgabenstellungen, wie dies in IT-Projekten häufig der Fall ist. Hier ist der Projektmanager – im Gegensatz zum Changemanager – dafür verantwortlich, dass die Dinge richtig getan werden. Für die Vielzahl der technischen Aufgabenstellungen ist diese Sicht auch durchaus für den Erfolg hinreichend. Was indessen die richtigen Dinge für den Gesamterfolg sind – mit den darin beinhalteten sozialen Herausforderungen – ist sehr situationsabhängig. Widerstände der Mitarbeiter wie auch übertriebene Euphorie lassen sich weder planen noch steuern. Für das Changemanagement sind damit ganz andere Führungsqualitäten gefragt als für das klassische Projektmanagement.

Neben der Vernachlässigung der weichen Aufgaben des Changemanagements zugunsten klarer technischer Aufgabenstellungen ist somit eine weitere Gefahr, dass Situationen falsch – „zu technisch" – eingeschätzt werden, wenn die Rolle des Changemanagements nicht klar von der des Projektmanagements abgegrenzt und mit einem eigenständigen Gewicht versehen wird.

Dies alles spricht dafür, die Verantwortlichkeiten für das Projektmanagement und für das Changemanagement im Projekt klar zu trennen. Und wo diese Gewaltenteilung nicht praktiziert wird, muss man sich der damit verbundenen Risiken klar bewusst sein und damit entsprechend umgehen.

In vielen IT-Projekten wird die Verantwortlichkeit für das Changemanagement an den betroffenen Fachbereich delegiert. Es wird ein Verantwortlicher im Fachbereich benannt, der für die Durchsetzung der mit der Einführung des IT-Systems verbundenen Veränderungen sorgen muss. Die Gewaltenteilung ist perfekt, wenn die Zusammenarbeit gut gelingt, denn die Veränderung wird von und bei den Betroffenen begleitet, und Partizipation ist realisiert – auf deren Bedeutung wir im Folgenden noch eingehen.

Abzuraten ist von einer weiteren Verteilung der Verantwortlichkeiten: Wenn für jeden betroffenen Fachbereich ein Verantwortlicher definiert wird, besteht nach unserer Erfahrung die Neigung, aufgrund der „Zersplitterung", die Verantwortung für die Veränderung als Ganzes, in Koordination mit der IT-Einführung, nicht mehr ernst zu nehmen. Das Changemanagement wird dann womöglich nicht mehr mit der gebotenen Bedeutung betrieben. Wir raten dringend dazu, beim Changemanagement eine zentrale Koordination vorzusehen.

Fallbeispiel „Neue Planungs-Software"

Von der Einführung der neuen Planungs-Software sind zehn Organisationseinheiten betroffen, die – mit Überschneidungen – auf insgesamt 24 Standorte verteilt sind. Im IT-Projekt wird eine IT-Projektleitung benannt und ein Changemanager, der dafür verantwortlich ist, die begleitenden Aktivitäten des Changemanagements mit den betroffenen Organisationseinheiten zu koordinieren. Die beiden arbeiten „auf Augenhöhe" zusammen und berichten beide an den Lenkungsausschuss.

Von dem Changemanager werden die betroffenen Organisationseinheiten (Business Units) dann wie folgt in die Verantwortung mit hineingenommen: Für jede Organisationseinheit wird ein jeweils verantwortlicher Changemanagement-Koordinator benannt. Im Laufe der Unfreeze-Phase wird für jeden Standort in jeder Organisationseinheit ein weiterer Changemanagement-Beauftragter/-Multiplikator gefunden, so dass zur heißen Phase der Organisationsveränderung jeder Betroffene einen Multiplikator auch räumlich in seiner Nähe hat, von dem er Informationen erhält und an den er auch persönlich Informationen zurückmelden kann, damit hierauf reagiert werden kann. Die Rollen und Verantwortlichkeiten der hier genannten Changemanagement-Akteure sind ebenso wie die anderen Rollen im Projekt schriftlich definiert und kommuniziert (siehe Abbildung 32).

Fallbeispiel „Update CRM-System"

In einem großen Unternehmen wird ein CRM-System für die Verwaltung der Kundenanfragen im Service eingesetzt. Die neue Version des CRM-Systems verwendet Web-Technologien und bringt eine ganz neue Benutzeroberfläche mit sich. Mehrere hundert Service-Mitarbeiter an vielen Standorten – auch in Amerika und Asien – sind betroffen. Das Changemanagement wird in dem IT-Team koordiniert, das Updates vorbereitet. Die Maßnahmen werden mit einem Vertreter der Fachbereiche, der regelmäßig mit dem IT-Team zusammentrifft, geplant und deren Fortschritt überprüft. Dadurch gelingt es, die rein technische Sicht im IT-Team um die Benutzerperspektive zu erweitern und die Informationen benutzergerecht aufzubereiten. Nach dem Update wird allerdings klar, dass

HANDLUNGSEMPFEHLUNGEN FÜR DIE PRAXIS

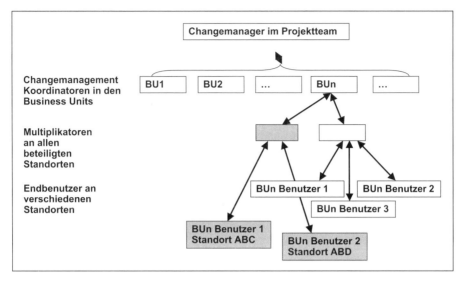

Abb. 32: Organisation und Rollenverteilung für das Changemanagement im Projekt (Quelle: Eigene Darstellung)

noch einige Widerstände an verschiedenen Standorten bestehen, so dass hier noch weitere Maßnahmen getroffen werden müssen. Der Sponsor und das IT-Team führen Gespräche mit den Betroffenen, so dass dann schließlich eine zufriedenstellende Vereinbarung getroffen werden kann: Mit einigen Neuerungen der Benutzeroberfläche kann man leben, an anderen Stellen wird noch nachgebessert, soweit die Architektur dies zulässt.

Fallbeispiel „Reorganisaton IT-Dienstleister": Rollenverteilung

Bei der Initiierung des Projekts zur Umsetzung der Neuorganisation wurde bei dem im Fallbeispiel diskutierten IT-Dienstleister darauf geachtet, in der Projektorganisation eine Rolle „Veränderungs- und Kommunikationsmanagement" zu verankern.

Diese hatte zunächst die Aufgabe, die Arbeiten im Veränderungsprojekt im Unternehmen zu kommunizieren und somit für die Unfreeze-Phase bereits auf eine informierte Belegschaft zu treffen.

In dem Projekt zur Reorganisation der Aufbaustruktur wurde die Rolle „Kommunikationsmanager" in der Projektorganisation etabliert. Diese Rolle hatte die Aufgabe, die Belegschaft regelmäßig über alle wichtigen Ereignisse im Reorganisationsprojekt zu informieren. Es wurde regelmäßig im Intranet aus den Steuerungsgruppensitzungen berichtet und Entscheidungen kommuniziert. Neben den Mitteilungen im Bereich der „aktuellen Meldungen" wurde im Intranet ein eigener Bereich zur Neuorganisation eingerichtet, in dem alle Meldungen, Entscheidungen und auch Ergebnisdokumente zusammengefasst dargestellt und allen Mitarbeitern stets aktuell zur Verfügung gestellt wurden.

Mit der Besetzung der Rolle „Kommunikationsmanagement", die unabhängig von der Projektleitung angesiedelt wurde, sollte auch ein Korrektiv etabliert werden, welches dafür sorgt, dass die Arbeiten im Projekt und die Informationen darüber in einer für die Belegschaft verständlichen Weise kommuniziert werden können.

Daneben wurde ein Changemanagement-Team eingerichtet, welches Paten in allen Geschäftsbereichen des Unternehmens hatte. Dieses Team hatte die Aufgabe, Informationen auch abseits der formalen und offiziellen Kanäle in die Belegschaft zu tragen und in täglichen Gesprächen mit den Kollegen am Arbeitsplatz das „Ohr an der Schiene" zu haben, und Meinungen wie Kommentare zurück ins Projekt zu tragen.

Parallel dazu wurde im Intranet des Unternehmens ein Forum eingerichtet, in dem die Beschäftigten frei über den Veränderungsprozess diskutieren konnten. Die Beiträge der Mitarbeiter wurden vom Changemanagement-Team nicht kommentiert, um die Unabhängigkeit vom Projektteam nicht zu verlieren. Wohl aber wurden die Beiträge gelesen und kritische Kommentare ins Projekt zurückgekoppelt.

Rückschauend lässt sich klar erkennen, dass die Bemühungen des Projekts, die Betroffenen „mitzunehmen" und transparent über das Projekt zu kommunizieren, durchaus Früchte getragen haben. Im Detail muss sicherlich festgestellt werden, dass bei der Information sehr genau auf adressatengerechte Sprache geachtet wird. Auch muss genau beachtet werden, welche Informationen für die Beschäftigten von Interesse sind. Zuviel Information in einer unverständlichen Sprache wird oft als Spam oder als Versuch der Vernebelung angesehen.

Zum Zeitpunkt der Inkraftsetzung des neuen Organigramms waren alle Beschäftigten aber so gut über die neue Organisation informiert, dass keine größeren Widerstände die Umsetzung behinderten.

4.3 Partizipatives Vorgehen

„Die Betroffenen zu Beteiligten machen" ist eine der wesentlichen Handlungsempfehlungen zu Veränderungsvorhaben jeglicher Art und hat auch im Kontext von IT-Projekten seine Gültigkeit. Diese Erkenntnis wurde sowohl in der Theorie als auch in den Ergebnissen der empirischen Untersuchung im vorangegangenen Kapitel sehr deutlich herausgearbeitet.

Am stärksten betroffen sind die Endanwender selbst. Weitere Hauptbetroffene sind die IT-Abteilungen, die Ersteller des IT-Systems, die Projektmitarbeiter und nicht zuletzt die Führungskräfte im mittleren Management. Am wenigsten betroffen ist in der Regel das Topmanagement des Unternehmens.

Nun ist klar, dass nicht alle Betroffenen – etwa alle Endanwender eines IT-Systems – persönlich und direkt beteiligt werden können. Die Komplexität und Kosten eines solchen Vorgehens wären im Regelfall nicht zu bewältigen. Bewährt haben sich in der Praxis solche Konzepte, die ausgewählte Repräsentanten der Betroffenen direkt beteiligen und die Endanwender durch geeignete Kommunikationskonzepte einbinden. Die Kommunikation mit dem Endanwender muss nicht nur Top-down, sondern auch Bottom-up erfolgen, wie wir in dem vorangegangenen Theorie- und Empirie-Kapitel bereits gezeigt haben. In einem der folgenden Abschnitte werden wir darauf noch weiter eingehen. In der Kommunikation des Veränderungsvorhabens muss deutlich werden, dass auch Rückmeldungen der Endanwender gewünscht sind, und dass nach Möglichkeit darauf eingegangen wird.

Die wichtigsten Träger des Veränderungsvorhabens sind die Projektmitarbeiter und die mittleren Führungskräfte. Diese müssen die Veränderungsprozesse in den Alltag der Organisation hinein bringen und die Anlaufprobleme – „Dip in the Delta" – aushalten und lösen. Daher empfehlen wir:

Hauptsächlich Betroffene finden sich im mittleren Management und im Projekt und sollten in starkem Maße beteiligt werden.

Die Beteiligung dieser Hauptbetroffenen führt einerseits dazu, dass sie sich mit dem Vorhaben identifizieren und dadurch die nötige Überzeugungskraft aufbringen können, die gerade dann benötigt wird, wenn Widerstände offenkundig werden oder unerwartete Anlaufschwierigkeiten auftreten. Insbesondere bezogen auf das mittlere Management halten wir diesen Faktor für essenziell für den Erfolg eines Veränderungsvorhabens.

Andererseits bringt die Beteiligung der Hauptbetroffenen auch eine gute Qualität in den Veränderungsprozess, weil deren Sichten in das Vorhaben eingebracht werden. Dadurch können potenzielle Chancen und Risiken vorgedacht und entsprechende Maßnahmen eingeleitet werden.

Ein Ziel der Maßnahmen zur Beteiligung wie zur Kommunikation ist es, Widerständen vorzubeugen, und auf die Veränderung positiv und realistisch einzustimmen.

Treten Widerstände auf, so sollte man sich mit diesen konstruktiv auseinandersetzen. Auch dies ist eine Form der Beteiligung – die Glaubwürdigkeit und Akzeptanz erzeugt.

Widerstände sind bei Veränderungsprozessen in einem gewissen Ausmaß normal – wenn gut eingespielte Abläufe in der Organisation verändert werden und in der Anfangsphase Reibungsverluste entstehen.

In der Regel identifizieren sich Projektmitarbeiter und Führungskräfte vor allem im Topmanagement gut mit dem Veränderungsprozess, der durch „ihr" Projekt bedingt wird und eine eher hohe Veränderungsbereitschaft hat. Anders verhält es sich mit den Endanwendern und deren unmittelbaren Führungskräften, die durch die Veränderung in ihrem eingespielten Arbeitsalltag sozusagen „gestört" werden. Genau diese sollen durch Beteiligung von Repräsentanten – im Idealfall als Projektmitarbeiter – bzw. Beteiligung vom mittleren Management für die Veränderung gewonnen und überzeugt werden.

Tom DeMarco (DeMarco, 2001, S. 158 ff.) verweist in seinen Arbeiten auf die Schlüsselrolle, die dem mittleren Management für die Umsetzung von Veränderungen zukommt: Dieses ist einerseits – im Gegensatz zum Topmanagement – mit dem Alltagsgeschäft der Organisation tief verbunden und verfügt andererseits über den Überblick und die Macht, um Erneuerungen umzusetzen. Auf dieser Ebene werden Abläufe verstanden, dem Erneuerungsbedarf entsprechend zerlegt und neu zusammengesetzt. Dafür braucht das mittlere Management Spielräume, zeitliche Spielräume wie auch Sicherheit im Fall von Fehlschlägen: Die Kommunikation über die Veränderung innerhalb des mittleren Managements ist unbedingt zu fördern.

Fallbeispiel „Weltweite PLM-Einführung"

Im Projektprogramm zur weltweiten PLM-Einführung wird für den Projektschritt zum Test und Roll-out einer wichtigen Änderung das mittlere Management gezielt über die bevorstehenden Änderungen informiert. Es wird vor Beginn der heißen Move-Phase ein regelmäßiger Jour fixe eingerichtet, um den aktuellen Stand zu kommunizieren und Rückmeldungen aus den beteiligten Standorten und Abteilungen einzuholen. Aufgrund der weltweit verteilten Organisation ist nur zu Beginn ein Präsenztermin, anlässlich einer Management-Tagung, möglich, danach muss die Sitzung per Web-Konferenz erfolgen. Durch diesen offenen Austausch sind alle Betroffenen auf dem gleichen Informationsstand und an den gelegentlich kurzfristig zu treffenden Entscheidungen zu Test, Abnahme und den zu erwartenden Anlaufschwierigkeiten gut beteiligt.

Fallbeispiel: „Reorganisation IT-Dienstleister": Partizipation bei der Modellierung des neuen Organigramms

In dem Reorganisationsvorhaben des IT-Dienstleisters wurde schon zu Beginn erkannt, dass die Beteiligung der Betroffenen – soweit das möglich war – einen entscheidenden Erfolgsfaktor darstellte.

In dem ersten Projektschritt, in dem die neue Organisationsstruktur entwickelt werden sollte, ging es im Kern darum, die Vorgaben des Topmanagements für das neue Organigramm zu konkretisieren und insbesondere festzulegen, welche bisherigen Aufgaben künftig welcher neuen Organisationseinheit zugeordnet werden sollen. Die neue Organisation besteht aus Geschäftsbereichen (Planung und Steuerung, Softwareerstellung, technischer Betrieb) und darunter Fachbereichen, die verschiedene Aufgaben bündeln.

Das Gesamtprojekt war in Projekte unterteilt, die die Strukturierung des Unternehmens in die neuen Geschäftsbereiche modellieren, und Aufgaben- wie Personalzuordnungen beschreiben sollten. Darunter wurden Teilprojekte angelegt, die wiederum die neuen Fachbereiche mit Leben gefüllt haben.

Insgesamt waren rd. 15 % des betroffenen Personals unmittelbar in die Projektarbeit eingebunden, insbesondere jene Kollegen, die in der neuen Organisation Aufgaben des mittleren Managements wahrnehmen sollten.

Die Erfahrungen hiermit können als überaus positiv gewertet werden. Zum Zeitpunkt des Inkrafttretens des neuen Organigramms waren alle handelnden Personen gut über die neuen Aufgabenzuschnitte informiert und konnten sich so weit mit den neuen Aufgaben identifizieren, so dass gravierende Widerstände und Blockaden ausblieben.

**Fallbeispiel: „Reorganisation IT-Dienstleister":
Partizipation bei der Auswahl und Einführung einer neuen Projektmanagement-Software**

Mit der neuen Organisation wurde die Aufgabe „Projektmanagement" explizit im Organigramm verankert und ein Kompetenzzentrum Projektmanagement mit einem Projektmanagement-Office eingerichtet. Hatten die Bereiche bislang ihre Projekte zwar erfolgreich – aber sehr unterschiedlich – geplant und gesteuert, sollte nun ein einheitliches Prozessmodell und – damit verbunden – eine einheitliche Projektmanagement-Software eingeführt werden.

Um ein möglichst großes Maß an Akzeptanz sicherzustellen wurden alle Projektleiter in den Auswahlprozess einbezogen und u. a. aufgefordert, ihre Anforderungen an ein derartiges Werkzeug zu benennen, zu priorisieren und ein bereits im Hause vorhandenes Werkzeug auf seine Eignung zu prüfen.

Hier wurde also versucht, ein möglichst hohes Maß an Partizipation und damit auch Akzeptanz zu erzeugen. Da sich nach der Erprobungsphase herausstellte, dass aus übergeordneten Gesichtspunkten des Topmanagements das erprobte Werkzeug trotz eines sehr verhaltenen Echos der Projektleiter ausgewählt wurde, wirkte sich das negativ auf die Motivation aus.

Letztendlich stand die Frage im Raum, warum die Projektleiter überhaupt gefragt werden, wenn die Auswahl doch schon feststeht. Die Glaubwürdigkeit der Beteiligung ist also ebenfalls ein wesentlicher Erfolgsfaktor. Eine gut gemeinte Beteiligung in einer nicht wirklich zur Entscheidung stehenden Disposition, wirkt sich eher negativ auf die Motivation aus. In diesem Fall wäre es günstiger gewesen, die Entscheidung zu verkünden und die Gründe hierfür zu erläutern.

4.4 Leadership

Die meisten der in diesem – und dem nächsten – Kapitel angeführten Handlungsempfehlungen sind in den vorangegangenen Kapiteln bereits angeklungen, denn Führung zieht sich offensichtlich durch alle Bereiche einer Organisation, insbesondere in Change Prozessen und ganz besonders in Veränderungsvorhaben im Zusammenhang mit IT.

Im Folgenden werden die oben schon besprochenen Aspekte Integration und Partizipation im Führungszusammenhang wieder aufgegriffen. Integration bezieht sich dabei insbesondere auf strategische und strategiebezogene Vorgaben, Partizipation dagegen stellt besonders die gruppendynamischen, Führungs- und Motivationsanteile dieses Bereichs heraus, also eher normative Aspekte. Führungsverhalten bezieht sich pragmatisch auf Verhaltensaspekte, insbesondere das individuelle Kommunikationsverhalten von Führungskräften.

4.4.1 Integration und Strategische Führung

„In Dir muss brennen, was Du in anderen entzünden willst."
(Augustinus Aurelius, Philosoph, S. 354-430)

Generell ist die Integration von Gegensätzen eine Führungsqualität (Trompenaars, Riding the Waves of Culture, und 21 Leaders for the 21st Century), und weil die unterschiedlichen Werte, Normen und Verhaltensweisen von Business und IT als interkulturelles Dilemma gesehen werden kann, gilt dies besonders in IT-Projekten mit Organisationsveränderungen.[27]

Zu integrieren sind einerseits die strategischen, taktischen und operationalen Ebenen, und andererseits die unterschiedlichen Werte, Normen und Verhaltensweisen der Stakeholder. Demgegenüber steht – insbesondere in IT-Projekten – häufig ausgeprägtes Abteilungsdenken, die im anglo-amerikanischen Bereich so genannte „silo-mentality".

Mangelhafte Integration kann absurde Blüten treiben, und es gibt gute Gründe, dies unter dem Aspekt „Strategische Führung" zu betrachten. Ein besonders wesentlicher Grund bezieht sich auf das Spannungsfeld zwischen Unternehmenskultur und interner Unternehmenspolitik. Folgende Beispiele zeigen, wie in Unternehmen versucht wird, IT-Projekte „mit Business und ohne IT", „mit IT und ohne Business" und sogar „ohne IT und ohne Business" anzugehen.

Fallbeispiel Alleingang der Businessabteilung ohne Beteiligung der IT: „Restrukturierung der IT-Architektur eines Telekomunikations-Unternehmens" – Auswahl und Einführung eines Data-Warehouse Toolpakets

In einem großen, öffentlichen Unternehmen sollen die Datenstruktur einer gründlichen Revision unterzogen und das System konsolidiert werden. Die Daten des Unternehmens waren ca. fünf Jahre zuvor bereits in einem Data-Warehouse strukturiert worden. Weil dieser Versuch aber abgebrochen wurde, ist das Chaos in der Datenstruktur groß und die Datenqualität höchst mangelhaft. Weil jede Abteilung für ihre eigenen Anwendungen verantwortlich ist, verfügt das Unternehmen über ca. 1400 laufende Programme, Altsysteme, die alle in irgendeiner Weise unabhängig mit Kunden-, Service- oder Zuliefererdaten arbeiten.

---

[27] Siehe auch das Kapitel „Schwerpunktverlagerung – Neue Anforderungen an das Management" sowie Dimension 2.1. Integration der Handlungsfelder.

HANDLUNGSEMPFEHLUNGEN FÜR DIE PRAXIS

Als Konsequenz bekommen die Kunden jeweils separate Rechnungen für Mobiltelefon, Festanschluss, Internetanschluss etc. Wo sie dennoch eine Rechnung für mehrere Dienstleistungen bekommen, werden diese zuvor aus diversen Geschäftsbereichen – freilich mittels einer weiteren Applikation und Datenbank – zusammengeführt. Demnach ist oberstes Ziel ein einheitliches Bild des Kunden, die Konsolidierung des Systems.

Das Unternehmen ist teilprivatisiert. Die Unternehmenskultur befindet sich immer noch im Übergang von einer Monopolstellung. Business-driven ist daher explizit Teil der Zielformulierung.

Die IT-Abteilung ist in das Unterfangen eingebunden, die drei Sponsoren sind der Leiter Finanzwesen, der CTO und der Leiter der Produktion. Anfänglich wird ein Projektkommitee gebildet, um die Sponsoren und Stakeholder einzubinden. Die Meetings finden drei Mal vor der Sommerpause statt, im Sommer ist zwei Monate lang Funkstille.

Nach der Sommerpause beschließt der Leiter Finanzwesen, die Projektmeetings innerhalb seiner eigenen Abteilung durchzuführen, mit der Begründung, das Sammeln und Strukturieren von Anforderungen sowie der Kontakt zu potenziellen Anbietern sei Rolle des Business bzw. des Changemanagements. Die IT-Abteilung wird zu den Projektmeetings nicht mehr eingeladen.

Die beiden anderen Sponsoren halten sich zurück. Die Gründe hängen neben unternehmenspolitischen Interna vermutlich mit Befürchtungen um die Arbeitsplätze innerhalb der IT zusammen. Die Leiterin Datenplanung nimmt einen mehrmonatigen Forschungsurlaub, an ihre Stelle tritt eine interne „Projektmanagerin", die der Abteilung wenig Spielraum gibt.

Business und Changemanagement sind jedoch hoffnungslos überfordert. Nach weiteren sechs Wochen existiert nach zähem Ringen ein dreiseitiges Anforderungsdokument, das jedoch lediglich mit den Anforderungen der Finanzplanung zu tun hat.

Nach insgesamt sieben Monaten kann eine – durch die IT komplettierte – Ausschreibung mit Anforderungen für potenzielle Systemanbieter publiziert werden. Fragen, die durch die IT beantwortet werden könnten, werden nun an die Bewerber der Ausschreibung gerichtet, die aufwändig mehrfach eingeflogen werden.

Nach insgesamt ca. 18 Monaten gelingt es schließlich, sich für ein Software-Paket zu entscheiden. Gleichzeitig beschließt das Business, mit diesem Paket nur einen kleinen Piloten zu fahren und keine echten Daten zu laden. Der CTO, der mehrmals versucht hatte das Data-Warehouse zu realisieren, tritt zwei Monate später eine Stelle in einer internationalen Tochterfirma des Unternehmens an. Der Leiter der Produktion trat insgesamt nur ein einziges Mal, zu Beginn des Projekts, in Erscheinung.

Zwei Jahre und zwei Millionen Euro nach Projektstart war nichts passiert, was echten, produktiven Einfluss auf das Business und seine Wertschöpfung aus Daten gehabt hätte.

Dies ist erstens ein Beispiel von Mangel an Integration und Beteiligung auf höchster Ebene. Zweitens ist das Verständnis von Business-driven, das sich hinter diesem Fall verbirgt, simpel und offensichtlich fehlerhaft. „Das Business ist der Boss und trifft die Entscheidungen", und nicht: Die Architektur und das Kundenbeziehungssystem muss letztendlich mittels umfassender Analyse und eindeutigen Identifikatoren das gewünschte einheitliche Bild des Kunden erzeugen, das zu geschmeidigeren Prozessen und größerer Profitabilität führt. Drittens bringt eine solche Umsetzung von Veränderungsvorhaben erhebliche Kollateralschäden mit sich, indem sie die Kluft zwischen Mitarbeitern der IT und dem Business vergrößert und die Traumatisierung der Mitarbeiter hinsichtlich Organisation und Veränderung verschlimmert.

Fallbeispiel Alleingang IT-Abteilung ohne Beteiligung des Business: „Restrukturierung der IT-Architektur eines Versicherungsunternehmens" – Auswahl und Einführung eines Data-Warehouse Toolpakets

Ein großer Versicherer möchte seine Systeme aktualisieren. Geplant ist, die Daten vom Mainframe auf ein neues Betriebssystem zu bringen. Die Frage „Wer ist in diesem Unternehmen der Business-Sponsor?" ergibt nur Kopfschütteln. Der CIO ist IT-Sponsor – und Business-Sponsor. Man brauche keinen separaten Business-Sponsor, denn die Zusammenarbeit sei sehr gut; außerdem wüssten die Kollegen von Business ja nicht, was IT leisten kann und könnten demnach auch ihre Anforderungen nicht formulieren. Gleichzeitig sind von der Business-Seite her erhebliche Restrukturierungen der Organisation geplant, die den Kunden „Produkte aus einer Hand" bieten sollen und die alle Prozesse und Einheiten betreffen werden.

Das Projekt ist schon angestoßen, das Betriebssystem bzw. Toolpaket schon ausgewählt, gleichzeitig sind aber noch Fragezeichen in der Architektur. Budget und Zeitrahmen sind noch nicht thematisiert worden. Das Business ist noch nicht einbezogen und auch nicht darüber informiert, was auf die Organisation zukommt, nämlich ein ca. vier Millionen Euro schweres, fünf oder mehr Jahre währendes Projekt. Dennoch ist das Motto: „Wir können uns nicht leisten, dass dieses Projekt fehlschlägt."

Absehbar ist die Verunsicherung der Mitarbeiter, denen erst der vertraute Mainframe und dann ihre Aufgabenorganisation samt Organigramm genommen werden. Es mag möglich sein, die zu erwartenden Schäden in einem oder zwei Jahren nachzubessern, wenn sie sich auf die Unternehmensdaten niederschlagen. Der Vergleich mit unserem positiven Fallbeispiel des IT-Dienstleisters zeigt jedoch, dass ohne sorgsame Strategie und Planung Barrieren entstehen, die sich verheerend auf laufende und zukünftige Change Vorhaben auswirken können.

Fallbeispiel Alleingang ohne Business und ohne IT: „Modernisierung" – Upgrade der Datenbank eines öffentlichen Interessensverbandes

Dieses IT-Projekt, in dem die Datenbank-Software der Organisation auf die übernächste Version gebracht werden soll, bezieht genau genommen weder das Business noch die IT-Verantwortlichen wirklich ein, beabsichtigt aber, den Upgrade mit einer Bestandsaufnahme und Restrukturierungsmaßnahmen wie Prozessmodellierung zu verbinden. Außerdem soll das Abteilungsdenken herunter gebrochen werden. Dieser Versuch war zwei Jahre zuvor schon unternommen – und abgebrochen – worden, die Organisation ist also entsprechend traumatisiert.

Der IT-Verantwortliche erledigt alle Aufgaben, die entfernt mit Technik zu tun haben – inklusive der Einrichtung der komplizierten Telefonanlage, Telekom-Vertragsangelegenheiten sowie jegliche Art technischer Störungsbehebung – für drei Standorte mit ca. 100 Mitarbeitern und ca. 300 Funktionären.

Die Abteilung Mitgliederinformation ist zuständig für die Mitgliederdatenbank, die Rezeption, die Beschaffung von Büromaterial sowie für sämtliche Postsendungen an die ca. 25.000 Mitglieder: Ortsverbände, Teilnehmer von Komitees, Veranstaltungen, Weiterbildungen etc. Diese Informationen erfolgen ausschließlich per Post, nicht via E-Mail und aufgrund ungültiger Daten kommen täglich ca. zehn Briefsendungen zurück. Die Abteilung – drei Monate zuvor umorganisiert – bekommt zum Projekt-Kick-off eine neue Leiterin. Ihr Vorgänger hat das Unternehmen zwei Jahre zuvor verlassen. Der IT-Verantwortliche und sie unterstehen dem Controller, gleichzeitig auch Hauptbuchhalter und in der Organisation für seine Vorliebe für Anekdoten bekannt. Die Mitgliedsbeiträge wurden zwei Jahre lang nicht verbucht und vier Monate nach dem Kick-off steht eine Rechnungsprüfung ins Haus.

Die externe Projektmanagerin, deren Expertise eher in Finanzdienstleistung liegt, untersteht – ebenso wie der Controller – direkt dem gewählten Topmanager, der in etwa die Rolle eines CEO innehält. Rollenverteilung und Kooperationsmöglichkeiten zwischen ihr, dem IT-Verantwortlichen und der Leiterin Mitgliederinformation werden nicht abgesprochen. Es gibt zwei Wasserfall-Projektpläne. Die Projektmanagerin „entwickelt" den einen mit dem Projektteam; die Leiterin Mitgliederinformation wird zur internen Projektmanagerin des Plans des Softwareanbieters ernannt.

Die Projektpläne werden direkt nach Unterzeichnen der Projektcharter vom Controller geändert, der aufgrund der Revision in Sonderabsprachen mit dem Geschäftsführer des Softwareunternehmens das Modul „Mitgliederbeiträge" vorverlegt. Der Revisionstermin war lange vor der Projektplanung bekannt und das Vorziehen dieses Moduls bringt einige technische Projektrisiken und zudem erhebliche Anforderungen und Mehrarbeit für die Mitarbeiter mit sich, insbesondere in Bezug auf die dringend erforderliche Datenbereinigung. Als die Leiterin Mitgliederinformation darauf hinweist und auch darauf, dass Infra-, Server- und Backupstruktur nicht in die Vorplanung einbezogen wurden und ein internes Projektmeeting einberuft, wird ihr ihre Projektmanagement-Aufgabe aberkannt, gleichzeitig aber ein neuer Server beschafft und an der Backupstruktur gearbeitet. Projektbezogene Kontakte mit dem IT-Verantwortlichen außerhalb der externen Projektmeetings werden unterbunden.

Die ursprünglich große Motivation aller Beteiligten sinkt rapide, ebenso die Beteiligung des Teams an den Meetings.

Mit seinem unnötigen Alleingang entscheidet der Controller direkt über die Köpfe der drei Projektmanager – und letztlich über das „eingebundene" Projektteam – hinweg. Das Business kann hier nur eine stringente Mitgliederorientierung sein. Seine Interpretation des Begriffs Integration als „IT und Business bin ich" führt jedoch zurück in die Verknöcherung einer Organisation, in der Politik einen größeren Stellenwert hat als eine Unternehmenskultur der Partizipation und Integration.

Dies ist bedeutend sowohl auf der Ebene der Strategie als auch auf der des Verhaltens von Führungskräften. Die enge Verzahnung von Organisation und IT-Veränderung muss, ebenso wie Veränderungen in der Organisationskultur, als prioritäre Strategie gesehen werden, die nur aktiv gelebt werden kann. Im genannten Beispiel versinkt die Strategie in einem Meer von Details und ungeklärten Arbeitsbeziehungen. Ebenso wie in unseren empirischen Ergebnissen – wurden Verantwortlichkeiten und Beteiligungsmöglichkeiten nicht abgesprochen, das Informationsmonopol (bei Nicht-Teilnahme an den Meetings) als Machtinstrument gesehen und das Humankapital zugunsten persönlicher Befindlichkeiten nicht eingesetzt.

Veränderung muss stringent in die Strategie- und Zielentwicklung eines Unternehmens eingebunden werden. Führung des Veränderungsprozesses und Führungskompetenz sollten dabei deutlich werden und die Sponsoren der Veränderung sollten die Ziele anschaulich, glaubwürdig und als einen gemeinsamen Prozess vermitteln, der nur in gemeinsamer Anstrengung gelingt.

Es empfiehlt sich, mit wohlformulierter Vision und Mission zu arbeiten. Vision ist dabei die Formulierung des übergeordneten Ziels, und Mission beinhaltet den Weg dorthin. Der Zwang zur Formulierung fördert Klarheit darüber, was eigentlich erreicht werden soll. Eingebunden werden sollten besonders auch andere Projekte und die Linie, denn auch hier finden i. d. R. Zeitprobleme, Arbeitsbelastung, Zielkonflikte und Machtspiele ihren Ursprung, die sich auf das laufende IT-Projekt eher hinderlich auswirken. Der Weg von der strategischen zur Umsetzungsebene ist dabei, so scheint es, besonders schwierig – Führungskräfte ALLER Ebenen müssen sich demnach gegenseitig dabei unterstützen, die Konsequenzen von Priorisierungen auch umzusetzen.

Unternehmenskultur und kulturelle Integration

Weil das Thema Unternehmenskultur komplex und die Definitionen, Ansätze und Meinungen dazu vielfältig sind, hilft bei Eingrenzung und Verständnis des Begriffs zunächst wohl ein Blick darauf, was Unternehmenskultur nicht ist, um besser zu verstehen, was der Begriff bedeutet und was die Förderung von Unternehmenskultur erfordert.

Unternehmenskultur ist kein dekoratives Element, das sich nur im Logo, den Firmenwagen, den Pflanzen des Eingangsbereichs im Hauptsitz oder der Uhr zum 20sten Jubiläum zeigt.

Unternehmenskultur ist ein überindividuelles, soziales Phänomen, von allen Unternehmensmitgliedern getragen, systemisch und ganzheitlich:

Hier ist sowohl analytisches als auch synthetisches Denken gefragt.

Unternehmenskultur ist kein Schnellschuss, kein Asset, das sich kurzfristig erwerben oder „aufsetzen" lässt.

Unternehmenskultur ist langlebig und nachhaltig. Prägende Ereignisse leben im Unternehmen weiter. Will man sie verändern, ist für diesen evolutionären und partizipativen Gestaltungsprozess Zeit einzuplanen. Hier ist Geduld und ein weiter Horizont erforderlich, und die Fähigkeit loszulassen sowie den Prozess als Gemeinschaftswerk anzugehen.

Es gibt kein Unternehmen ohne Unternehmenskultur, kein Team ohne Teamkultur. Unternehmenskultur ist nicht banal oder vernachlässigbar. Wenn Sie in Ihrer Abteilung nur allein in Ihrem Kubikel sitzen und monoton Prozesse verrichten, ohne je mit jemandem zu sprechen, ist das vielleicht keine wünschenswerte Abteilungskultur, aber es ist eine Kultur. Und gerade dann wird Ihnen vermutlich klar, welch enormen Einfluss dieser Faktor auf Ihre Tätigkeit hat.[28]

Unternehmenskultur ist eine enorme Kraft, die in Change Prozessen als Prüfstein ihre Wirkung – in diese oder jene Richtung hin – entfaltet.

Hier ist Offenheit, Ehrlichkeit und Fehlertoleranz vonnöten.

Im Theorieteil wurden aus der Vielzahl und Komplexität der Forschungsansätze zur Unternehmenskultur die Definitionen von Schein und Schnyder gewählt, die den Vorzug haben, Giddens' Theorie von Strukturverhältnissen in Organisationen zu unterstützen. Ergänzt wird dies durch den interkulturellen Ansatz von Trompenaars/Hampton-Turner, einer der ersten und grundlegendsten in diesem Bereich, der sich speziell

---

[28] In den Theoriekapiteln haben wir bereits darauf hingewiesen, dass man besonders bei Nichtbeachtung dieses Faktors zum Opfer dieser Kraft werden kann (Schein, 2010).

auf Unternehmenskultur und nationale Kulturen in Unternehmen bezieht. Es gibt auf dem Beratermarkt inzwischen eine Reihe weiterer Instrumente, die Unternehmenskultur messen. Die Auswahl kann jedoch ein Problem darstellen, wenn etwa eine US-amerikanische Unternehmensberatung ein Tool anbietet, das selbst schon durch US-amerikanische Werte geprägt ist.

Der Kulturbegriff dreht sich bei allen dreien um Verhalten, Normen, Werte und „Grundannahmen". Verhalten ist dabei das Wichtigste der sichtbaren Phänomene – Normen sind geschriebene und ungeschriebene Verhaltensregeln (z. B. der Ablauf von Mitarbeiterbeurteilungen oder Kleiderregelungen). Werte gelten als Motor dieser Ausprägungen und Grundannahmen sind die in jedem Menschen verankerten, unbewussten, nicht hinterfragten Aspekte.

In der Praxis ergibt sich das Problem, dass diese Aspekte wenig messbar sind – vor allem die „Grundannahmen" und „Werte", insbesondere wenn Änderungen herbeigeführt werden sollen. Verhalten ist zwar beobachtbar, lässt sich aber vielfach nicht aus konkreten Situationen heraus isolieren und der Beobachter kann das Resultat bewusst oder unbewusst beeinflussen.

Wir gehen dieses Dilemma in diesem Buch durch Triangulation an, die Kombination von messbaren Daten, klaren, nachvollziehbaren Abläufen und Tools sowie – notwendigerweise subjektiven – Erfahrungsberichten, einerseits durch die qualitative Befragung und andererseits durch unsere Fallbeispiele im Bereich Change. Demzufolge ist die übergeordnete Praxisempfehlung, messbare Faktoren – etwa durch Mitarbeiterbefragungen – zu messen und nicht Messbares aufmerksam im Hinblick auf prioritäre Gesichtspunkte zu beobachten.

Ein weiterer, eher allgemeiner Tipp ist mit Blick auf Giddens der Hinweis, dass die Sozialisierung durch Informationen, Interaktionen im Unternehmen etc. fortlaufend vonstattengeht, so dass jegliche Strategie, Handlung und Kommunikation auf ihren Stellenwert für die Unternehmenskultur zu hinterfragen ist.

Auf konkreter Ebene können folgende Fragen helfen, Zugang zur eigenen Unternehmenskultur zu finden:

- Was sind unsere Werte? Dies ist der Primat aller Fragen, denn wenn die Strategie nicht mit den Werten übereinstimmt, wird keine Veränderung glaubwürdig kommunizierbar sein.
- Wie drücken sich diese Werte in unserer Architektur, in der Gestaltung der Arbeitsplätze, etc. aus? Ein einfaches Beispiel dafür ist das Büro eines Vorgesetzten. Ist die Tür fortwährend geschlossen, kann noch sooft Offenheit propagiert werden.
- Wie drücken sich diese Werte in unserer Arbeitsweise, in unserer internen Unternehmenskommunikation, in unseren Abläufen, in unserer Haltung der Veränderung gegenüber aus?
- Welche Normen und Regeln im Unternehmen entsprechen diesen Werten noch? Was sind die erwarteten und erwünschten Verhaltensweisen? Wie können wir unsere Werte teilen und mitteilen?

Diversity

Die Globalisierung sowie Entwicklungen in der Kommunikations- und IT prägen neue Formen der Zusammenarbeit in Unternehmen, Teams und Projekten, wodurch weltweit interkulturelle und internationale Kommunikation ermöglicht wird. Dies stellt Mitarbeiter jedoch auch auf eine harte Probe: nämlich durch weltweit verteilte Teams, unterschiedliche Zeitzonen, unterschiedliche Arbeitsweisen sowie Erwartungen und letztlich durch Kollegen, die anders reagieren, anders arbeiten als die Kollegen im Heimatstandort. Schriftliche oder mündliche, formelle oder informelle Kommunikation, der Stellenwert von Verbindlichkeit und von persönlichen Beziehungen sowie der Umgang mit Zeit sind hier die großen Themen.

Fallbeispiel: Dokumente und Prozessabläufe

Ein großes deutsches Unternehmen wird von einem internationalen Konzern „geschluckt". Im Rahmen der Veränderung finden die deutschen Mitarbeiter unter anderem in den „Health and Safety"-Regeln Anweisungen, wie die Gebäudetreppen hinauf und hinunter zu gehen sind, sie fühlen sich zunächst düpiert: „Glauben die, wir sind zu dumm, eine Treppe zu benutzen – oder sind sie es vielleicht?"

Das war im vorliegenden Beispiel natürlich nicht der Fall. Allerdings gibt es durch die unterschiedliche Gesetzgebung in unterschiedlichen Ländern versicherungstechnische Gründe, eine Regel zu formalisieren, die alltägliche Vorgänge beschreibt.

Im Abschnitt zu Change-Readiness sind wir bereits darauf eingegangen, dass vielfältig zusammengesetzte Teams auch ein großes Spektrum an Dynamik und Problemlösungspotenzial mit sich bringen, was besonders in komplexen Arbeitsumgebungen einen wichtigen Vorteil darstellt. Allerdings müssen sie gegebenenfalls miteinander umgehen lernen, um Missverständnisse zu vermeiden.

Unterschiedliche Zeitzonen lassen sich nicht wegdiskutieren, aber unterschiedliche Arbeitsweisen haben im Detail durchaus ihre Auswirkungen.

Fallbeispiel: Dokumente und Prozessabläufe

In einem großen Energieunternehmen sollen im Rahmen eines Change Projekts Prozesse zwischen den Standorten in Deutschland und den USA harmonisiert werden. Die deutschen Mitarbeiter beschweren sich, weil ihre US-amerikanischen Kollegen bei jedem Meeting erneut um die ihnen vorab zugesandten Dokumente bitten. Sie empfinden den doppelten Versand als frustrierend und wenig wertschätzend. Außerdem würde dabei zuviel Zeit verschwendet.

Für die Kollegen vom anderen Kontinent sind diese Anfragen eine eher lässliche Sünde. Zuverlässigkeit und Wertschätzung gehören zwar auch zu ihrem

Wertekanon, hängen in ihrer Kultur indes nicht unbedingt von solchen Details ab. Sie sind überrascht, über solche Beschwerden zu hören. Die Lösung ist in diesem Fall einfach. Es wird eine Plattform eingerichtet, auf der die Dokumente allen zur Verfügung stehen. In jedem Standort ist eine Person für die Aktualisierung der Informationen aus ihrem speziellen Bereich zuständig.

Die Lösung durch Umstellung von Push auf Pull scheint zwar simpel, aber nicht selbstverständlich. In vergleichbaren Situationen in anderen Organisationen kommen die unterschiedlichsten Reaktionen vor, beispielsweise die Aussage: „Oh nein, das wäre ja noch eine weitere Veränderung. Soviel können wir nicht verkraften." Das Management weist auf Anfrage der Mitarbeiter darauf hin, dass bloßes Totschweigen des Problems, weil es dem Manager des einen Standorts zu peinlich ist, nicht von der Pflicht, Beschwerden an den anderen Standort weiterzugeben, entbehrt. In beiden Fällen würden die Mitarbeiter auf ihrer Frustration sitzen bleiben und diese sicherlich dem Change Projekt zuschreiben.

Auch hier empfiehlt sich neben interkulturellen Trainings- und Coaching-Einheiten (für Management und Mitarbeiter) das Einpflegen von Feedbackschleifen oder routinemäßigen Meetings, die Raum für solche Äußerungen bieten.

Unterschiede und Konfliktpotenzial sind aber auch bereits in verschiedenen Abteilungen desselben Standorts zu finden. Die am weitesten verbreitete – und in IT-Veränderungsprojekten tödliche – Kulturkluft ist die zwischen „IT" und „Business". Durch Unterschiede in Hintergrund und Ausbildungen haben diese extrem unterschiedlichen Werte, Normen und Arbeitsweisen nach längerer Zusammenarbeit zu verzerrtem Selbst- und Fremdbild geführt und die Zusammenarbeit dadurch immer schwerer gemacht. Diese Kluft zieht sich quer über nationale und regionale Kulturen hinweg. Beliebte Auslöser für Konflikte sind Requirement-Management und Projektdokumentation.

Fallbeispiel: Requirement-Management

In einem Großunternehmen der öffentlichen Hand wird ein neues System angeschafft, das bestehende Altsysteme ablösen soll. Die IT-Abteilung wird zunächst nicht einbezogen, denn, so die Finanzabteilung, die in diesem Fall das Business repräsentiert, „die haben ja keine Ahnung vom Business, die wissen ja nicht, was hier wirklich abläuft". Natürlich kommt irgendwann im Projekt der Zeitpunkt, wo die IT-Abteilung doch mit einbezogen wird. Die Mitarbeiter sind verärgert, zum einen, weil der Zug der IT-Veränderung ohne sie abgefahren zu sein scheint, zum anderen, weil die Formulierung der Requirements noch eine Reihe von Fragen offen lässt. Ohnehin veranschlagen sie routinemäßig eine Woche für eine Aufgabe, auch wenn diese in wenigen Stunden zu erledigen ist. Dies bringt ihnen wiederum den Ruf ein, faul und schlampig zu arbeiten usw.

Wenn die Kluft schon so tief ist wie im oben beschriebenen Beispiel, kann nur eine durchgreifende Kulturveränderung helfen, die zwischen den Abteilungen vermittelt, die oberstes und mittleres Management motiviert, sich auf gemeinsame Werte und Ziele zu besinnen und Arbeitsweisen zu finden, die eine Zusammenarbeit überhaupt ermöglichen. Die Schritte, die Trompenaars/Hampton-Turner dazu empfehlen, sind Awareness, Respect und Reconciliation:

- **Awareness:** Bewusstsein schaffen, die Kultur des anderen, ggf. seine „Sprache" und Werte lernen.
- **Respect:** Die andere Kultur respektieren und Aussagen, Verhalten und Handlungen nicht vorschnell werten.
- **Reconciliation:** Eine Methode, bei der wie in Konfliktlösungsmethoden der gemeinsame Nenner erarbeitet wird, also das Win-win. Gemeinsame Ziele erarbeiten und kommunizieren ist in jedem Fall das Mittel der Wahl.

Changemanagement und Unternehmenskultur

Unternehmenskultur ist in den meisten Change-Projekten ein Thema, mehr oder weniger bewusst, mehr oder weniger mit Schwerpunkten versehen und mehr oder weniger in die praktischen Arbeitsabläufe einbezogen.

Die ganzheitliche Ausrichtung von Unternehmenskultur im Changemanagement muss also Strategie, Organisation, Technologie und Kultur ebenso wie strukturelle und personelle Aspekte berücksichtigen und diese immer wieder auch auf Werte, Normen, Regeln und Verhalten zurückführen.

Die eine Art eine Organisation als Ganzes zu sehen, ist der – eher systemische – Blick auf die Unternehmenskultur, die andere ist der Blick auf die Landschaften der internen Politik.

Vernetzung wirtschaftlicher Arbeitsprozesse und innerbetrieblicher, ehemals getrennter Funktionsbereiche ist durch die Entwicklung von Technologie erst seit kurzem denkbar: Forschung und Entwicklung, Produktion, Vertrieb, Logistik, Marketing und Sales, Verwaltung, Kunden und Lieferanten. Im Hinblick auf Arbeitsabläufe, Performance, Business Intelligence (BI) etc. ist dies sicherlich eine Erleichterung. Um die Bereiche eines Unternehmens wirklich als lebendiges Netzwerk zusammenzubringen, bedarf es darüber hinaus Interaktionen wie die im letzten Kapitel beschriebenen Open-Space oder World Café.

Wenn eine Unternehmenskultur durch Werte, Normen und Verhaltensweisen im Unternehmen geformt wird, nehmen Führungskräfte aller Ebenen sicherlich eine prominente Rolle in diesem Prozess ein: als Impulsgeber, Mitgestalter, Multiplikatoren und Träger dieser Kultur.

Auf die beschriebenen Herausforderungen im Change bezogen, bedeutet dies, dass Führungskräften folgende Aufgaben zuwachsen:

- Ihr eigenes und das Verhalten von anderen aufmerksam beobachten.
- Ihre Beobachtungen reflektieren und mit ihrem eigenen und dem Wertesystem des Unternehmens korrelieren.

| In den Change Prozess Methoden, Mechanismen und Tools einbringen, die geeignet sind, konkretes Verhalten und abstrakte Werte in Form von Normen, Regeln und Routinen in Arbeits- und Gruppenprozessen zu fördern.
| Ihr eigenes Verhalten auf solche Signale an die Mitarbeiter überprüfen, die als unstimmig aufgefasst werden könnten.

4.4.2 Führungsstil und -verhalten

„Es ist nicht genug, zu wissen, man muss auch anwenden. Es ist nicht genug, zu wollen, man muss auch tun." (Johann Wolfgang von Goethe, Wilhelm Meisters Wanderjahre)

Eine gute Beziehung wird regelmäßig gepflegt – und so muss es auch mit der Sponsoren-Rolle in Veränderungsmanagement sein (satirisch geschildert in Blanchard, 2010). Es genügt nicht, wenn ein Sponsor am Anfang eines Veränderungsvorhabens einmal erklärt, dass er die Veränderung wünsche – und sich dann nicht mehr blicken lässt, gerade wenn das Veränderungsvorhaben in einer schwierigen Phase steckt.

Was hier für den Sponsor formuliert ist, gilt für alle, die eine Führungsrolle in dem Projekt einnehmen: Führung für die Veränderung muss regelmäßig vorgelebt werden. Nicht selten ist der Wille zur Veränderung – oder die Sponsorenrolle – in einem Projekt lediglich ein Lippenbekenntnis, dem kein als authentisch wahrgenommenes Verhalten folgt. Zuweilen ist auch, der (oder die) sich laut Job-Bezeichnung in der Führungsrolle glaubt, noch lange nicht die eigentliche Führungskraft im Projekt.

> **Fallbeispiel „Managing the Invisible": Organizational Network Analysis bringt den eigentlichen Projektleiter an den Tag**
>
> In einem internationalen Unternehmen mit multiplen (IT-)Projekten wird eine Organisations-Netzwerkanalyse (ONA) durchgeführt, in der die Netzwerkstrukturen und Kommunikationswege mittels Befragungen über Prestige, Aktivität, Einfluss etc. ermittelt und dann anonymisiert visualisiert werden (Behrend/Erwee, 2009, Cross, 2001, Carrington/Scott/Wassermann, 2005).[29]
>
> Die Netzwerkanalyse ergibt, dass durchaus nicht immer die „Leader" bei den Befragten an höchster Stelle stehen, wenn es um Prestige, Aktivität, Einfluss – also Netzwerkfaktoren der Führungsqualität – geht. Auch Projektmitarbeiter mit Supportfunktion und sogar einfache Projektteammitglieder nehmen durchaus Spitzenränge ein.

Dies weist auf ein häufig anzutreffendes Phänomen hin, das auch in den vorangegangenen Fallbeispielen eine Rolle spielte und das die Problematik der Priorisierung noch

---

[29] http://www.robcross.org/network_ona.htm, Carrington, Peter J. et all, 2005 sowie Behrend, Frank D. und Erwee, Ronel (2009), auch soziale Netzwerkanalyse.

steigert: Die Rollenbesetzung ist lediglich formal, der Sponsor existiert nur auf dem Papier ohne aktive Führung. Er erscheint nicht zu Meetings, lässt nichts verlauten, hält sich aus Entscheidungen heraus, kennt die Problembereiche nicht und die anderen Stakeholder wenig. Für den Sponsor selbst mag dies subjektiv so begründet sein: „Die Mitarbeiter wissen ja schon, dass mir dieses Projekt als strategisches Ziel am Herzen liegt. Ich muss bei Meetings nicht dabei sein, denn meine Leute berichten ja an mich, ich führe halt im Laisser-faire Stil, das empowert meine Mitarbeiter, initiativ zu werden, etc. etc."

Für die Mitarbeiter sieht dies jedoch nach Desinteresse (und oft auch nach Frustrationsabwehr aus Bequemlichkeit) aus, und es stellt sich bei ihnen alsbald die Frage: „Für wen machen wir den Dreck eigentlich?"

Eine Praxisempfehlung leitet sich also daraus ab, dass intendiertes Verhalten nicht unbedingt mit wahrgenommenem Verhalten gleichzusetzen ist:

Flagge zeigen – Die Führungskraft sollte sich authentisch verhalten und im Projekt durch Teilnahme an Meetings, durch konstruktives Feedback und klare Sprache für das Veränderungsvorhaben bzw. den Veränderungsprozess deutlich Flagge zeigen. Das kann zuweilen auch mal bedeuten, dass Kritik oder Missmut ehrlich geäußert und nicht mit neutralen Aussagen verdeckt werden, oder dass der Missmut auf die ganz konkrete Situation (im hier und jetzt, „die Tests sind mies gelaufen und müssen wiederholt werden", „die Hardware-Lieferung ist nicht gekommen" etc.) bezogen wird. Er muss ganz deutlich abgegrenzt werden vom grundsätzlichen Glauben an das Gesamtprojekt – oder auch an die Fähigkeit des Teams, den Projektabschluss erreichen zu können.

Die Frage „Wer ist der Boss?" ist in einigen Organisationskulturen wichtiger als in anderen, vor allem den Führungskräften selbst. So ist es in vielen Universitäten und in eher konservativen Unternehmen unüblich, dass Sitzungen und Meetings von jemand anderem als dem Chef selbst moderiert werden.

Hier muss sich als Praxistipp ableiten: flexibel handeln, delegieren – nicht alle denkbaren Rollen auf die Führungsrolle werfen. Die Vorteile, die sich durch eine Rollentrennung – auch in der Moderation von Meetings – ergeben, werden oft nicht gesehen: mehr und demokratischere Beteiligung der Untergebenen, dadurch ein Mehr an innovativen Ideen und ein breiteres Spektrum sozialen Verhaltens, und dadurch mehr Freiraum für den Chef, Ideen auch einmal aus einem anderen Blickwinkel zu sehen.

Die Frage „Wer ist der Boss?" hat nicht nur kulturelle, sondern auch organisationspolitische Implikationen, die sich u. U. verheerend auswirken können.

Fallbeispiel „Modernisierung": Upgrade der Datenbank eines öffentlichen Interessensverbandes

Das Verhalten des Controllers, sämtliche Informationen, Kontakte und Entscheidungen bei sich zu behalten, um die Illusion seiner Macht zu erhalten, machte simple Vorgänge zu monatelangen Nervenproben und seine Position zum Flaschenhals der Organisation. Ein Konzept für die Datenbereinigung – in dem alle rd. 25.000 Mitglieder anlässlich der Erneuerung der Mitgliedskarten zur freiwilligen Datenaktualisierung aufgefordert werden sollten – war auf maximal sechs Wochen ausgelegt und zu Beginn des Projekts teilweise mit ihm zusammen erarbeitet bzw. ihm vorgestellt worden. Dies wurde maximal verzögert.

Allein der Zugang zur Software dauerte drei Monate, obwohl unbenutzte Kopien und Lizenzen vorhanden waren, die der IT-Manager nicht ohne ausdrückliche schriftliche Erlaubnis installieren wollte. Er befürchtete Sanktionen. Wiederholte Anfragen an „den Boss" wurden mit sinnlosen „Detailaufgaben" beantwortet – z. B. die Vorab-Ermittlung der Anzahl von Zeichen pro Feld im Formular – und dann mit disziplinarischen Maßnahmen gekontert.

Die Situation resultierte im Endeffekt in einem Erdrutsch an Entlassungen, Kündigungen und Versetzungen und erheblichen Verzögerungen im Projekt, für den die Mitarbeiter verantwortlich gemacht wurden.

Dieser Führungsstil wird als „Bad" oder „Toxic Leadership" bezeichnet. Die Alternative wäre hier gewesen, die Initiative der Mitarbeiter mithilfe der Projektmanagerin zu unterstützen, das Konzept zu bestätigen (oder aber konkrete, konstruktive Kritik daran zu üben) und den beiden grünes Licht zur Durchführung zu geben. Dies wird im folgenden Fallbeispiel deutlich:

Fallbeispiel „Reorganisation IT-Dienstleister": Leadership in dem Veränderungsvorhaben bei dem IT-Dienstleister

Das Ziel der Organisationsveränderung bei dem IT-Dienstleister war der Wechsel von einer rein hierarchisch funktionalen Organisation hin zu einer prozess- und projektorientierten Matrixorganisation mit technologisch spezialisierten Kompetenzzentren.

In Projekten mit Teammitgliedern aus verschiedenen Kompetenzzentren und einem Projektmanager aus einer weiteren Organisationseinheit stellte sich die für eine hierarchisch geprägte Organisation bedrohliche Frage, wer denn nun der Linienvorgesetzte des Entwicklers Jupp Java sei, und ob sich die Mitarbeiter aus dem technischen Betrieb, wie sich z. B. der Datenbankadministrator Oliver Rakel genauso an die Termine in dem Projektplan halten müsste, wie die Entwicklerin Claire Cobol.

Die Einführung der Matrixorganisation wurde also mit vielen Befürchtungen nach Einflussverlust verbunden. Genauso wurde die Unterscheidung zwischen „echten Projekten" und „Wartungsaufgaben" argwöhnisch beäugt. Hier gab es entweder die Befürchtung, dass die „Guten" die Projekte machen können und die Wartungsaufgaben durch „den Rest" erledigt werden, oder aber, dass das Tagesgeschäft sowieso immer Vorrang hat, so dass „echte neue Projekte" nur mit „dem Rest" gemacht werden können, der dann auch noch abgezogen wird, wenn es in der Produktion mal brennt.

Solche Befürchtungen und letztendlich das Infragestellen des eigenen Anspruchs lassen sich nicht durch Diskussionen und Konzeptpapiere lösen. Hier war vielmehr echtes Leadership vonnöten, d. h. Projekt- und Bereichsleiter aus dem mittleren Management, die mit der Umorganisation ihre eigenen neuen Arbeitsfelder modelliert haben und mit den Mitarbeitern in dieses neue Gebäude eingezogen sind.

Eine glaubhafte Vermittlung der Idee der Neuorganisation war hier ein erster wesentlicher Schritt beim Unfreeze. Der Anschub der Move-Phase wurde dann mit der Einstellung begleitet: „Wir wissen auch noch nicht alles und wahrscheinlich ist auch noch nicht alles perfekt durchdacht. Aber wir wagen den Schritt in die neue Organisation, und korrigieren, wo es erforderlich wird."

Die eigene Betroffenheit der Bereichsleiter und mittleren Führungskräfte hat hier maßgeblich zu einer hohen Glaubwürdigkeit und damit zu einer Kooperation der Mitarbeiter beigetragen.

Wir haben bereits auf die Vorzüge eines kooperativen Führungsstils und einer Kultur der Partizipation hingewiesen, und sowohl die Theorie als auch unsere Studie scheint dies mehrheitlich zu bestätigen. Insgesamt wurde aufgrund der Aussagen aus der quantitativen und qualitativen Umfrage die Hypothese „Je kooperativer Führungskräfte ihre Führungsaufgaben in Veränderungsprojekten wahrnehmen, desto höher ist der Veränderungserfolg", weitestgehend bestätigt. Die meisten Befragten empfinden einen kooperativen Führungsstil, eine teamorientierte Zusammenarbeit und die aktive Einbindung von Mitarbeitern ins Projektgeschehen als förderlich für den Erfolg von IT-Veränderungsprojekten (Siehe Zitate zur Dimension 3 aus den Interviews im Abschnitt „Basisdaten und Ergebnisse der empirischen Untersuchung").

Was Führungsstile anbetrifft, sind derzeit so viele Ansätze auf dem Markt, die noch dazu häufig mit ihrer eigenen Terminologie arbeiten, dass praktizierende Führungskräfte davon regelrecht überwältigt werden können, vor allem, wenn sie aus einem eher technischen Umfeld kommen.

Zur Beruhigung lässt sich konstatieren: Menschen sind unterschiedlich, so auch Führungskräfte, und Führung ist nicht – oder nicht nur – angeboren, sondern (auch) erlernbar und kommt mit der Erfahrung.

Nach unserer Erfahrung können unterschiedliche Führungsstile zum Erfolg führen. Projekte in komplexem Umfeld werden jedoch von kooperativen und situativen Führungsstilen[30] begünstigt.

---

[30] Situativer Führungsstil bedeutet, dass die Führungskraft je nach Situation den Führungsstil der Wahl (kooperativ, autoritativ, laisser-faire) wie ein Tool benutzt.

Wie ein gut funktionierendes Team mit den folgenden Aspekten umgeht, kann ein guter Indikator für gute Führung sein: Gemeinsame Zielsetzungen, Normen, Prioritäten, Entscheidungen, Konfliktlösung, definierte Rollen, gegenseitige Akzeptanz, Effektivität, Erfolg sowie Entwicklung der Einzelnen und des Teams.

4.4.3 Führungskompetenzen

Ebenso wie das Thema „Führungsstile" sind „Führungskompetenzen" in der Literatur breit gefächert und mehr als hinreichend abgedeckt. Dieser Band kann sicherlich nicht einmal ansatzweise allen Aspekten gerecht werden. Auf der Basis von zwanzig Jahren Erfahrung in Personal-, Führungskräfte- und Organisationsentwicklung finden wir – in stark verkürzter Darstellung – folgende Kompetenzen entscheidend: Zuhören, Feedback geben und Authentizität.

Zuhören

Ein wichtiger Aspekt dieser Studie basiert auf der Kombination aus Bottom-up und Top-down in Strategie und Führung, sicherlich auch mit Schwerpunkt auf Unternehmens- und Teamkommunikation. Damit dies gelingt, müssen die Kanäle freilich auch gängig sein. Dies bedeutet, „Zuhören" nimmt auf der Liste der Kompetenzen die oberste Stelle ein.

Dies ist keine Selbstverständlichkeit. Häufig sind die meisten Menschen und so auch Manager, während Dialogen generell mit 1000 anderen Dingen beschäftigt. Aktives Zuhören bedeutet:

- Sich auf den anderen einlassen, nicht aus der Ruhe bringen lassen
- Offene, konzentrierte Körperhaltung
- Blickkontakt halten
- Den Dialogpartner durch non-verbale Signale und kurze Äußerungen bestätigen
- Das Gesagte paraphrasieren/bei Unklarheiten nachfragen
- Nicht unterbrechen, ausreden lassen, Pausen aushalten
- Eigene Gefühle – und die des Partners – erkennen und ggf. ansprechen

Dieser Praxistipp mag banal klingen, aber wie mit vielen Dingen gilt auch hier: „Es gibt nichts Gutes außer man tut es."

Feedback

Feedback geben und annehmen ist keine leichte Aufgabe, vor allem da das Feedback den Beteiligten auch unangenehm sein kann und bislang nicht geplanten Mehraufwand verursachen kann.

Die meisten Führungskräfte sind sich nicht darüber im Klaren, wie wichtig Dialog, Lob und Kritik im Arbeitsalltag ihrer Teams und Mitarbeiter sind und wie viel man mit Feedback bewegen kann. Der Vorgang ist recht einfach:

- Beobachtetes Verhalten wiedergeben
- Die eigene Wahrnehmung dieses Verhaltens, eventuelle Auswirkungen etc. schildern
- (Gewünschte) alternative Verhaltensweisen aufzeigen
- Sachlich bleiben, nicht „unter die Gürtellinie" gehen, Emotionen als solche kennzeichnen

Für den Feedback-Nehmer gilt:

- Zuhören, zunächst nicht werten
- Nur bei Verständnisproblemen nachfragen
- Nicht „nachhaken", sich nicht rechtfertigen

Der letzte Punkt ist wichtig, denn damit würde sich der Feedback-Nehmer selbst „an die Wand" stellen, und dies fördert im Weiteren den konfrontativen Gesprächsverlauf. Dabei ist es wichtig, eine Kultur zu entwickeln, in der Kritik als Geschenk angesehen wird, aufgrund dessen man sich weiter entwickeln kann. Im Anschluss können beide – oder auch nur der Feedback-Nehmer – Alternativen entwickeln oder Abhilfe suchen. Im Extremfall wird dann nicht einmal mehr zwischen positiver Kritik (Lob) und der so genannten negativen Kritik unterschieden. Jede Kritik ist positiv!

Feedback als Führungskompetenz und -tool fördert eine solche Kultur in Teams und Organisationen.

In vielen Organisationen werden Feedback-Techniken in einer Reihe von Varianten verwendet, z. B. in Beurteilungsgesprächen, im 360° Feedback, bei dem das Feedback vom Vorgesetzten, von Kollegen und den Untergebenen gegeben wird, oder im „Heißen Stuhl", einer Methode, die ihren Ursprung in der Gruppentherapie hat, bei der mit einem Gruppenmitglied gearbeitet wird.

360° Feedback und der „Heiße Stuhl" sind insofern interessant, weil hier das Feedback auch Bottom-up verlaufen kann, so dass Führungskräften ermöglicht wird, ihre „blinden Flecken" zu erkennen, Einstellungen oder Verhaltensweisen, die sie sonst selbst nicht wahrnehmen.

Authentizität

Man mag sich fragen, inwiefern Authentizität eine Kompetenz oder eine Führungseigenschaft ist. Fakt ist, dass Authentizität in Befragungen zu Führungsqualität immer wieder in die obersten Ränge gelangt (Brodmerkel, 2007). Demnach nehmen Mitarbeiter sehr wohl wahr, wenn es jemand „richtig" bzw. „falsch" macht. Ein wichtiges Merkmal von Authentizität ist die Fähigkeit, Vorgänge zu beobachten, ohne im Schnellschuss zu bewerten und dabei verschiedene Blickwinkel einnehmen zu können.

Werte, Denken, Aussagen, Entscheidungen und Verhalten stimmen im authentischen Verhalten überein; ein reflektiertes, stimmiges Selbstbild und Wertesystem sind also Bestandteile der zu entwickelnden Führungsqualität. Sie kommunizieren sich am intensivsten über Blickkontakt, Mimik, Gestik, Körperhaltung(-sprache) und allgemein physische Präsenz, allesamt Kompetenzen, die man trainieren kann, ohne sich dabei zu „verbiegen"[31], indem der Trainee immer wieder Feedback hinsichtlich dieser Stimmigkeit bekommt. Die Wahrnehmung und Verarbeitung dieser Faktoren ist in entwicklungsgeschichtlich älteren Regionen des Gehirns angesiedelt und ist seit je her der Indikator für „Freund oder Feind". Für Veränderungsvorhaben ist dies deshalb von großer Bedeutung, weil diese Stimmigkeit Vertrauen vermittelt und Vertrauen Dreh- und Angelpunkt von Führung, von Veränderbarkeit, von Motivation und Zusammenarbeit ist. Dies geht wie ein roter Faden durch unsere Fallbeispiele. Im folgenden Kapitel „Kommunikationsinhalte" werden wir weiter explizit auf diesen Zusammenhang eingehen.

4.5 Kommunikation

Aus den Studienergebnissen leiten wir folgende Empfehlung ab:

In den richtigen Phasen müssen dialogorientierte Kommunikationsinstrumente genutzt werden, um die Einbindung der Beteiligten zu erreichen. Nicht nur Information, auch echter Austausch und Feedback der Beteiligten müssen in den Veränderungsprozess einfließen.

Bevor wir nun einige Tools und Methoden vorstellen, die sich bei der Kommunikation der verschiedenen Phasen im praktischen Einsatz bewährt haben, wollen wir auf die Inhalte der Kommunikation und die Erstellung eines Kommunikationskonzepts eingehen.

4.5.1 Kommunikationsinhalte

Angemessenheit und Glaubwürdigkeit der Kommunikation sind genauso wichtig wie die verwendeten Instrumente.

In vielen Fällen ist zunächst wichtig, eine gleiche Informationsbasis für alle Beteiligten zu schaffen, schlichte sachliche Information über den bevorstehenden Veränderungsprozess zu liefern und auch klar zu sagen, welche Informationen noch nicht geliefert werden können.

Offensichtlich gibt es hier in der praktischen Umsetzung Versäumnisse, denn die Studienteilnehmer – im quantitativen wie im qualitativen Teil – beklagen mehrheitlich so genannte „Kopfmonopole" oder die Tatsache, dass die Vorgesetzten entscheiden, wer welche Informationen erhält, auch einige unserer Fallbeispiele belegen dieses Phänomen. Dass alle den gleichen Informationsstand zum Veränderungsvorhaben haben, wird nur in 21 Prozent der Fälle so gesehen. Dies führt zwangsläufig zu Motivationsverlusten und Widerständen, die durch eine bessere Kommunikationsqualität vermeidbar sind.

---

[31] Viele Teilnehmer solcher Trainings- oder Coaching-Einheiten befürchten anfänglich vor allem, dadurch „ihre Persönlichkeit zu verlieren". Dies ist nicht der Fall, wenn mit ihren individuellen Werten und ihrer Eigenmotivation gearbeitet wird.

Zu Beginn der Veränderung, aber auch im Verlaufe des Prozesses ist es wichtig, die Motivation für das Veränderungsvorhaben zu erläutern.

Wie oben bereits erwähnt, haben alle Beteiligten ein gutes Gespür dafür, ob ein Motiv für eine Veränderung nur „vorgeschoben" ist und dahinter andere Motive als „Hidden Agenda" verborgen sind, oder ob die Motivation glaubwürdig, ehrlich und stimmig kommuniziert wird. Nur Letzteres wird Motivation bei den Betroffenen schaffen.

Für wichtig halten wir auch, dass die Motivation zu geeigneten Zeitpunkten quasi aus erster Hand von den Führungskräften selbst kommuniziert wird. Das Projektteam darf mit der Botschaft „dass das Management die Veränderung umsetzen will" nicht allein gelassen werden.

Ist erst einmal die erste Aufmerksamkeit geweckt, Motivation geschaffen und ein grober Überblick über die bevorstehende Veränderung gegeben, dann wird die gezielte Weitergabe von detaillierten Informationen wichtig, ebenso wie die Vorbereitung und Durchführung von angemessenen Trainingsmaßnahmen. Nicht alle müssen alles wissen – aber genug, damit sie die Veränderung produktiv bewältigen können. Dabei darf das Management auf allen betroffenen Ebenen nicht vergessen werden, auch hier gibt es ggf. Schulungsbedarf zu dem Veränderungsprozess.

Mitten in der Veränderung bis zum (geplanten) Ende hin kommt dem Kommunizieren von bereits Erreichtem eine immer größere Bedeutung zu. Dies motiviert, in schwierigen Phasen durchzuhalten und die Energien freizusetzen, um die noch anstehenden Hürden zu überwinden.

Auf den offiziellen Informationskanälen sind die Kommunikationsinhalte steuerbar. Bereits mehrfach haben wir auch auf die Bedeutung der informellen Kommunikation hingewiesen, deren Inhalte sich a priori der Kontrolle des Projektteams entziehen. Die für das Changemanagement Verantwortlichen müssen Feedback-Schleifen einrichten, um eventuell bedeutsame Inhalte aus der informellen Kommunikation einzufangen und darauf einzugehen. Dafür sind die unten vorgestellten Instrumente, die auch Rückmeldungen beinhalten, gut geeignet – es kommt nur darauf an, sie mit Gespür für die Sache und die Menschen einzusetzen.

4.5.2 Kommunikationskonzept

Die Planung der Kommunikationsmaßnahmen wird idealerweise in einem Kommunikationskonzept festgehalten, das laufend weiterentwickelt und nach Bedarf an den laufenden Veränderungsprozess angepasst wird.

Das Kommunikationskonzept folgt i. d. R. dem Projektplan, indem es die Kommunikationsziele festhält, die Stakeholder analysiert bzw. die Analyse deren Kommunikationserwartungen und -konventionen anpasst, eine Kommunikationsstrategie im Sinne des vorangegangenen Abschnitts entwirft und die Kommunikationsinstrumente und Methoden einsetzt, auf die wir im folgenden Kapitel genauer eingehen. Dabei werden die in der Organisation vorhandenen Berichtstrukturen integriert, indem genau fixiert wird, wer mit wem in welchen Zeitabständen und über welchen Kanal kommuniziert, z. B. folgendermaßen:

wer	mit wem	wie oft	was
Projektmanager & Changemanager	Projektsponsor	wöchentlich	Meeting/Briefing
Changemanager	Projektteam	wöchentlich	Meeting
Projektsponsor	Belegschaft	Milestone erreicht	Newsletter

Tabelle 1: Kommunikationsmatrix

Ein allumfassendes Vorgehensmodell kann hier nicht vorgestellt werden. Anhand des nächsten Fallbeispiels erläutern wir aber, wie wir die Inhalte in einem praxisgerechten Konzept umgesetzt haben. Die Methoden und Instrumente werden im darauffolgenden Abschnitt näher erläutert.

Fallbeispiel „Neue Planungs-Software"

Für das bereits oben erläuterte Beispiel der Einführung einer neuen Planungs-Software wird eine Organisationsstruktur für das Changemanagement aufgebaut, die sowohl für Top-down Kommunikation wie auch Bottom-up genutzt werden kann.

Die Kommunikationsaktivitäten je Phase sind im bereits erwähnten Changemanagement-Konzept durchdacht und werden mit einem Kommunikationsexperten zielgruppengerecht aufgesetzt. Wichtig ist hierbei vor allem, die Sicht eines im Projekt weder technisch noch anderweitig beteiligten Außenstehenden einzubringen, damit die Texte allgemeinverständlich verfasst werden.

Zunächst sind Informationen über die bevorstehenden Veränderungen zu verteilen, so dass die Nutzung in der Phase „Unfreeze" vornehmlich in Top-down Richtung erfolgt. Bei diesen Informationen wird angesichts der schwierigen Vorgeschichte des Projekts darauf geachtet, dass die Veränderung angemessen motiviert wird. Zunächst werden Medien genutzt, mit denen Informationen an viele Betroffene gleichzeitig gerichtet werden können, wie Intranet und Newsletter, aber es wird auch in dieser Phase Wert darauf gelegt, dass es zu persönlichen Kontakten im Rahmen einer Großgruppen-Veranstaltung je Standort kommt und dabei alle betroffenen Führungskräfte im mittleren Management und alle Endbenutzer erreicht werden.

Für die Move-Phase wird ein Schlagwort und ein Bild für die Veränderung entwickelt, das wie ein Motto in dieser Phase an allen Stellen verwendet wird, wo über das Projekt kommuniziert wird. Es ist ein dem Sport entlehntes Motto, das

HANDLUNGSEMPFEHLUNGEN FÜR DIE PRAXIS

Newsletter

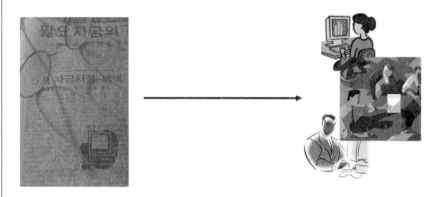

Die Veröffentlichung von Informationen erfolgt häufig über Newsletter, die heutzutage weniger auf Papier, sondern vor allem elektronisch übermittelt werden.

Die besonderen Merkmale dieses Kommunikationsinstrumentes sind:

- Die Information kann einen definierten Empfängerkreis verteilt werden, und so kann sichergestellt werden, dass alle zu dem Kreis gehörenden die Information auch erhalten.
- Es gilt eine Bringschuld der Informationsabsender – mit anderen Worten wird bei den Empfängern keine Holschuld unterstellt.
- Die Verständlichkeit und der Umfang der Information können zielgruppengerecht aufbereitet werden. Aufgrund der Vielzahl von Newslettern u. a. m., die an manche Empfängerkreise versendet werden, ist auf eine klare Nachricht und gute Strukturierung unbedingt zu achten. Details sollten in Anlagen oder auf anderen Kanälen nachgereicht werden.

Methodenkasten 4: Newsletter (Quelle: Eigene Darstellung) die Situation beschreibt: Ein aus der Wartung gekommenes überholtes System ist dringend abzulösen. Dieser Treffer muss mit vereinten Kräften gelingen! Für alle Betroffenen wird ein Post-it-Block mit dem aufgedruckten Motto beschafft. Dieser wird den Benutzern dann nach der Schulung als kleine Aufmerksamkeit verteilt.

In der Move-Phase findet nun die Schulung der betroffenen Mitarbeiter statt. Die Zahl der Anmeldungen wird regelmäßig kontrolliert und einige Standorte nach Bedarf noch einmal an die Schulung erinnert. Parallel müssen immer wieder detaillierte Informationen verteilt werden, wann und wie die Planungsdaten aus dem alten System in das neue System migriert werden und was durch die Endbenutzer nachzubearbeiten ist. Auch dies erfolgt wieder über Intranet, Newsletter und Veranstaltungen mit den Changemanagement-Koordinatoren und -Multiplikatoren. Aufgrund der Entfernungen zwischen den Standorten und dem kurzen zur Verfügung stehenden Zeitfenster werden nun Telefonkonferenzen und Videokonferenzen genutzt. Die zuvor aufgebauten persönlichen Kontakte sind hierfür eine gute Grundlage. Wichtig ist, sicherzustellen, dass die Informationen – zum Training oder den Systemumstieg betreffenden Details – beim Endbenutzer richtig ankommen und Nachfragen zügig wie qualifiziert beantwortet werden. Durch die direkte Anbindung zwischen IT-Team und Change Koordinatoren sowie Multiplikatoren und Endbenutzern, sind kurze Wege eingerichtet, die dies gut unterstützen. Auch Rückmeldungen von den Endbenutzern (Bottom-up) können schnell aufgegriffen werden.

Der Systemumstieg wird mit einer vorher kommunizierten spezifischen Hotline intensiv unterstützt. Auch nach dem Systemumstieg wird die direkte Kommunikation mit den Multiplikatoren fortgesetzt. Gerade in den ersten Tagen wird ein Angebot zum regelmäßigen Austausch eingerichtet, das nach und nach heruntergefahren werden kann. Vor-Ort-Besuche bei den Standorten, für die vom Changemanager und den Change Koordinatoren Kapazitäten frei gehalten worden waren, sind kaum notwendig.

Als letzte Kontrolle der begleitenden Maßnahmen wird eine Befragung der Endbenutzer durchgeführt, die ein recht positives Ergebnis bringt: Mehr als die Hälfte der Mitarbeiter fühlt sich auf die Systemumstellung gut oder sehr gut vorbereitet. Ca. 75 Prozent der Mitarbeiter spüren bei der Einführung gute oder sehr gute Unterstützung in ihrer Organisation. Das Changemanagement-Team hat den Eindruck, dass sich die intensiven Vorbereitungen gelohnt haben. Die Kosten waren im Vergleich zum Gesamtbudget des Projekts gering und sind durch die gute Akzeptanz und glatte Systemeinführung mit Sicherheit gut angelegt.

HANDLUNGSEMPFEHLUNGEN FÜR DIE PRAXIS

Veröffentlichung im Intranet

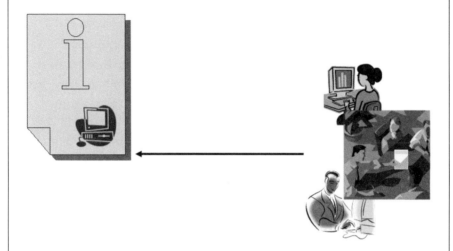

Die Veröffentlichung von Informationen erfolgt im Intranet, d. h. auf unternehmens-öffentlich zugänglichen Seiten, die mit einem Internet-Browser geöffnet werden können und angemessen verlinkt sein müssen, damit sie auch gefunden werden. Eine Verlinkung mit einem elektronisch versendeten Newsletter kann auch sehr wirksam sein.

Für dieses Kommunikationsinstrument gelten die folgenden Hinweise:

- Es kann ein großer Empfängerkreis in der Organisation erreicht werden, auch Interessenten, an die bislang ggf. keiner gedacht hatte.
- Es wird eine Holschuld der Informationsempfänger vorausgesetzt – was nicht immer angemessen ist. Inwieweit die Holschuld eingelöst wird, kann technisch gemessen werden, um ggf. entsprechende Maßnahmen einzuleiten, wenn die Erwartungen an diese Holschuld nicht passen sollten.
- Eine regelmäßige Aktualisierung muss vorgesehen werden – dieses Problem vieler Websites gilt auch für Informationsseiten zu Projekten. Es ist ein Leichtes, dies in der Projektplanung vorzusehen.

Methodenkasten 5: Veröffentlichung im Intranet (Quelle: Eigene Darstellung)

4.5.3 Kommunikationsinstrumente

Es wird deutlich, dass der Werkzeugkoffer des Changemanagers, Changeleaders oder Kommunikationsmanagers eine Vielzahl von Möglichkeiten zu bieten hat. Eine Übersicht über die gängigsten Kommunikations- und Interventionsinstrumente in Bezug auf ihre Reichweite und Wirksamkeit zeigt die nachstehende Abbildung 33.

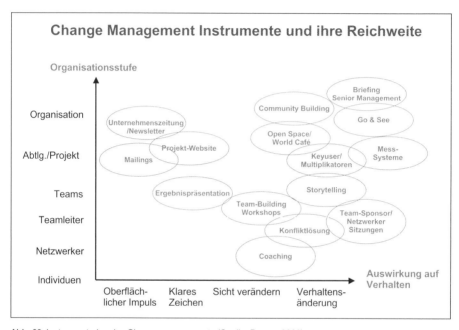

Abb. 33: Instrumentarien des Changemanagements (Quelle: Berner, 2002)

Wir wollen in diesem Kapitel einige dieser Instrumente für den Praxiseinsatz erläutern.

Weit verbreitet und wirkungsvoll ist für eine kommunizierte Top-down Kommunikation die Herausgabe eines Newsletters zu bestimmten Zeitpunkten und die Veröffentlichung im Intranet. Beide sind geeignete Kommunikationskanäle für Informationen, die für viele Empfänger wichtig sind.

Das Erreichen einer bestimmten Zielgruppe kann bei einem Newsletter sichergestellt werden. Hier können auch – zielgruppengerecht – detaillierte Informationen übermittelt werden.

In der Regel hat bei der Veröffentlichung im Intranet der Leser die Holschuld. Ungünstig ist dies also, wenn sichergestellt werden muss, dass eine bestimmte Information eine bestimmte Zielgruppe ausnahmslos erreicht. Die Holschuld der Empfänger kann jedoch auch ein Weg sein, die Mitarbeiter über einen kommunikativen Pull-Effekt zu motivieren. Ein Newsletter, der mittels Links auf entsprechende Dokumente oder Seiten im Intranet verweist, kann die beiden Kommunikationsinstrumente gewinnbringend miteinander verknüpfen.

Informationsveranstaltung/Ergebnispräsentation

Die Verteilung von Informationen oder die Präsentation von Projektergebnissen oder Zwischenständen kann auch in Informationsveranstaltungen erfolgen.

I Es wird ein definierter Empfängerkreis erreicht. Die Teilnahme an der Informationsveranstaltung lässt sich im Bedarfsfall auch mit dem Instrument der Teilnehmerliste dokumentieren.
I Wieder gilt die Bringschuld des Absenders der Information, bzw. wird beim Empfänger keine Holschuld vorausgesetzt, die dieser ggf. nicht einlösen kann oder will.
I Die Verständlichkeit und der Umfang der Information kann zielgruppengerecht aufbereitet werden.
I In einer Informationsveranstaltung sind auch Rückfragen und Interaktion mit den Empfängern der Information möglich. Einerseits kann hierdurch – je nach Art der Interaktion – das Gefühl der Partizipation begünstigt werden. Andererseits kann durch den Dialog eher sichergestellt werden, dass die Information ihre Empfänger auch wirklich erreicht hat und verstanden worden ist.

Methodenkasten 6: Informationsveranstaltungen/Ergebnispräsentationen (Quelle: Eigene Darstellung)

Beide Konzepte haben sich bewährt. Sie haben ihre Berechtigung, um bei Informationen, die Top-down verteilt werden müssen, schnell große Gruppen zu erreichen, um alle Beteiligten auf den gleichen Informationsstand zu bringen. Beide Konzepte haben aber auch gewisse Nachteile.

Sie sind eher nicht oder wenig dialogisch. Über Foren und diverse interaktive Tools, lässt sich die Mitarbeiterbeteiligung im Intra- oder Internet jedoch sinnvoll kanalisieren. Es ist abzuwägen, ob diese auf ein Veränderungsvorhaben aufgesattelt werden können oder sollen. Die Herausgabe eines Newsletters und die Veröffentlichung im Intranet sind mittelbar, d. h. non-verbale Anteile der Kommunikation, welche Glaubwürdigkeit, Authentizität und Vertrauen vermitteln – Körperhaltung, Mimik, Gestik, Tonfall zum Beispiel werden mit ihnen nicht vermittelt.

Fallbeispiel „Reorganisation IT-Dienstleister": Kommunikation in dem Veränderungsprojekt bei dem IT-Dienstleister

Schon bei der Planung der Reorganisation wurde die Kommunikation mit den Mitarbeitern als ein kritischer Erfolgsfaktor erkannt. Mit Hilfe einer sehr transparenten Informationsstrategie sollten Widerstände abgebaut und somit die Erfolgschancen verbessert werden.

In dem Projekt zur Reorganisation der Aufbaustruktur wurde, wie bereits beschrieben, die Rolle „Kommunikationsmanager" in der Projektorganisation mit der Aufgabe etabliert, die Belegschaft regelmäßig über alle wichtigen Ereignisse im Reorganisationsprojekt zu informieren. Als Plattform wurde das Intranet des Unternehmens gewählt. Dabei wurden abgestimmte Ergebnisse und auch aktuelle Diskussionsstände kommuniziert, um der Belegschaft eine Möglichkeit der Kommentierung und Mitwirkung an der Gestaltung der neuen Organisation zu geben.

Ein Jahr nach dem Beginn des Organisationsprojekts wurde bei den Beschäftigten eine Mitarbeiterbefragung durchgeführt, die insbesondere Fragen zur Mitarbeiterzufriedenheit und zur Einschätzung des Reorganisationsprozesses enthielt. Die Ergebnisse machten deutlich, dass die Mitarbeiter der Ansicht waren, dass viel über das Projekt kommuniziert wurde.

Dadurch, dass sich das Team nach kurzer Zeit mit speziellen Projektthemen beschäftigt, entwickelt sich eine spezielle „Projektsprache", ein Jargon, der für die Arbeit im Projekt hilfreich und angemessen ist. Die Ergebnisse der Mitarbeiterbefragung haben auch deutlich gemacht, dass dieser Jargon für Außenstehende nur schwer verständlich ist. Zudem sahen es die Beschäftigten als eine Überinformation an, auch über Diskussionsstände und Zwischenschritte informiert zu werden.

Parallel zur Bündelung aller Informationen wurde ein Forum im Intranet eingerichtet, in dem die Beschäftigten frei über den Veränderungsprozess diskutieren konnten. Dieses Medium wurde nur spärlich angenommen. Außer einigen

Keyuser/Multiplikatoren

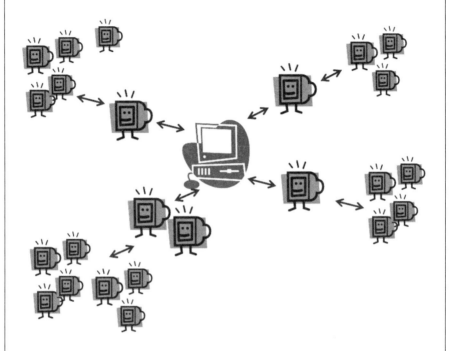

Keyuser- bzw. Multiplikatoren-Konzepte setzen darauf, aus allen betroffenen Bereichen einen oder mehrere Multiplikatoren mit dem IT-System und den anstehenden Veränderungen besonders vertraut zu machen und diese auch an Entscheidungen zu beteiligen. Anschließend haben diese dann die Aufgabe, in ihrem Organisationsbereich die Veränderung zu vertreten – und auch Rückmeldungen aus diesen an die IT-Organisation bzw. das IT-Projekt zurückzugeben.

D. h. notwendig sind:

- Definition von Keyusern in jedem betroffenen Bereich
- Intensive Einbindung der Keyuser in Training und Kommunikation
- Ausbildung und Unterstützung der Keyuser für die Rolle
- Wahrnehmung der Keyuser-Rolle in ihrem betroffenen Bereich

Methodenkasten 7: Keyuser und Multiplikatoren (Quelle: Eigene Darstellung)

Anmerkungen stellte sich im Forum keine Diskussion unter den Beschäftigten ein. Eine Erklärung könnte die Befürchtung negativer Auswirkungen sein, da die Forums-Beiträge nicht anonym, sondern mit der offiziellen UserID eingestellt wurden. Dass diese Befürchtungen ungerechtfertigt waren, spielt dabei keine Rolle.

Positiv bleibt festzuhalten, dass alle Beschäftigten zum Zeitpunkt der Inkraftsetzung des neuen Organigramms gut darüber informiert waren, welcher Organisationseinheit sie künftig angehören werden. Verbesserungsbedarf gab es bei der Abstimmung der Informationen auf die Adressaten und bei der Aufnahme von Feedback in das Veränderungsprojekt.

Den gleichen Zweck – nämlich Informationen an große Gruppen zu verteilen – erfüllen auch die häufig praktizierten und vielfach bewährten Betriebsversammlungen, Abteilungsmeetings oder Informationsveranstaltungen durch das Projektteam.

Komplexere Informationen sollten auf jeden Fall durch Informationsveranstaltungen unterstützt werden, damit das Gelingen der Kommunikation sichergestellt ist: Die Aufmerksamkeit ist in Veranstaltungen größer und der Empfänger soll am Ende auch verstanden haben, was der Absender kommunizieren will. Hier haben die Führungskräfte außerdem Gelegenheit, durch ihre physische Präsenz mitzuteilen, dass sie hinter dem Veränderungsvorhaben stehen.

Darüber hinaus haben Informationsveranstaltungen den Vorteil, dass Rückfragen oder auch Rückmeldungen (Bottom-up) erfolgen können und damit einen Einstieg in die beidseitige Kommunikation bieten. Es muss allerdings klar sein, dass Bottom-up Kommunikation in Großgruppenveranstaltungen nur eingeschränkt erfolgen kann, und dass für diese Kommunikationsrichtung weitere Kanäle geschaffen werden müssen.

Fast überall und regelmäßig werden für die Kommunikation Keyuser- bzw. Multiplikatoren-Konzepte eingesetzt. Sie eignen sich sowohl für die Top-down wie auch für die Bottom-up Kommunikation und haben sich in vielen großen IT-Projekten wie auch im späteren IT-Betrieb bewährt.

Der Vorteil von diesen Konzepten ist, dass die Information in jeweils kleineren Gruppen weitergegeben wird, so dass die persönliche Einbindung besser gelingt und zum Beispiel standort-, abteilungs- oder regions-/landeskulturspezifische Besonderheiten in den Meetings besser berücksichtigt werden können.

Ein potenzieller Nachteil ist das Risiko, dass die Multiplikatoren die Informationen nicht genau weitergeben, oder dass sie selbst durch Skepsis oder Vorbehalte voreingenommen sind und dies dann weiter vermitteln.

Direkte Rückmeldungen von den Betroffenen am besten an ihren Arbeitsplätzen einholen, auch durch das Projektteam oder den Multiplikator möglich. Diese mit „Go & See" bezeichnete Methode wird leider – so zeigt es auch die Studie – nicht regelmäßig praktiziert, nur bei ca. einem Drittel der Beteiligten und bei einem weiteren Drittel gelegentlich. Nach unserer Erfahrung ist dies eine sehr wirkungsvolle Methode.

Go & See

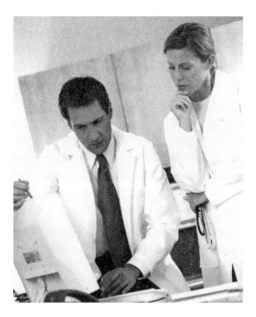

Bei dieser Methode geht es um den Hausbesuch von Projektverantwortlichen bei den betroffenen Endbenutzern (oder auch bei Teams), d. h. hier wird die direkte persönliche Kommunikation gesucht, die in den eingespielten Routine-Berichtswegen so nicht vorgesehen ist.

Die Kommunikation bei dem Besuch ist dialogisch (also sowohl Top-down als auch Bottom-up). Rückmeldungen können bei der Methode „Go & See" sehr niederschwellig eingeholt werden.

Häufig erhält das Projektteam dadurch wertvolle Informationen über die Auswirkungen auf den Alltag bei den Endbenutzern. Der Wert dieses Instruments besteht, abgesehen von den Informationen, die auf diesem Wege zurück in das Projekt fließen, vor allem auch in einem: in der Wertschätzung, die der Endbenutzer empfindet, wenn er in seiner Alltagsumgebung vom Projektteam oder sogar Führungskräften aus dem Projekt aufgesucht wird.

Wichtig ist selbstverständlich, dass die Informationen aufgegriffen werden und so der Endbenutzer spürt, dass er oder sie und die ausgetauschten Informationen vom Projektteam ernst genommen werden.

Methodenkasten 8: Go & See (Quelle: Eigene Darstellung)

Eine weitere Methode, die im direkten Kontakt Rückmeldung nicht nur ermöglicht, sondern sogar voraussetzt, ist das Coaching. Gecoacht werden können Einzelpersonen und Teams. Bei Einzelpersonen ist Freiwilligkeit absolute Voraussetzung (i. d. R. ist dies jedoch kein Problem), der Beratungsbedarf und Vertragsabschluss wird dann in der Kennenlern-Sitzung geklärt. Auch für den Fall, dass die Personalabteilung vertragliche Regelungen trifft, wird nicht selten ein zusätzlicher „Vertrag" mit dem Coachee vereinbart, der sich auf seine Ziele bezieht. Damit wird klargestellt, dass nicht der Coach die Lösungen findet, sondern der Client. Die Rolle des Coachs ist die des Katalysators: Zuhören, richtige Fragen stellen, persönliche und faktenbezogene Aussagen einbeziehen und reflektieren.

Die eigentliche Intervention im Einzel- und Teamcoaching sind Gespräche bzw. Moderation sowie andere Methoden und Maßnahmen. Dies können Teamübungen sein oder Investigation von Fakten, Erarbeitung von Entscheidungsalternativen oder Konfliktlösungen, Priorisierung von Aufgabenfeldern, aber auch Methoden wie Entspannungs- und Kreativitätstechniken. Zwischen den Terminen können Übungen und Aufgaben helfen, nachhaltige Verhaltensänderungen zu erreichen.

Der Einsatz von Coaching ist eine sehr effektive Methode. Coaching in Veränderungsprojekten kann direkt in die Projektkommunikation eingebunden oder auch unabhängig begleitend durchgeführt werden, um den Beteiligten durch Reflektion die Belastung der Veränderung zu erleichtern und Arbeitsabläufe im Team zu verbessern.

Ergänzend werden in Veränderungsprozessen auch immer noch Einzelgespräche geführt, die ihre Berechtigung haben, genauso wie die informelle Kommunikation in Kaffee-Ecken etc. Dieser informellen Kommunikation, die in den offiziellen Kommunikationsplänen so nicht vorkommen kann und auch nicht stringent planbar ist, muss Ort und Zeit eingeräumt werden.

Open Space und World Café sind zwei Methoden der Großgruppenmoderation, die sich durch maximale Beteiligungsquoten innerhalb großer Gruppen, durchaus auch ganzer Unternehmen, auszeichnen.

Durch die Möglichkeit der aktiven Beteiligung (ohne als Einzelner vor einer großen Gruppe Einwände zu erheben und ohne notwendigerweise „geoutet" zu werden) werden diese Methoden i. d. R. sehr gut angenommen. Jeder, der die Erfahrung gemacht hat, dass die Gespräche am Rande von Tagungen oft spannender und produktiver ablaufen, kann sich vorstellen, wie stimulierend diese Methoden wirken.

Sie eignen sich besonders zur Förderung von Unternehmenskultur und Innovationsinitiativen und zur Partizipation an dringenden Themen. Voraussetzung für den Erfolg dieser Methoden ist, dass sie konsequent offen verwendet werden. Außerdem ist hier besonders aufmerksam konzeptionelle Vor- und Nacharbeit zu leisten, damit die Beiträge und Ideen nicht verloren gehen.

Zusammenfassend lässt sich sagen, dass die Kombination von formellen und informellen, inoffiziellen Instrumenten zu befürworten ist.

Coaching

Coaching kann Teams oder Einzelpersonen – besonders innerhalb eines Veränderungsprozesses – helfen „bei sich" zu bleiben, sich selbst zu reflektieren, (wieder) zur Vision und Mission bzw. zum „Standort" im Prozess zu finden und Lösungen für Probleme im Arbeitsalltag zu erarbeiten.

Ablauf des Coaching-Prozesses:

- Ggf. Beratungsbedarf, Vertragsabschluss
- Kennenlernen, Klärung der Ausgangssituation, Soll-/Ist-Zustand
- Zielbestimmung
- Erarbeitung von:
  - Spielregeln
  - Lösungswegen
  - Anzahl, Dauer und Abstände der Coaching-Sitzungen (empfehlenswert sind wöchentliche Abstände)

Interventionen:

- Gespräche/Moderation und andere Methoden und Maßnahmen
- Evaluation – Überprüfung der Zielerreichung

Es gibt verschiedene Methoden und Ansätze im Coaching. Besonders wichtig sind die Neutralität des Coachs, die neutrales und fundiertes Feedback möglich macht sowie idealerweise Erfahrung mit Change Prozessen in Organisationen.

Methodenkasten 9: Coaching (Foto: Walter Wittershagen, Wetter/Ruhr)

Wenn auch die Durchführung von Open Space oder World Café aufwändig erscheint, empfehlen wir in jedem Fall, die äußerlichen Voraussetzungen für inoffizielle Kommunikation im Projektteam und auch außerhalb zu schaffen, d. h. Zeit und Raum zur Verfügung zu stellen, in der dies ermöglicht wird.

Dabei lohnt es sich, Reaktionen und Trends gut zu beobachten bzw., wie oben beschrieben, Controlling zu betreiben. In unserem Fallbeispiel wurde dafür die Mitarbeiterbefragung genannt, ein Tool, das heutzutage über das Intranet leicht zugänglich und einfach auszuwerten ist.

Auch hier gilt als Faustregel:

- Die Adressaten nicht überfrachten – nicht zu viele Fragen einstellen.
- In der Fragestellung verständliche Sprache verwenden.
- Gewissenhaft auswerten, auch bei „negativem" Feedback.
- Antworten ernst nehmen und weiter verfolgen.

Eine Methode, die entweder im Rahmen von Coaching stattfinden kann oder in Großgruppenmethoden oder – unbewusst – in informellen Gesprächen ihren Raum finden kann, ist das Storytelling, neudeutsch für Geschichtenerzählen. Storytelling wird auch sehr erfolgreich als Einzelmethode eingesetzt. Was macht die Wirkung dieser Methode aus?

Im Prozess des Erzählens erfahren die Zuhörer eine Geschichte, als ob sie sie selbst erlebt hätten. Sie können in eine Idee hineingeraten, woraufhin die Geschichte und die Idee zu ihrer eigenen werden. Sie erleben die Geschichte nicht analytisch und bewertend als externer Beobachter, sondern als Teilnehmer, gleichsam als jemand, für den die Geschichte lebendig wird.

In Unternehmen, besonders in Familienunternehmen, ist „die Geschichte" wichtiger Teil des Brandings, des Selbstverständnisses und der Unternehmenskultur. Etwa die Geschichte von Anita Roddick, die im Jahr 1976 als kleines Ein-Frau-Unternehmen mit schmalem Budget „The Body Shop" gründete, das aufgrund seines Konzepts in der Folge jährlich 50 Prozent Wachstum verzeichnete und heute als das zweitgrößte Kosmetikunternehmen der Welt gilt. Die innovatorische Leistung von Anita Roddick war, den ganzheitlichen, umweltfreundlichen Ansatz brutal ernst zu nehmen, fair Trade zu betreiben und Dritte-Welt-Länder vor Ort zu erkunden. Auf diese Weise wurde sie zur „Erfinderin" der Shea-Butter, die heutzutage in vielen Produkten verwendet wird.

Im IT-Bereich sind prägnante Beispiele sicherlich Steve Jobs und Apple, eine Geschichte der Innovation mit spektakulären Höhen und Tiefen, oder auch die Gründung von hp durch Bill Hewlett und Dave Packard im Jahr 1938 in einer Garage. Diese Garage und ihre Geschichte sind so bedeutsam, dass sie ins Register historischer Stätten der USA aufgenommen wurde. Natürlich befindet sich ein Bild von ihr auch auf der hp-Website.

Weil wir Menschen Geschichten so faszinierend finden, ist es allzu einfach, den Verwendungszweck aus den Augen zu verlieren.

Open Space

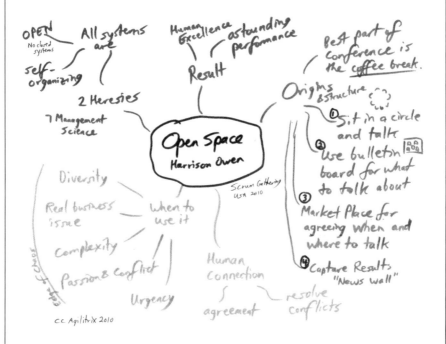

Beim Open Space werden nur die Zeiten und Räume der Kleingruppensessions (und nach Belieben einige Startthemen) festgelegt. Die Grundprinzipien sind:

- radikale Offenheit sowie
- selbstorganisierende Gruppendynamik und Themenentwicklung.

Die Startthemen werden einem Owner zugeordnet, weitere Themen werden von Individuen aus der Gruppe vorgeschlagen.

Die anderen Teilnehmer entscheiden dann selbst, welchem Thema sie sich wann zuwenden wollen. Wird ein Thema von keinem gewählt oder von allen verlassen, dann war es wohl nicht wichtig, so die Philosophie von Open Space.

Die Auswertung und Nachverfolgung der Beiträge ist besonders wichtig.

Methodenkasten 10: Open Space (Quelle: http://agilitrix.com/2010/03/harrison-owen-rules-open-space/)

Wie also funktionieren Geschichten im Change Prozess von Organisationen und Projekten?

Eine Geschichte lässt etwa vor unserem Auge das Bild der jungen Anita Roddick als Erforscherin von Dritte-Welt-Ländern entstehen, oder sie führt uns direkt in die Welt der freundlichen IT-Dienstleister-Organisation von nebenan, wie in unseren Fallbeispielen. Zum einen können die Zuhörer (oder Leser) sich mit der Geschichte identifizieren, zum anderen können sie durch die psychologische Komponente im Erzählen, Erklären und Zuhören die Gesetze von Zeit und Raum überwinden. Die Fallbeispiele zeigen dann auch, dass jemand schon mal in derselben Situation gesteckt hat und etwa durch den Einsatz gewisser Methoden unbeschadet wieder heraus kam. Die Gesetze von Ursache und Wirkung werden dadurch klarer. Zudem möchte jeder Teil einer Erfolgsgeschichte sein. Denkbar ist also die Aufarbeitung der Organisationsgeschichte, verbunden mit neuen Zielen, oder die Projektgeschichte als eine Erfolgsgeschichte, in der es natürlich auch darum geht, Hindernisse zu überwinden und Schwierigkeiten zu meistern, um am Ende den Gipfel zu erreichen.

Geschichten machen es dadurch auch möglich, eine Distanz zu schaffen und so neue Gesichtspunkte einer Situation zu entdecken. In Konflikten kann dies die einzige Möglichkeit sein, den Konflikt zu verbalisieren.

Für die Findung und Kommunikation von Unternehmensvisionen lässt sich zum Beispiel Metaphoring, ein Bestandteil des Storytellings, verwenden.

Fallbeispiel Metaphoring-Leadership

In einer Gruppe weiblicher Führungskräfte, die ihr erstes Führungstraining absolvieren, wird deutlich, dass sie sich nicht oder wenig mit ihrer Führungsrolle identifizieren können, weil sie mit dem Begriff „Macht" negative Assoziationen verbinden. Der Hinweis auf den englischen Begriff „power" erleichtert zwar Bezüge zu anderen, positiveren Wortfeldern wie „Kraft" und „Energie", die Skepsis bleibt jedoch vorerst.

Erst eine komplexere Metapher eröffnet den Teilnehmerinnen einen Zugang: Einen Teil einer Organisation zu führen, bedeutet auch, Wachstum zu fördern. Wenn Ihr Bereich, Ihre Abteilung ein Garten wäre, wie sähe er aus? Wäre Ihr Garten groß oder klein? Umzäunt? Wie sähe der Zaun, die Mauer aus? Welche Pflanzen würden Sie darin wachsen lassen? Wären es nur Nutzpflanzen oder hätte auch Ästhetik ihren Wert? Wie würden Sie den Garten pflegen, instand halten und weiterentwickeln? Welche Pflanzen würden Sie ausmerzen, warum und wie? Wie würden Sie langfristiges Wachstum sichern?

Plötzlich entstehen eine Menge Visionen zum Einflussbereich der Frauen, die so unterschiedlich sind wie die Teilnehmerinnen selbst.

Bemerkenswert mag dabei sein, dass möglicherweise auch die zyklische Komponente dieser speziellen Metapher dabei geholfen haben mag, diese Visionen entstehen zu lassen.

World Café

World Café ist eine „Open Source"-Moderationsmethode, die aus Geschreibsel auf Kaffeehaustischdecken entstanden ist.

Die Teilnehmer gruppieren sich um (Steh-)Tische, die mit Stiften und einer Papiertischdecke ausgestattet sind, diskutieren für eine bestimmte Zeit (10/15 Minuten) und halten dabei ihre Ideen, Graffitis und Bilder schriftlich fest.

Die Themen können nach bestimmten Gesichtspunkten vorgegeben werden, bzw. an einem Tisch „festgemacht" werden. Danach wird frei rotiert, so dass jede Gruppenkombination ihre eigene Dynamik und jedes Thema frische Gesichtspunkte bekommt.

Die Auswertung, Zusammenfassung und Nachverfolgung der Beiträge ist besonders wichtig.

Methodenkasten 11: World Café (Quelle: http://www.theworldcafe.com/ibank_book.html)

In Bildern und Geschichten zu denken, hilft oft, aus den stereotypen Szenarien herauszukommen, die wir mit unserem Arbeitsalltag verbinden und neue Perspektiven zu erkennen.

Fallbeispiel Team-Building im Change

Ein Großunternehmen steckt anlässlich einer Fusion in den Anfängen eines tiefgreifenden Change Prozesses. Das Unternehmen ist traditionell sehr stabil und die Mitarbeiter sehen der Situation mit Skepsis, Ängsten und Befürchtungen, bis hin zu schlichter Panik entgegen.

Der Personalchef bucht für die Teams seiner Abteilung ein theaterbasiertes Training. Eine Übung, gleich zu Anfang des Trainingstags, stellt die Teilnehmer vor die Aufgabe, eine Geschichte der Veränderung in „Schnappschüssen" zu erzählen und sich als Gruppe entsprechend aufzustellen: vor der Veränderung, in der Veränderung und nach der Veränderung. Das Briefing ergibt, dass das Bild vor der Veränderung als „nett, angenehm, etwas langweilig" empfunden wird. In der Veränderung laufen alle durcheinander, verrichten unterschiedliche Tätigkeiten, und nicht alle können sehen, was die anderen tun. Dies wird als chaotisch empfunden. Nach der Veränderung ist der Schnappschuss anders als vorher, aber es kehrt eine gewisse Ordnung ein; Körperhaltung und Mimik sind erstaunlich positiv.

Sicherlich ist es eine Sache, kognitiv zu wissen, dass es ein Leben nach dem Change gibt. Eine andere Sache ist es, dies physisch auszudrücken und zu fühlen, was „Unfreeze – Move – Freeze" bedeutet.

Wir hatten als ein Ergebnis der Studie festgestellt, dass Methoden aus den Künsten in Unternehmen – kurz: Arts & Business – im IT-Projektmanagement eher verhalten eingesetzt werden, und dass ihnen auch gegenüber den anderen Methoden eine vergleichsweise schwächere Wirkung zugeschrieben wird. Nach einigen einzelnen Initiativen ist der Bereich „Arts & Business" als Phänomen gegen Anfang des Jahres 2000 entstanden. Mittlerweile etabliert sich die Erkenntnis mehr und mehr, dass Unternehmen von den Prinzipien der Improvisation, des Zusammenspiels einer Combo, der Ensemble-Leitung, der Visualisierung und visuellen Gestaltung usw. profitieren können.

Die Inhalte und Methoden der IT sind für die meisten Nicht-IT-Experten oft sehr abstrakt und schwer greifbar. Die Hemmschwelle beim Einsatz der genannten Methoden und Ansätze in der technisch geprägten Welt der IT-Projekte ist bedauerlich, denn gerade die Methoden von Arts & Business sind besonders geeignet, unmittelbar vielfältige, kreative Problemlösungsstrukturen, greifbare Bilder und eine lebendige Gruppendynamik zu erzeugen und somit tiefgreifende, nachhaltige Änderungen in Verhalten und Einstellungen zu fördern oder einzuleiten, die im Rahmen einer Organisationsveränderung anfallen.

Auf der anderen Seite belegt etwa die Illustration zum Storytelling, die der Website „visuelle-protokolle" der Kollegen Reinhard Kuchenmüller & Dr. Marianne Stifel entnom-

HANDLUNGSEMPFEHLUNGEN FÜR DIE PRAXIS

Storytelling oder Geschichtenerzählen

Die Techniken des Storytellings können in der Kommunikation innerhalb von Organisationen effektiver wirken als die Darstellung bloßer Fakten. Neben ihrem Unterhaltungs- und Informationswert werden sie in folgenden Funktionen genutzt:

- Förderung von Innovation
- Stärkung des Gemeinschaftsgefühls
- Erhalt von Organisationen
- Unterstützung von Veränderung in Organisation

Die Art der Geschichte hängt im Wesentlichen vom Zweck ab, für den sie eingesetzt wird. Im Rahmen von Changemanagement können folgende Funktionen wirksam werden:

- Überzeugen – durch ihre emotionale Unmittelbarkeit ist die Überzeugungskraft einer Geschichte zuweilen der effektivste Weg, eine Argumentation „an den Mann" zu bringen.
- Die Vergangenheit interpretieren und die Visionen für die Zukunft greifbar werden lassen.
- Konflikte lösen – in Diskussionen werden Probleme in „Stories" transformiert, die Lösung wird im Rahmen der Geschichte gefunden und dann wieder in die Realität umgewandelt.

Methodenkasten 12: Storytelling (Quelle: http://www.visuelle-protokolle.de/web/kommunikation.html)

men ist, dass mittlerweile sogar technisch geprägte und konservative Unternehmen, wie beispielsweise BMW, solche Ansätze mehr und mehr annehmen. Es bleibt zu hoffen, dass innovative und experimentierfreudige Führungskräfte, Projektleiter und Changemanager den Einsatz dieser Methoden in künftigen Projekten fördern werden. Dabei sind es nicht immer nur die großen und kostspieligen Interventionen, die Effekte zeitigen. Ein kleiner Anfang kann beispielsweise die (gemeinsame) Formulierung des Projektziels oder -verlaufs als Geschichte sein, oder eine Rhythmus- oder Entspannungsübung des Teams am Ende eines anstrengenden Tages. Für nähere Informationen stehen wir selbstverständlich gerne zur Verfügung.

Die Vermutung, dass diese Ansätze sich in unserer schnell ändernden Arbeitswelt zunehmend durchsetzen werden, ist auch aus einem anderen Grund gerechtfertigt. Unsere theoretische Argumentation am Anfang dieses Buches geht ebenso wie der zunehmend populäre Einsatz von Agile und Scrum im Projektmanagement – und eben genauso wie die Methodologie von Arts & Business – davon aus, dass traditionelle Managementansätze und Interventionen in komplexen Umfeldern, zum Beispiel in großen Veränderungsprojekten, nicht effizient greifen.

Die besten Lösungen und Resultate – nicht nur im IT-Projektmanagement – sind unserer Erfahrung nach die, die kreatives und analytisches Denken, den Plan und die Improvisation, die Veränderung und die Stabilität, die Technik und den Menschen berücksichtigen.

4.6 Zusammenfassung

Die Ergebnisse der empirischen Studie decken sich gut mit den Erfahrungen, die die Autoren in konkreten Projektsituationen gemacht haben und die sich sowohl durch positive als auch negative Beispiele untermauern lassen.

Dabei erscheint eine Erkenntnis, die sich auch schon in der GPM Studie aus dem Jahre 2004 andeutet, von zentraler Bedeutung zu sein:

Organisationsveränderungen und Veränderungen der Unternehmens-IT sind aufs engste verzahnt und nicht getrennt zu betrachten. Organisationsveränderungen machen es erforderlich, die Unternehmens-IT an neue Organisationsformen anzupassen. Veränderungen an der Unternehmens-IT führen zu veränderten Arbeitsabläufen, die sich fraglos in Organisationsveränderungen niederschlagen.

Die Organisationsveränderungen müssen durch angemessene Methoden des Changemanagements begleitet werden. Für Veränderungen der Unternehmens-IT haben sich – klassische wie agile - Projektmanagement-Methoden bewährt. Beide Prozesse müssen zusammen analysiert, geplant und gesteuert werden. Hier gibt es noch klaren Verbesserungsbedarf.

Umfangreiche Methodenwerke stehen für die Begleitung der organisatorischen Veränderungsprozesse zur Verfügung, die wir hier auch beschrieben haben – und die sich in Verfahrensanweisungen oder Best Practices Werke einarbeiten lassen. Auch hier besteht noch klarer Verbesserungsbedarf in der Praxis.

Genau hier liegt aber auch die Herausforderung von Changemanagement begründet, wie sie bei der qualitativen Untersuchung besonders deutlich herausgearbeitet wird: Mit Methodeneinsatz allein lässt sich die Bewältigung einer Organisationsveränderung nicht bewerkstelligen. Von großer Bedeutung sind kulturelle Faktoren und Kommunikation wie:

- Klares Bekenntnis von Topmanagement und mittlerem Management zu dem Prozess der Organisationsveränderung
- Gute Kommunikation Top-down und Bottom-up, die den gleichen Informationsstand aller Beteiligten sichert
- Balance zwischen informeller und formeller Kommunikation sowie Methodeneinsatz, der dies unterstützt
- Integration von Bottom-up Kommunikation und partizipativer Mitgestaltung und Beteiligung.

„Wichtig ist, was [...] rüber kommt" – mit diesem Zitat aus einem der Interviews ist alles ausgesagt, was systematisches Changemanagement erreichen will und auch erreichen kann, wenn „die Kultur" stimmt.

5 Ausblick

Wir können uns vor dem Wandel nicht verstecken, und Frequenz und Tempo von Veränderungsprozessen wird zunehmen – dies ist unsere Überzeugung, die wir bereits umfangreich dargelegt und begründet haben. Treiber des Wandels sind die Globalisierung, demographische Trends, die Verknappung von Ressourcen und technische Innovationen, vor allem rund um die IT und Telekommunikation. IT ist nicht nur Treiber, sondern auch ein Mittel, die ständig wachsenden Herausforderungen zu bewältigen, effizienter und effektiver damit umzugehen. IT hat in den vergangenen Jahrzehnten einen dramatischen Zuwachs an Produktivität und Vernetzung in und zwischen den Organisationen ermöglicht, und dieser Trend wird sich fortsetzen.

In dieser Arbeitsumgebung, in der Wissen exponentiell wächst, wird es mehr und mehr Wissensarbeiter geben, daher werden Kompetenzerweiterung im Sinne von kontinuierlichem Lernen, kontinuierlicher Verbesserung und kontinuierlicher Anpassung als Bestandteil gesunder Unternehmenskultur zunehmend wichtig sein. Dies beinhaltet „Best Practices", aber auch die Fähigkeit, aus Fehlern lernen zu können. Keiner macht gern schlechte Erfahrungen, aber nur wenn darüber geredet wird, kann man aus Fehlern lernen. Daher war uns die Empirie so wichtig, mit der wir nach den Erfahrungen in vielen verschiedenen Unternehmen gefragt haben. Daneben haben wir positive und negative Fallbeispiele aufgezeigt, um einerseits Beispiele für die aus der Empirie gewonnenen Erkenntnisse zu illustrieren und andererseits aus diesen Erkenntnissen Handlungsempfehlungen für den Alltag im IT-Projekt abzuleiten. In diesem Sinne ist auch die Rolle der Treffen der GPM Fach- und Regionalgruppen zu sehen. Der Erfahrungsaustausch in den Diskussionsrunden und am Rande der Veranstaltungen ist ein hoch-produktiver, essenzieller Faktor des Netzwerkgedanken, aus dem letztendlich dieses Buch entstanden ist.

Die oben genannten Trends haben nach unseren Erkenntnissen dieser Arbeit erheblichen Einfluss auf das „Humankapital" und den Umgang mit der Ressource „Mensch", insbesondere in IT-orientierten Positionen. Die Einstellung von Mitarbeitern wird zunehmend detailorientierter. Es wird immer häufiger ein „Katalog" von Skills abgefragt, während wir aufzeigen konnten, dass Expertentum bei weitem nicht ausreicht, um Changemanagement zu betreiben. Ganzheitlichkeit lässt sich nicht leicht abprüfen, ist aber, wie wir gezeigt haben, dringend erforderlich und sollte daher in der Personalbeschaffung und Personalentwicklung eine zentrale Rolle spielen, damit Veränderungen besser ablaufen. Wer immer nur versucht, seinen eigenen Hof sauber zu halten, fegt die Blätter auf den Hof des Nachbarn. Das kann nicht im Sinne einer übergreifenden Unternehmensstrategie sein, bei der der Erfolg des Unternehmens als Ganzes zählt und nicht der Erfolg einzelner Abteilungen.

Ebenso wichtig wird es für Unternehmen sein, Ressourcen an sich zu binden. Das ist unerlässlich, um Kontinuität zu wahren oder herzustellen, damit der Wandel im Unternehmen auch genügend Stabilität und Nachhaltigkeit bekommt. Dies bedeutet Unternehmenskultur und Diversity, also Vielfalt, per Unternehmensstrategie und auf allen

Ebenen zu fördern sowie die Entwicklung interkultureller und interdisziplinärer Fähigkeiten zu unterstützen. Mit Blick auf den demographischen Wandel, das heißt auf sich ändernde Prioritäten der nachwachsenden Generationen, aber auch im Hinblick auf die Elastizität und Balance von Mitarbeitern und Führungskräften, die den Anforderungen von Veränderungen auch standhalten sollen, wird hier sicherlich der Abgleich von Arbeit mit den Lebenszielen der Mitarbeiter ein zunehmend interessantes Thema für Unternehmen sein.

Weil auch Autoren ihre Lebensziele mit ihrer Arbeit abgleichen, konnten nicht alle Fragen beantwortet werden, die sich am Rande des komplexen Themas dieses Buchs ergeben. In einigen Fragestellungen haben wir weiteren Forschungsbedarf feststellen können.

Was unsere Fragen zum Changemanagement betrifft, lässt sich konstatieren, dass effektive Methoden durchgehend vorhanden sind, sie müssen „nur" in der Praxis konsequent angewendet werden, um den Erfolg von IT-Veränderungsprojekten zu verbessern. Im Detail gibt es sicher noch hier und da Aspekte, die noch breiter empirisch erforscht werden können, etwa die Korrelation der von uns untersuchten Erfolgsfaktoren und Methoden mit der Unternehmensgröße, Region, Branche etc.

Die Verzahnung von IT und Changemanagement – und in Organisationen speziell IT und Business – ist nicht nur eine potenzielle Barriere, sondern ein erheblicher Erfolgsfaktor. Folgende Fragestellungen, die in der Organisations-Netzwerkanalyse das soziale Netzwerk eines Unternehmens beschreiben, folgen diesem Faktor weiter in die Tiefe: Wie stellen sich die gegenseitigen Abhängigkeiten und Synergien dar, wer hat welches Projekt mit wem wie geplant, durchgeführt, wie kommuniziert, welche Methoden angewandt, und mit welchem Erfolg?

Wir haben in unseren Untersuchungen keinen Unterschied zwischen klassischem und agilem Projektmanagement gemacht. Interessant wäre zu erforschen, wie sich die Verbindung zwischen diesen Varianten im Changemanagement und verschiedenen Unternehmenskulturen darstellt.

Unternehmenskultur ist schwierig empirisch zu erforschen, weil hier Strategie und Detail weit auseinander klaffen, weil Unternehmen am ehesten noch für ihre eigenen Erkenntnisse Untersuchungen anstellen und weniger für die Öffentlichkeit, und weil beim Blick auf Kulturen der Beobachter automatisch Bestandteil des Systems wird. Einige kreative Ansätze haben die Kultur von Unternehmen bereits nachweislich positiv beeinflusst. Interessant wäre es, die Methoden aus Arts & Business – wie etwa Storytelling – auf ihre Möglichkeiten im Changemanagement und Projektmanagement auf breiterer Basis zu untersuchen.

Ein weiterer großer Forschungsbereich ist sicherlich die Verzahnung, oder besser Verlinkung, von Changemanagement mit Innovation, Wissenskultur und weiteren Trends, zum Beispiel User Orientierung, 2.0 etc. In Verbindung mit neuen Kommunikationswegen in digitalen sozialen Netzwerken, mit dem Umgang mit Daten und Information finden Schlagworte wie Taxonomien, Communities, Big Data ihren Platz in zukünftiger Forschung.

Wie auch immer die Trendbereitschaft und der Innovationsfaktor sind, Organisationen – seien es Unternehmen der öffentlichen Hand oder der freien Wirtschaft – benötigen IT für ihre weitere Entwicklung. IT darf kein limitierender Faktor für die Organisationsentwicklung sein, noch darf sie die Organisation überfordern, indem sie technischen Wandel um des Wandels willen betreibt. Damit kommt der Zusammenarbeit von Business und IT ein weiter wachsender Stellenwert zu. Bei Verknappung der Ressourcen wird es immer wichtiger, die richtigen Veränderungsprozesse richtig durchzuführen. Genau dies bedingt das reibungslose Zusammenspiel von Organisationsentwicklung und IT. Systematisches Changemanagement in IT-Projekten ist und bleibt erfolgsentscheidend für die Umsetzung der beabsichtigten Veränderungsprozesse.

Wir haben in dieser Arbeit einige Hinweise zusammengestellt, mit welchen Methoden systematisches Changemanagement betrieben werden kann und auch bereits betrieben wird, und dabei selbst interdisziplinär – zwischen Forschung und Praxis – gearbeitet und Erfahrungen und Ergebnisse ausgetauscht. Ein wesentliches Resultat der Forschungsarbeit wie der Praxiserfahrungen, die hier eingeflossen sind, möchten wir an dieser Stelle noch einmal wiederholen: „Wichtig ist, was […] rüber kommt." Diese von einem der Interviewpartner formulierte Aussage fasst gut zusammen, dass es beim Erfolg von Changemanagement um eine ganzheitliche Sicht des Veränderungsprozesses geht, bei dem viele weiche, durch technische Methoden nicht direkt zu beeinflussende, Faktoren eingehen. Leadership, Partizipation und Kommunikation müssen überzeugend und ganzheitlich betrieben werden und auch bei den Betroffenen so ankommen.

Letztlich geht es um eine geglückte Verbindung von „High Tech" mit „High Touch", die in IT-Projekten mit organisatorischen Veränderungen gefragt ist. Gerade diese Formulierung legt nahe, dass es sich um eine komplexe Herausforderung handelt, bei der sehr unterschiedliche Kompetenzen zusammengebracht werden müssen. Es wird nicht ausreichen, technische Profis mit Kommunikationsexperten zusammenbringen, das zusammengeführte Ergebnis muss auch als ein rundes Ganzes wahrgenommen werden und sich an der Realität messen lassen und verbessert werden.

Insofern ist jeder Wandel in einer Organisation eine neue und einzigartige Aufgabe. Befragungsteilnehmer, Interviewpartner und alle, denen wir in unserer praktischen Arbeit begegnet sind, haben in uns die Überzeugung wachsen lassen, dass die Aufgabe es wert ist, auf Basis der untersuchten Dimensionen – Prozessqualität und Projektsteuerung, Führungsqualität, kulturelle und strukturelle Effekte sowie Kommunikation – weiter verbessert zu werden.

Verbessertes Changemanagement wird die Weiterentwicklung in unseren Organisationen begünstigen und nachhaltigeren Wandel ermöglichen.

6 Anhang

6.1 Abkürzungsverzeichnis

Abkürzung	Begriff	Erläuterungen
BI	Business Intelligence	Verfahren und Prozesse zur sytematischen Analyse (Sammlung, Auswertung und Darstellung) von Daten in elektronischer Form. Ziel ist die Gewinnung von Erkenntnissen, die in Hinsicht auf die Unternehmensziele bessere, operative oder strategische Entscheidungen ermöglichen. (de.wikipedia.org, business intelligence. Abruf am 05.04.2012)
BPR	Business Process Reengineering	Methode der Umgestaltung von Geschäftsprozessen, die zur radikalen Umorganisation und Erneuerung von Organisationen und deren strategischen Ausrichtungen eingesetzt wird.
CEO	Chief Executive Officer	Das geschäftsführende Vorstandsmitglied (schweizerischer und österreichischer Begriff: Geschäftsführer) bzw. der Vorstandsvorsitzenden oder Generaldirektor (schweizerischer und österreichischer Begriff: Vorsitzender oder Präsident der Geschäftsleitung) eines Unternehmens oder einfach, dessen allein zeichnungsberechtigter Geschäftsführer. (de.wikipedia.org. Abruf am 20.09.2012)
CIO	Chief Information Officer	IT-Leiter (= Leiter Informationstechnologie) nimmt allgemein in einem Unternehmen die Aufgaben der strategischen und operativen Führung der IT wahr. (de.wikipedia.org. Abruf am 20.09.2012)
CRM	Customer Relationship Management	System zur Verwaltung aller internen Unternehmensdaten mit Bezug auf die Kundensituationen, z. B. Auftragsbestand.

CTO	Chief Technical Officer	Zu Deutsch etwa Technischer Leiter, ist für die technische Entwicklung und Forschung innerhalb eines Unternehmens verantwortlich. (de.wikipedia.org. Abruf am 20.09.2012)
ERP	Enterprise Resource Planning	System zur Verwaltung aller interner Unternehmensdaten, z. B. Finanz- und Rechnungswesen, Auftragsabwicklung, Produktion.
GPM	GPM Deutsche Gesellschaft für Projektmanagement e.V.	Fachverband für Projektmanagement im deutschsprachigen Raum. Nationale Mitgliedsorganisation in der IPMA. (http://www.gpm-ipma.de. Abruf am 20.09.2012)
IFOK	Institut für Organisationskommunikation	
IPMA	International Project Management Association	Internationaler Fachverband für Projektmanagement mit einer Vielzahl nationaler Mitgliedsorganisationen. (http://www.ipma.ch. Abruf am 20.09.2012)
IT	Informationstechnologie	
ONA	Organizational Network Analysis	Methoden zur Analyse der Kommunikationsstrukturen in einer Organisation bzw. einem Unternehmen. Verwandt mit SNA.
PLM	Product Lifecycle Management	Strategisches Konzept zum Management eines Produktes über seinen gesamten Produktlebenszyklus. Dieses Konzept umfasst sowohl unterstützende IT-Systeme als auch Methoden, Prozesse und Organisationsstrukturen. (de.wikipedia.org, product lifecycle management. Abruf am 05.04.2012)
PM	Projektmanagement	Methoden und Prozesse zum Planen und Steuern von Projekten. (Siehe auch DIN 69901)

PMO	Projektmanagement Office	Organisationseinheit zur Unterstützung der Projektmanagement-Prozesse im Unternehmen. Oft auch zuständig für Multiprojektcontrolling und Reporting.
SAP		Softwarehersteller aus Walldorf (http://www.sap.com. Abruf am 20.09.2012)
SNA	Social Network Analysis	Methoden zur Analyse der Kommunikationsstrukturen in einem sozialen System. Verwandt mit ONA.
SRM	Supplier Relationship Management	System zur Verwaltung der Unternehmensdaten mit Bezug auf die Lieferanten.

6.2 Abbildungsverzeichnis

Abb. 1:	Hype Cycle Kurve (Quelle: Fenn, 2010, S. 7)	29
Abb. 2:	Vier Handlungsfelder von Changemanagement (Quelle: Vahs, Leiser, 2003, S. 3)	33
Abb. 3:	Ur-Phasenmodell in Anlehnung an Lewin (1947)	34
Abb. 4:	Strukturierende Elemente der Ebenen einer Veränderung (Quelle: Stolzenberg, Heberle, 2006, S. 4)	35
Abb. 5:	Begriffsabgrenzungen (Quelle: Baumöl, 2008, S. 82)	36
Abb. 6:	Prozessmodell nach Weick (Quelle: Weick, 1985, S. 194 f.)	43
Abb. 7:	Top-down und Bottom-up Ansätze (Quelle: Schuh, 2006, S. 3)	45
Abb. 8:	Top-down/Bottom-up Strategie (Quelle: Deuniger, 2000, S. 46 in Anlehnung an Glasl, 1975)	50
Abb. 9:	Wechselbeziehung zwischen Struktur- und Handlungsdimensionen (Quelle: Giddens, 1984, S. 29, in: Baumöl, 2008)	51
Abb. 10:	Handlungsrahmen für Unternehmenskommunikation (Quelle: Becker, 2009, S. 36)	61
Abb. 11:	Zuordnung der Hypothesen anhand von Dimensionen (Quelle: Eigene Darstellung)	73
Abb. 12:	Branchenverteilung der Unternehmen der Stichprobe (Quelle: Eigene Darstellung)	74
Abb. 13:	Unternehmensgröße (Quelle: Eigene Darstellung)	75

Abb. 14:	Beschäftigung nach Unternehmensbereich (Quelle: Eigene Darstellung)	75
Abb. 15:	Anlässe für Veränderungsprojekte (Quelle: Eigene Darstellung)	76
Abb. 16:	Erfolgsfaktoren im Changemanagement (Quelle: Eigene Darstellung)	77
Abb. 17:	Bereiche und Arten von Regeln in IT-Veränderungsprojekten (Quelle: Eigene Darstellung)	79
Abb. 18:	Einsatz von Methoden und Tools in Veränderungsprojekten (Quelle: Eigene Darstellung)	80
Abb. 19:	Wirkung von Methoden des Changemanagements (Quelle: Eigene Darstellung)	83
Abb. 20:	Gemeinsame Durchführung von IT- und Veränderungsprojekt (Quelle: Eigene Darstellung)	87
Abb. 21:	Betroffenheit und Beteiligung von Beschäftigungsgruppen (Quelle: Eigene Darstellung)	89
Abb. 22:	Veränderungsbereitschaft von Belegschaft und Projektmitarbeitern (Quelle: Eigene Darstellung)	90
Abb. 23:	Einfluss des Führungsstils (Quelle: Eigene Darstellung)	92
Abb. 24:	Verteilung der Entscheidungskompetenz (Quelle: Eigene Darstellung)	94
Abb. 25:	Verteilung des Informationsstands (Quelle: Eigene Darstellung)	95
Abb. 26:	Kanäle der Mitarbeiterkommunikation (Quelle: Eigene Darstellung)	98
Abb. 27:	Einsatz von Kommunikationskanälen (Quelle: Eigene Darstellung)	99
Abb. 28:	Verfahrensweisen im Umgang mit Veränderungsprozessen (Quelle: Eigene Darstellung)	101
Abb. 29:	Handlung und Struktur (Quelle: Barley/Tolbert,1997, S. 101)	105
Abb. 30:	Dip in the Delta (Quelle: Feldmüller, 2011, angelehnt an Giest, 2009)	112
Abb. 31:	Projektphasen technische Entwicklung und Changemanagement (Quelle: Eigene Darstellung)	123
Abb. 32:	Organisation und Rollenverteilung für das Changemanagement im Projekt (Quelle: Eigene Darstellung)	135
Abb. 33:	Instrumentarien des Changemanagements (Quelle: Berner, 2002)	162

6.3 Liste der Dimensionen aus der Erhebung

Dimension 1: Hypothesen bezüglich Prozessqualität und Projektsteuerung   78

Dimension 2: Hypothesen bezüglich Führungsqualität   86

Dimension 3: Hypothesen zu kulturellen und strukturellen Effekten   93

Dimension 4: Hypothesen zur Kommunikation   96

6.4 Liste der Methodenkästen

Methodenkasten 1: Change-Impact-Analyse (Quelle: Eigene Darstellung)   117

Methodenkasten 2: Change-Readiness-Assessment   121
(Quelle: Eigene Darstellung)

Methodenkasten 3: Change Monitoring (Quelle: Eigene Darstellung)   127

Methodenkasten 4: Newsletter (Quelle: Eigene Darstellung)   159

Methodenkasten 5: Veröffentlichung im Intranet (Quelle: Eigene Darstellung)   161

Methodenkasten 6: Informationsveranstaltungen/Ergebnispräsentationen   163
(Quelle: Eigene Darstellung)

Methodenkasten 7: Keyuser und Multiplikatoren (Quelle: Eigene Darstellung)   165

Methodenkasten 8: Go & See (Quelle: Eigene Darstellung)   167

Methodenkasten 9: Coaching (Foto: Walter Wittershagen, Wetter/Ruhr)   169

Methodenkasten 10: Open Space (Quelle: 171
http://agilitrix.com/2010/03/harrison-owen-rules-open-space/)

Methodenkasten 11: World Café   173
(Quelle: http://www.theworldcafe.com/ibank_book.html)

Methodenkasten 12: Storytelling (Quelle: 175
http://www.visuelle-protokolle.de/web/kommunikation.html)

6.5 Liste der Tabellen

Tabelle 1: Kommunikationsmatrix   158

6.6 Literatur

Accenture (2010): Information 2015: Reforming the paradigm. Accenture [WWW Document]. URL: http://www.z-punkt.de/fileadmin/be_user/D_Publikationen/D_Auftragsstudien/Accenture_Information_2015.pdf. Abruf am 21.10.2012.

Avila, O./Goepp, V./Kiefer, F.: Understanding and Classifying Information System Alignment Approach, in: Journal of Computer Information Systems. IACIS, 50 (1), 2009, S. 2-14.

Bassett-Jones, N./Lloyd, G.: Does Herzberg's motivation theory have staying power?, in: Journal of Management Development. Vol. 24 (10), 2005, S. 929-949.

Barley, S./Tolbert, P.: Institutionalization and Structuration: Studying the Links between Action and Institution, in: Organization Studies. Vol. 18 (1), 1997, S. 93-117.

Baumöl, U.: Change Management in Organisationen. Situative Methodenkonstruktion für flexible Veränderungsprozesse. Gabler, Wiesbaden 2008.

Baumstark, E.: Kameralistische Enzylopädie. Karl Gross, Heidelberg/Leipzig 1835.

BDI (2008): Internet der Energie. IKT für Energiemärkte der Zukunft, in BDI initiativ [WWW Dokument]. URL: http://www.bdi.eu/download_content/ForschungTechnik UndInnovation/Broschuere__Internet_der_Energie.pdf. Abruf am 21.10.2012.

Beck, U.: Was ist Globalisierung? 5. Auflage, Suhrkamp, Frankfurt/M. 1997.

Becker, L.: Strategie- und Führungsforschung, in: Karlshochschule International University [WWW Dokument]. URL: http://blog.karlshochschule.de/2011/02/24/strategie-und-fuhrungsforschung/. Abruf am 24.02.2011.

Becker, L.: Strategische Führung als Projektführung, in: Becker, L./Ehrhardt, J./Gora, W. (Hrsg.): Projektführung und Projektmanagement – Wie Sie Strategien erfolgreich umsetzen. Symposion, Düsseldorf 2009 [ebenfalls erschienen in: Antoni, C./Eyer, E.: Das Flexible Unternehmen. Symposion, Düsseldorf 2010].

Becker, L.: Vor der nächsten Revolution, in: Harvard Business Manager [WWW Dokument]. URL: http://www.harvardbusinessmanager.de/blogs/artikel/a-796586.html. Abruf am 29.02.2012.

Becker, L.: Was wir von Darwin lernen können – Das PMO aus evolutorischer Sicht, in: Sandrino-Arndt, B./Thomas, R. L./Becker, L. (Hrsg.): Handbuch Project Management Office – Mit dem PMO zum strategischen Management der Projektlandschaft. Symposion, Düsseldorf 2010, S. 55-82.

Becker, L./Dinius, V.: Psychological Ownership in Project Driven Organisations, in: Wagner, R./Engstler, M. (Hrsg.): Projektarbeit zwischen Effizienzdruck und Qualitätsanforderung. dpunkt Verlag, Heidelberg 2009.

Becker, L./Müller, A. P.: Über Narrative und Diskurse Innovationschancen aufspüren; in: Gundlach, C./Gutsche, J./Glanz, A. (Hrsg.): Die frühe Innovationsphase – Methoden und Strategien für die Vorentwicklung. Symposion, Düsseldorf 2010 [ebenfalls erschienen in: Barske, H./Gerybadze, A./Hünninghausen, L./Sommerlatte, T.: Innovationsmanagement. Symposion, Düsseldorf. Sowie Muth, M./Weidner, L./Zehetbauer, E.: Unternehmenskommunikation. Symposion, Düsseldorf].

Behrend, F. D./Erwee, R. (2009): Mapping knowledge flows in virtual teams with SNA, in Journal of Knowledge Management, Vol. 13 No.4, S. 99 – 114.

Bernecker, T.: Entwicklungsdynamik organisatorischer Netzwerke: Konzeption, Muster und Gestaltung. GWV Fachverlage, Wiesbaden 2005.

Berner, W.: Change Management: Methoden der Veränderung [WWW Dokument]. 2010, URL: http://www.umsetzungsberatung.de/methoden/methoden.php. Abruf am 19.09.2012.

Bienert, P./Wildhaber, B.: IT-Governance: Strategische Führung und Kontrolle von Informationssystemen als Teil der New Corporate Governance. Forte Advisors, Winterthur 2007.

Blanchard, K. H./Britt, J./Zigarmi, P./Hoekstra, J./Panster, A.: Wer hat Mr. Change gekillt? Warum Veränderungen so oft scheitern und wie wir sie erfolgreich durchsetzen. Ariston, München 2010.

Bochmann, V.: Change Agents und Kommunikation. Universität Mannheim 2002.

Brodmerkel, S.: Authentisch Führen – Wann sind Manager echt?, in: managerSeminare [WWW Dokument]. 2007, URL: http://www.managerseminare.de/ms_Artikel/Authentisch-Fuehren-Wann-sind-Manager-echt,155439. Abruf am 19.09.2012.

Brown, J./Homer, K./Isaacs, D.: The World Café: shaping our futures through conversations that matter. Berrett-Koehler Publishers, San Francisco 2005.

Brunner, F.: Japanische Erfolgskonzepte. Carl Hanser Verlag, München 2008.

Brynjolfsson, E./Hitt, L.: Beyond Computation: Information Technology, Organizational Transformation and Business Performance, in: Journal of Economic Perspectives. Vol. 14 (4), 2000, S. 23-48.

Brynjolfsson, E./Hitt, L.: Beyond the Productivity Paradox, Communications of the ACM. Vol. 41(8), August 1998, S. 49-55.

Capgemini Consulting (2008): Change Management Studie – 2008. Business Transformation – Veränderungen erfolgreich gestalten, BDU [WWW Dokument]. URL: http://www.bdu.de/docs/downloads/Change_Management-Studie_2008.pdf, S. 1-68. Abruf am 21.10.2012.

Carr, N. (2003): IT doesn't matter, in: Harvard Business Review [WWW Dokument], Mai 2003, URL: http://www.proxios.net/pdf/ITDoesn'tMatter.pdf. Abruf am 21.10.2012.

Carrington, P. J./Scott, J./Wassermann, S./eds.: Models and Methods in Social Network Analysis, Cambridge University Press, 2005.

Claßen, M./Kyaw, F. v.: Change-Management – Warum der Wandel meist misslingt, in: Harvard Business Manager [WWW Dokument]. 2009, URL: http://www.harvardbusinessmanager.de/heft/artikel/a-665915.html. Abruf am 10.02.2010.

Cross, R.: What is ONA? Introduction to Organizational Network Analysis, Rob Cross [WWW Dokument]. 2001, URL: http://www.robcross.org/network_ona.htm. Abruf am 19.09.2012.

Cummings, T.: Organization Development and Change, in: Boonstra, J. J. (Hrsg.): Dynamics of Organizational Change and Learning. John Wiley & Sons Ltd., 2005, S. 25-42.

Davenport, T. H.: Process innovation. Reengineering work through information technology. Harvard Business School Press, Boston/Massachusetts 1993.

DeMarco, T.: Spielräume: Projektmanagement jenseits von Burn-out, Stress und Effizienzwahn. Hanser, München/Wien 2001.

Deuninger, C.: Organisation und Change Management. Ein ganzheitlicher Strukturansatz zur Förderung organisatorischer Flexibilität. Gabler, Wiesbaden 2000.

Dinges, M./Hofer, R. (2008): Der Erfolg von Forschungsprojekten. Institut für Technologie- und Regionalpolitik, InTeReg Research [WWW Dokument]. URL: http://www.fwf.ac.at/de/downloads/pdf/Erfolg_von_FP.pdf, Report Nr. 75-2008, S. 1-70. Abruf am 21.10.2012.

Doppler, K.: Der Change Manager: Sich selbst und andere verändern – und trotzdem bleiben, wer man ist. 1. Auflage, Campus Verlag, Frankfurt/M. 2003.

Doppler, K./Lauterburg, C.: Change Management. Den Unternehmenswandel gestalten. Campus Verlag, Frankfurt/M./New York 1997.

Doppler, K./Lauterburg, C.: Change Management. Den Unternehmenswandel gestalten. 10. Auflage, Campus Verlag, Frankfurt/M. 2002.

Doppler, K./Lauterburg, C.: Change Management. Den Unternehmenswandel gestalten. 11. Auflage, Campus Verlag, Frankfurt/M., 2005.

Doppler, K./Lauterburg, C.: Change Management. Den Unternehmenswandel gestalten. 12. Auflage, Campus Verlag, Frankfurt/M. 2010.

Feldmüller, D./Mütter, J.: Wieviel Wandel kann eine Organisation verkraften?, in: Becker, L./Althaus, W. (Hrsg.): Führung, Innovation und Wandel: Wie Sie Potenziale Entdecken und Erfolgreich Umsetzen. Symposion, Düsseldorf 2008.

Fenn, J.: Hype Cycle for Emerging Technologies. Gartner Research, ID Nummer: G00205757, 2010.

Fischer-Lichte, E.: Einleitung: Zur Aktualität von Turners Studien zum Übergang vom Ritual zum Theater, in: Turner, V.: Vom Ritual zum Theater – Der Ernst des menschlichen Spiels. Neuauflage, Campus, Frankfurt 2009, i-xxii.

Fischermanns, G.: Praxishandbuch Prozessmanagement. ibo Schriftreihe, Band 9, 9. Auflage, Dr. Götz Schmidt Verlag, Gießen 2010.

Frick, A./Feldmüller, D.: Welche Kompetenzen benötigt das IT-Projektmanagement? Presented at the Entrepreneurship im Projektmanagement: Beiträge zur Konferenz „InterPM". dpunkt Verlag, Glashütten/Heidelberg 2005.

Georgi, B./Restat, R.: … und Reden ist Gold: Warum Kommunikation in der Projektarbeit so wichtig ist und was dabei zu beachten ist, in: Ordix News [WWW Dokument]. Vol. 2, 2007, URL: http://www.ordix.de/ORDIXNews/2_2007/Projektmanagement/kommunikation_projektmanagement.html, S. 22-24. Abruf am 27.11.2010.

Gersick, C. J. G.: Revolutionary Change Theories: A multilevel exploration of the Punctuated Equilibrium Paradigm. Academy of Management Review, Vol. 16, 1991, S. 10-36.

Gessler, M.: Kompetenzbasiertes Projektmanagement (PM3): Handbuch für die Projektarbeit, Qualifizierung und Zertifizierung auf Basis der IPMA Competence Baseline. Version 3.0. Band 1, 4. Auflage, GPM Deutsche Gesellschaft für Projektmanagement e.V., Nürnberg 2011.

Giddens, A.: Central problems in Social Theory. Action, Structure and Contradiction in Social Analysis. Macmillan, London 1979.

Giddens, A.: Jenseits von Links und Rechts, die Zukunft radikaler Demokratie. Suhrkamp, Frankfurt/M. 1997.

Giddens, A.: Konsequenzen der Moderne. Suhrkamp, Frankfurt/M. 1995.

Graetz, F.: Strategic change leadership, Management Decision [online]. Vol. 38(8), 2000, S. 550-562.

Giddens, A.: The Constitution of Society: Outline of the Theory of Structuration. Polity Press, Cambridge 1984.

Gutenberg, E.: Die Unternehmung als Gegenstand betriebswirtschaftlicher Theorie. 1. Auflage, Industrieverl. Spaeth & Linde, Berlin/Wien 1929 [Faksimile-Druck, Gabler, Wiesbaden 1998].

Haager, R. (2006): Systemische Führung – ein Paradoxon? TRAIN [WWW Dokument]. URL: http://www.train.at/train_werkstatt/abschlussarbeiten/Haager.pdf, S. 1-11. Abruf am 21.10.2012.

Haak, R.: Die japanische Unternehmung als lernende Organisation – zwischen traditionellen Strukturen und innovativen Lösungen, in: Dorow, W./Groenewald H. (Hrsg.): Personalwirtschaftlicher Wandel in Japan – Gesellschaftlicher Wertewandel und Folgen für die Unternehmungskultur und Mitarbeiterführung. Gabler, Wiesbaden 2003, S. 133-156.

Habermas, J.: Eine Auseinandersetzung mit Niklas Luhmann (1971): Systemtheorie, Der Gesellschaft oder Kritische Gesellschaftstheorie?, in: ders. zur Logik der Sozialwissenschaften. 5. Auflage, Suhrkamp, Frankfurt/Main 1982, S. 369-502.

Held, M./von Bismarck, W./Bungard, W./Cierjacks M.: Informelle Kommunikation und betrieblicher Wandel. Mannheimer Beiträge, Themenheft 1/1999.

Hodgson, G.: Gesellschaftlich-wirtschaftliche Konsequenzen fortschreitender Komplexität und Wissensbildung, in: OECD (Hrsg.): Die kreative Gesellschaft des 21. Jahrhunderts. Zukunftsstudien. OECD Publishing, 2000, S. 101-130.

Hofmann, J./ Rollwagen, I./Schneider, S. (2007): Deutsche Bank Research Studie – 2007. Deutschland im Jahr 2020 - Neue Herausforderungen für ein Land auf Expedition. DB Research [WWW Dokument]. URL: http://www.dbresearch.de/PROD/DBR_INTERNET_DE-PROD/PROD0000000000209595.PDF, S. 1-68. Abruf am 21.10.2012.

Hofstetter, N./Irmler, M.: Change Management, in: Reineke, R./Bock, F. (Hrsg): Gabler Lexikon Unternehmensberatung. Gabler, Wiesbaden 2007.

IFOK (2010): Erfolgsfaktor Change Communication – zwischen Wunsch und Wirklichkeit. Wordpress [WWW Dokument]. URL: http://changekommunikation.files.wordpress.com/2011/01/ifok_studie_change_communication.pdf. Abruf am 21.10.2012.

Imai, M.: Gemba Kaizen. A commonsens, Low-Cost Approach to Management. MacGraw Hill, New York 1997.

Imai, M.: KAIZEN: Der Schlüssel zum Erfolg der Japaner im Wettbewerb. Ullstein, Berlin/Frankfurt/M. 1994.

Imai, M.: KAIZEN: Der Schlüssel zum Erfolg im Wettbewerb. ADMOS Media GmbH, München 2001.

ITGI (2004): IT Governance global Status Report – Excerpt, PricewaterhouseCoopers im Auftrag des IT Governance Institute (ITGI) [WWW Dokument]. URL: http://davidjf.free.fr/new/XITgov_report.pdf. Abruf am 21.10.2012.

Johannsen, W./Goeken, M.: Referenzmodelle für IT-Governance. Methodische Unterstützung der Unternehmens-IT mit COBIT. ITIL & Co., 2. Auflage, dpunkt Verlag, Heidelberg 2011.

Katzenbach J. R./Khan Z.: Leading Outside the Lines: How to Mobilize the Informal Organization, Energize Your Team, and Get Better Results. Jossey-Bass, San Francisco 2010.

Kettner, K./Mütter, J.: Projektmanagement und Change-Leadership, in: Ackermann, S./Becker, L. (Hrsg.): Führen in der Krise, Unternehmens- und Projektführung in Schwierigen Situationen. Symposion, Düsseldorf 2009.

Kirsch, W./Esser, W.-M./Gabele, E.: Management des geplanten Wandels von Organisationen. C. E. Poeschel, Stuttgart 1979.

Körner, M.: Geschäftsprojekte zum Erfolg führen: Das neue Projektmanagement für Innovation und Veränderung im Unternehmen. Springer Verlag, Berlin/Heidelberg 2008.

Kohnke, O./Bungard, W.: SAP-Einführung mit Change-Management: Konzepte, Erfahrungen und Gestaltungsempfehlungen. Gabler, Wiesbaden 2005.

Kotter, J.: Das Pinguin-Prinzip. Droemer Verlag, München 2006.

Kraus, G./Becker-Kolle, C./Fischer, T.: Handbuch Change-Management: Steuerung von Veränderungsprozessen in Organisationen. Einflussfaktoren und Beteiligte; Konzepte, Instrumente und Methoden. 2. Auflage, Cornelsen, Berlin 2006.

Krüger, W.: Konsequenzen der Globalisierung für Strategien, Fähigkeiten und Strukturen der Unternehmung, in: Giesel, F./Glaum, M. (Hrsg.): Globalisierung. Herausforderung an die Unternehmensführung des 21. Jahrhunderts. München 1999, S. 17-48.

Krusche, B.: Paradoxien der Führung – Aufgaben und Funktionen für ein zukunftsfähiges Management. Carl Auer, Heidelberg 2008.

Kutschker, M./Schmid, S.: Internationales Management. 6. Auflage, Oldenbourg Wissenschaftsverlag, München 2008.

Laux, H./Liedermann, F.: Grundlagen der Organisation: Die Steuerung von Entscheidungen als Grundproblem der Betriebswirtschaftslehre. 6. Auflage, Springer Verlag, Berlin/Heidelberg 2005.

Lehmann, U.: Ethik und Struktur in internationalen Unternehmen. Sozialethische Anforderungen an die formalen Strukturen internationaler Unternehmen. LIT Verlag, Berlin 2006.

Lembke, G.: Lernende Organisation und Management betrieblichen Wandels – Wie viel Wandel verträgt der Mensch im Betrieb?, Slideshares [WWW Dokument]. 2008, URL: http://www.slideshare.net/lembke/lernende-organisation-und-change-management-neu-gedacht. Abruf am 13.07.2011.

Lewin, K.: Frontiers in Group Dynamics II. Channels of Group Life; Social Planning and Action Research. Human Relations, Vol. 1,1974, S. 143-153.

Lindenmayer, P.: Nichtregierungsorganisationen als spezialisierte Kapitalmarktakteure. Ein finanzmediationstheoretischer Erklärungsansatz. Gabler Verlag, Wiesbaden 2008.

Luhmann, N.: Ökologische Kommunikation. Kann die moderne Gesellschaft sich auf ökologische Gefährdungen einstellen? Westdeutscher Verlag, Opladen 1986.

Luhmann, N.: Soziale Systeme. 4. Auflage, Suhrkamp, Frankfurt 1991.

Martins, E./Pundt, A./Nerdinger, F.: Mitarbeiterbeteiligung und Unternehmenskultur. Zum Konzept der Beteiligungsorientierung in Organisationen, in: projekttim [WWW Dokument]. 2005, URL: http://www.projekt-tim.org/downloads/tim_arbeitspapier_01.pdf.

Melymuka, K.: IT does so matter!, in: Computerworld [WWW Dokument]. 2003, URL: http://www.computerworld.com/s/article/82738/IT_does_so_matter. Abruf am 19.09.2012.

Merz, M.: Bedeutung und Steuerung der internen und externen Projektkommunikation von grossen Infrastrukturprojekten, in: ETH Zürich [WWW Dokument]. 2009, URL: http://www.ibi.ethz.ch/bb/education/master_thesis/merz_master. Abruf am 19.09.2012.

Metz, A. (2009): Balanced Change: Erfolgreiche Prozessnavigation im Unternehmenswandel. Grin Verlag, Norderstedt.

Müller-Stewens, G.: Auf dem Weg zur Virtualisierung der Prozessorganisation, in: Müller-Stewens, G. (Hrsg.): Virtualisierung von Organisationen. Schäffer-Poeschel, Stuttgart 2009, S.1-21.

Müller-Stewens, G./Lechner, C.: Strategisches Management. Wie strategische Initiativen zum Wandel führen. Der General Management Navigator. Schäffer-Poeschel, Stuttgart 2001.

Müller-Stewens,G./Lechner, C.: Strategisches Management. Wie strategische Initiativen zum Wandel führen. 3. Auflage, Schäffer-Poeschel, Stuttgart 2005.

Mütter, J./Feldmüller, D.: Change-Management und IT, in: Becker, L./Ehrhardt, J./Gora, W. (Hrsg.): Die Neue Führungskunst – The New Art of Leadership. Führung, Innovation und Wandel – Wie Sie Potentiale entdecken und erfolgreich umsetzen. Symposion, Düsseldorf 2008.

Nadin, M.: How can anticipation inform creative leadership, in: Becker, L./Ehrhardt, J./Gora, W. (Hrsg.): Führung, Wandel und Innovation. Symposion, Düsseldorf 2008, S. 49-92.

Nefiodow, L.: Der sechste Kondratieff. Wege zur Produktivität und Vollbeschäftigung im Zeitalter der Information. 4. Auflage, Rhein-Sieg-Verlag, Sankt Augustin 2000.

Neuberger, O.: Führen und führen lassen: Ansätze, Ergebnisse und Kritik der Führungsforschung. 6. Auflage, UTB, Stuttgart 2002.

Oltman, I./Oltman, T./Körber-Weik, M.: Die systemische Steuerung von Veränderungen in Unternehmen, in: Becker, L./Gora, W./Ehrhardt, J. (Hrsg.): Projektführung und Projektmanagement – Wie Sie Strategien schlagkräftig umsetzen. Symposion, Düsseldorf 2009.

Ortmann, G./Sydow, J.: Strukturationstheorie als Metatheorie des strategischen Managements – Zur losen Integration der Paradigmenvielfalt, in: dies. (Hrsg.): Strategie und Strukturation. Strategisches Management von Unternehmen, Netzwerken und Konzernen. Gabler, Wiesbaden 2001, S. 421-447.

Parsons, T./Shils, E. A.: Toward a General Theory of Action, Theoretical Foundations for the Social Sciences. Mass. Harvard University Press, Cambridge 1951.

Payer. H. (2002): Wieviel Organisation braucht das Netzwerk? Entwicklung und Steuerung von Organisationsnetzwerken mit Fallstudien aus der Cluster- und Regionalentwicklung, in: ÖAR-Regionalberatung GmbH [online]. URL: http://oearat.web06.vss.kapper.net/wpcontent/uploads/081DBS_OEAR_Dissertation_Netzwerk_Payer_2002_17MB.pdf. S. 1-190. Abruf am 21.10.2012.

Pfriem, R.: Unternehmensstrategien – Ein kulturalistischer Zugang zum Strategischen Management. 2. Auflage, Metropolis, Marburg 2011.

Pfriem, R.: Unternehmensstrategien sind kulturelle Angebote an die Gesellschaft, in: Forschungsgruppe Unternehmen und gesellschaftliche Organisationen. FUGO (Hrsg.): Perspektiven einer kulturwissenschaftlichen Theorie der Unternehmung. Metropolis, Marburg 2004.

Picot, A./Dietl, H./Franck, E.: Organisation: eine ökonomische Perspektive. 4. Auflage, Schäffer-Poeschel, Stuttgart 2005.

Picot, A./Reichwald, R./Wigand, R.: Die grenzenlose Unternehmung: Information, Organisation und Management. 5. Auflage, Gabler/GWV Fachverlage, Wiesbaden 2003.

Potts, R./LaMarsh, J.: Master change, maximize success: effective strategies for realizing your goals. San Francisco, CA 2004.

Pratchett, T./Stewart, I./Cohen, J.: Die Philosophen der Rundwelt. 2. Auflage, Piper, München 1999/2008.

Radatz, S.: Evolutionäres Denken: Der Paradigmenwechsel in Management und Führung, in: Radatz, S. (Hrsg.): Evotutionäres Management – Antwort auf die Management- und Führungsherausforderungen im 21 Jahrhundert. 1. Auflage, Verlag Systemisches Management, Stuttgart 2003, S. 16-34.

Reihlen, M.: Führung in Heterarchien, in: Delfmann, W. (Hrsg.): Arbeitsberichte des Seminars für Allgemeine Betriebswirtschaftslehre. Betriebswirtschaftliche Planung und Logistik der Universität zu Köln [WWW Dokument]. 1998, URL: http://www.spl.uni-koeln.de/fileadmin/user/dokumente/forschung/arbeitsberichte/arbb-98.pdf.

Reiß, M.: Change Management als Herausforderung, in: Reiß, M./von Rosenstiel, L./Lanz, A. (Hrsg.): Change Management. Programme, Projekte und Prozesse. Schäffer-Poeschel, Stuttgart 1997.

Rohac, S.: Erfolgsfaktor Kommunikation in wachstumsbedingten Veränderungsprozessen von Organisationen. 1. Auflage, GRIN Verlag, Nordstedt 2008.

Rüegg-Stürm, J.: Organisation und Organisationaler Wandel: Eine Theoretische Erkundung aus konstruktivistischer Sicht. Westdeutscher Verlag GmbH, Wiesbaden 2001.

Schein, E. H.: Coming to a New Awareness of Organizational Culture. Sloan Management Review, Vol. 25 (2), 1984, S. 3-16.

Schein, E. H.: Organizational Culture and Leadership. 4. Auflage, John Wiley and Sons, San Francisco 2010.

Schmitt, R. (2010): Organisational Change Management in IT-Projekten, Dr. Reinhard Schmitt & Network [WWW Dokument]. URL: http://www.reinhard-schmitt.eu/mediapool/Reinhard-Schmitt_OCM-IT-Projekte_Themenblatt.pdf. Abruf am 21.10.2010.

Schrader, U.: Corporate Citizenship. Das Unternehmen als guter Bürger? Logos, Berlin 2003.

Schuh, G.: Change Management – Prozesse strategiekonform gestalten. Springer Verlag, Berlin/Heidelberg 2006.

Schwarz, S.: Strukturation, Organisation und Wissen. Neue Perspektiven in der Organisationsberatung. VS Verlag, Wiesbaden 2008.

SEI: CMMI | CMMI Solutions | CMMI Version 1.3 Information Center [WWW Dokument]. 2012, URL: http://www.sei.cmu.edu/cmmi/solutions/info-center.cfm. Abruf am 19.09.2012.

Sewell, W. H.: A theory of structure: duality, agency, and transformation, in: The American journal of sociology. Vol. 98 (1), 1992, S. 1-29.

Stafflage, E.: Unternehmenskultur als erfolgsentscheidender Faktor: Modell zur Zusammenführung bei grenzüberschreitenden Mergers & Acquisitions. 1. Auflage, Deutscher Universitäts-Verlag/GWV Fachverlage GmbH, Wiesbaden 2005.

Stebbings, H./Braganza, A.: Exploring Continuous Organizational Transformation: Morphing Through Network Interdependence, in: Journal of Change Management. Vol. 9 (1), 2009, S. 27-48.

Stehr, C.: Globalisierung und Destabilisierungstendenzen innerhalb des internationalen Systems: Eine Indikatorenanalyse für ausgewählte Nationalstaaten. Herbert Utz-Verlag, München 2009.

Steinkellner, P.: Systemische Führung, in: Dengg, O. (Hrsg.): Coaching – Ein Instrument für Management und Führung. LVAk, Wien 2006.

Steinkellner, P.: Systemische Intervention in der Mitarbeiterführung. Carl-Auer Verlag, Heidelberg 2005.

Stolzenberg, K./Heberle, K.: Change Management. Veränderungsprozesse erfolgreich gestalten – Mitarbeiter mobilisieren. Springer Verlag, Heidelberg 2006.

Sydow, J.: Führung in Netzwerkorganisationen – Zum Stand der Forschung, in: Sydow, J. (Hrsg.): Management von Netzwerkorganisationen. Beiträge aus der „Managementforschung". 5. Auflage, Gabler, Wiesbaden 2010, S. 373-470.

Sydow, J.: Strategische Netzwerke: Evolution und Organisation. 6. Nachdruck, Gabler/GWV Fachverlage, Wiesbaden 2005.

Tan, V./Tiong, T.: Change Management in Times of Economic Uncertainty, in: Singapore Management Review. Vol. 27 (1), 2005, S. 49-68.

The Economist: Kaizen, in: The economist [WWW Dokument]. 2009, URL: http://www.economist.com/node/13480663. Abruf am 19.09.2012.

Todnem, R.: Organizational Change Management: A Critical Review, in: Journal of Change Management. Vol. 5 (4), 2005, S. 369-380.

Turner, V.: Betwixt and Between: The Liminal Period in Rites de Passage, in: Spiro, M. E. (Hrsg.): Symposium on New Approaches to the Study of Religion, American Ethnological Society. Seattle 1964, S. 4-20.

Turner, V.: Vom Ritual zum Theater – Der Ernst des menschlichen Spiels. Campus, Frankfurt 2009.

Vahs, D./Leiser, W.: Change Management in schwierigen Zeiten: Erfolgsfaktoren und Handlungsempfehlungen für die Gestaltung von Veränderungsprozessen. GWF Fachverlage, Wiesbaden 2003.

Vandewalle, D./Van Dyne, L./Kostova, T.: Psychological Ownership: An empirical examination of its consequences. Group & Organization Management, Vol. 20. (2), Juni 1995, S. 210-226.

Wagner, S. H./Parker, C./Christiansen, N. D. (2003) Employees that think and act like owners: Effects of ownership beliefs and behaviors on organisational effectiveness. Personnel Psychology, Vol. 56 (4), S. 847-871.

Walgenbach, P.: Giddens' Theorie der Strukturierung, in: Kieser, A. (Hrsg.): Organisationstheorien. 3. Auflage, Kohlhammer, Stuttgart 1999.

Weick, K., E.: Der Prozess des Organisierens. Suhrkamp, Frankfurt/M. 1985.

Weinstein, B.: The world according to Tom Peters, TechRepublic [WWW Dokument]. 2000, URL: http://articles.techrepublic.com.com/5100-10878_11-1028025.html. Abruf am 19.09.2012.

Weisflog, D.: Unternehmenssteuerung in unruhiger, chaotischer Zeit: Change Management. Haupt Verlag, Berlin 1996.

Wiedmann, K.-P./Fritz, W./Abel, B.: Management mit Vision und Verantwortung. Eine Herausforderung an Wissenschaft und Praxis. Gabler/GWV Fachverlage, Wiesbaden 2004.

Zenger, T. R./Lazzarini, S. G./Poppo, L.: Informal and Formal Organization, in: New Institutional Economics. Emerald Group Publishing Limited, Vol. Iss: 19, 2002, S. 277-305.

Stichwortverzeichnis

5-S-Bewegung 48
Allopoiese 55
Anforderungsmanagements 132
Antizipation 17
Arts & Business 174
Auslöser für Veränderungen 118
Authentizität 154
Awareness 149
Bestandserhaltung 15
Botschaft-Übertragungsmodell 56
Bottom-up 47, 49, 102, 137
Business Development 25
Business Process Reengineering 47
Capability Maturity Model 112
Change 24, 28
Change-Impact-Analyse 113
Change Monitoring 126
Change-Readiness-Assessment 113
Coaching 167, 168
Communitas 21
Datenerhebung 71
Dimension: Führungsqualität 86
Dimension: Kommunikation 96
Dimension: kulturelle und strukturelle Effekte 93
Dimension: Prozessqualität und Projektsteuerung 77, 78
Dimensionen 77
Dip in the Delta 111
Diversity 147
Einbindung von Stakeholdern 67
Erfolgsdefinition 67
Erfolgsfaktoren 77
Erfolgsindikatoren 67
Ergebnispräsentation 163
Ermöglicher 59
ERP 35
Feedback 154
Feedbackprozess 108
Förderer 59
Führung 33, 49

Führungsdefizite 60
Führungskompetenz 144
Führungskompetenzen 154
Führungsstil 150
Geplanter Wandel 14
Geschäftsmodell 15
Geschäftsprozess 40, 41
Gesellschaft 50
Giddens, Anthony 104
Glaubwürdigkeit 133
Globalisierung 25, 52
Go and See 125, 167
GPM 23
GPM Studie 111
Großgruppenmoderation 168
Grundannahmen 146
Handlungsempfehlung 111
Handlungsrationalisierung 70
Heterarchie 58
Hidden Agenda 120, 157
Hypothesen 77
Informationsungleichgewichte 96
Informationsveranstaltung 163
informelle Kommunikation 65
Innovationen 13
Innovationsfähigkeit 107
Institution 14
Instrumente des Changemanagements 81
Integration von Gegensätzen 140
Intranet 161
Intrapreneur 69
intrinsische Motivation 99
IT 23, 24, 28, 30, 31, 32
IT-Strategie 15
JIT 49
KAIZEN 48, 49
KANBAN 49
Kategorien 72
Keyuser 165, 166
Kommunikation 62

Kommunikationsinhalte 156
Kommunikationsinstrumente 162
Kommunikationskanäle 97
Kommunikationskonzept 157
Kommunikationsstrategie 68
Komplexität 19
Komplexitätsreduktion 57
Kostensenkung 27
Kotter, John P. 78
Kultur 53
Kulturelle Integration 145
KVP 49
Leadership 57, 108, 139
Lean 48, 49
Leitfadeninterview 72
Lernende Organisation 62, 86
Machtverhältnisse 104
Managementbereitschaft 93
Mensch 47
Metaphoring 172
Methode 21
Mission 144
Mitarbeiterorientierung 92
Moore's Law 19
Move-Phase 123
Muda 48
Multiplikatoren 165, 166
Mura 48
Muri 48
Nachhaltigkeit 15
Narrativ 16
Netzwerk 149
Netzwerkorganisation 38, 39
Newsletter 159
Open Space 168, 169
Opportunitätskosten 88
Organisation 36, 37, 40, 47, 50
Parallelorganisation 59
Partizipation 88
Phasenmodelle 123
Problemlösungskompetenz 107
Product Lifecycle Management 116
Produktivitätsveränderungen 85
Projektcontrolling 125

Projektkommunikation 65
Projektmanagement 38, 52
Projektsponsor 93
Prozess 14, 41
Prozessmanagement 40
Prozessorganisation 40, 41
Prozesstheorie 41, 43
Punctuated Equilibrium 19
Reconciliation 149
Refreeze-Phase 123
Rekursiv 18
Reorganisation 33
Respect 149
Ritual 21
Rollen 132
Rollenkonflikt 133
Soziales Drama 14
Sponsor 151
Stakeholder-Analyse 116
Storytelling 175
Strategie 14, 24, 25, 44
Strukturation 104
Strukturationstheorie 50
Technologische Spezialisierung 131
Top-down 45, 47, 154
Toxic Leadership 152
TQC 49
Training 85
Trainingsbedarf 85
Triangulation 146
Triviale Maschine 56
Umwelt 16
Unfreeze-Phase 123
Ungewissheit 17
Unsicherheit 17
Unternehmensführung 54
Unternehmenskommunikation 61
Unternehmenskultur 24, 28, 47, 53, 131, 145, 149
Unternehmenspolitik 140
Unternehmensstrategie 46
Untersuchungsdesign 71
Veränderungsbereitschaft 119
Veränderungscontrolling 129

Veränderungsmanagement 34
Veränderungsmanagement und
    Kommunikation 63
Verantwortlichkeit 132
Vertrauen 133
Vision 144
Wachstum 27
Wandel 13, 43, 44, 48
Werte 146
Wertschöpfungskette 115
Wettbewerb 18, 31
Wettbewerbsvorteil 31
Widerstände 69
Wirtschaft 31
World Café 168, 173
Ziel- und Strategieentwicklung 78